Andreas Knorr

Umweltschutz, nachhaltige Entwicklung und Freihandel

Schriften zu Ordnungsfragen der Wirtschaft

Herausgegeben von
Prof. Dr. Gernot Gutmann, Köln
Dr. Hannelore Hamel, Marburg
Prof. Dr. Klemens Pleyer, Köln
Prof. Dr. Alfred Schüller, Marburg
Prof. Dr. H. Jörg Thieme, Düsseldorf

Unter Mitwirkung von
Prof. Dr. Dieter Cassel, Duisburg
Prof. Dr. Hans-Günter Krüsselberg, Marburg
Prof. Dr. Ulrich Wagner, Pforzheim

Redaktion: Dr. Hannelore Hamel

Band 54: Umweltschutz, nachhaltige Entwicklung und Freihandel: WTO und NAFTA im Vergleich

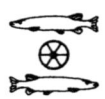 Lucius & Lucius · Stuttgart

Umweltschutz, nachhaltige Entwicklung und Freihandel

WTO und NAFTA im Vergleich

Andreas Knorr

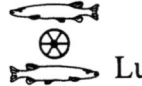 Lucius & Lucius · Stuttgart

Anschrift des Verfassers:

Dr. Andreas Knorr
Universität Bayreuth
Lehrstuhl für Volkswirtschaftslehre I
Postfach 10 12 51
95440 Bayreuth

Die Deutsche Bibliothek – CIP-Einheitsaufnahme
Knorr, Andreas:
Umweltschutz, nachhaltige Entwicklung und Freihandel : WTO und NAFTA
im Vergleich / Andreas Knorr. – - Stuttgart : Lucius und Lucius, 1997
     (Schriften zu Ordnungsfragen der Wirtschaft ; Bd. 54)
     Zugl.: Marburg, Univ., Habil.-Schr., 1996
     ISBN 3-8282-0035-4 (Lucius)
NE: GT

© Lucius & Lucius Verlagsgesellschaft mbH Stuttgart 1997
Gerokstr. 51, D-70184 Stuttgart

Das Werk einschließlich aller seiner Teile ist urheberrechtlich geschützt. Jede
Verwertung außerhalb der engen Grenzen des Urheberrechtsgesetzes ist ohne
Zustimmung des Verlages unzulässig und strafbar. Das gilt insbesondere für
Vervielfältigung, Übersetzungen, Mikroverfilmungen und die Einspeicherung
und Verarbeitung in elektronischen Systemen.

Druck und Einband: Druckhaus Thomas Müntzer, Langensalza
Printed in Germany

Inhalt

1. Problemstellung und Gang der Untersuchung 1
2. Ökonomische Grundlagen: das Konzept der nachhaltigen Entwicklung und dessen wirtschaftspolitische Implikationen 3
   - 2.1. Grundlagen des Konzepts der nachhaltigen Entwicklung 5
     - 2.1.1. Wachstum versus Entwicklung in der Nachhaltigkeitsdebatte 5
     - 2.1.2. Nachhaltige Entwicklung aus Sicht der *Brundtland*-Kommission 7
     - 2.1.3. Ökologisch nachhaltige Entwicklung 8
     - 2.1.4. Sozial beziehungsweise soziokulturell nachhaltige Entwicklung 10
   - 2.2. Wirtschaftspolitische Empfehlungen der Nachhaltigkeitstheoretiker 12
     - 2.2.1. Strukturelle Ökologisierung 12
     - 2.2.2. Ökologische Modernisierung 15
   - 2.3. Kritische Würdigung des Nachhaltigkeitskonzepts 15
     - 2.3.1. Methodische und inhaltliche Mängel 16
       - 2.3.1.1. Das Indikatorenproblem 16
       - 2.3.1.2. Intergenerative Gerechtigkeit 19
       - 2.3.1.3. Wirtschaftswachstum und Umweltqualität 21
         - 2.3.1.3.1. Allgemeine Zusammenhänge 21
         - 2.3.1.3.2. Empirie 22
       - 2.3.1.4. Außenwirtschaftsordnung und Umweltqualität 25
         - 2.3.1.4.1. Protektionismus - ein effizientes Mittel der Umweltpolitik 25
           - 2.3.1.4.1.1. Allgemeine Zusammenhänge 25
           - 2.3.1.4.1.2. Mindeststandards 29
           - 2.3.1.4.1.3. Die ökologische Effizienz von Handelsregeln in internationalen Umweltabkommen 31
           - 2.3.1.4.1.4. Beurteilung 33
           - 2.3.1.4.1.5. Fallbeispiel: Schutz tropischer Regenwälder durch Protektionismus 34
         - 2.3.1.4.2. Zur 'Zero-regulation'- und 'Pollution-haven'-Hypothese 36
         - 2.3.1.4.3. Empirie 38

2.3.1.5. Schutz geistiger Eigentumsrechte und Umweltschutz 40

    2.3.1.5.1. Technologietransfer 41

    2.3.1.5.2. Artenschutz 42

    2.3.1.5.3. Beurteilung 44

2.4. Nachhaltigkeit und praktische Wirtschaftspolitik 45

  2.4.1. Übergang zu einer mengenorientierten Umweltpolitik 46

  2.4.2. Abbau politisch verursachter negativer Externalitäten 46

  2.4.3. Privatisierung öffentlicher Unternehmen und Deregulierung 49

  2.4.4. Freihandel und Liberalisierung von Direktinvestitionen 49

  2.4.5. Verbesserter Schutz geistiger Eigentumsrechte 50

2.5. Zwischenfazit 50

3. WTO-Regelwerk, Nachhaltigkeit und Umweltschutz: Zielkonflikt oder Zielharmonie? 51

  3.1. Unmittelbare und mittelbare Umweltbezüge im WTO-Regelwerk 52

    3.1.1. Präambel 52

    3.1.2. Allgemeine Ausnahmen 53

    3.1.3. Sonstige Umweltbezüge 54

      3.1.3.1. Übereinkommen über die Landwirtschaft 54

      3.1.3.2. Übereinkommen über Subventionen und Ausgleichsmaßnahmen 54

      3.1.3.3. Übereinkommen über technische Handelshemmnisse und Übereinkommen über gesundheitspolizeiliche und pflanzenschutzrechtliche Maßnahmen 55

  3.2. Streitschlichtung 57

    3.2.1. Umweltbezüge in Panel-Entscheidungen 58

      3.2.1.1. Importverbot der USA für kanadischen Thunfisch 60

      3.2.1.2. Importsteuer der USA auf Erdöl und chemische Produkte 61

      3.2.1.3. Exportbeschränkungen Kanadas für unverarbeiteten Fisch 61

      3.2.1.4. Einfuhr- und Verkaufsbeschränkungen für ausländische Zigaretten in Thailand 62

      3.2.1.5. Importverbot der USA für Thunfisch 64

        3.2.1.5.1. Erstes Streitschlichtungsverfahren 1991 64

        3.2.1.5.2. Zweites Streitschlichtungsverfahren 1994 68

  3.3. Nationale Umweltpolitik und WTO-Regelwerk 69

3.4. Grenzüberschreitende Umweltprobleme und WTO-Regelwerk 72

    3.4.1. Abwehr grenzüberschreitend wirkender Umweltbelastungen durch Importbeschränkungen des betroffenen Landes 73

    3.4.2. Unilaterale Handelsbeschränkungen zum Schutz von Weltkollektivgütern ohne völkerrechtliche Grundlage 74

    3.4.3. Internationale Umweltschutzabkommen und WTO-Regelwerk 74

        3.4.3.1. Allgemeine Voraussetzungen für die Vereinbarkeit spezieller Handelsregeln in internationalen Umweltabkommen mit dem WTO-Regelwerk 75

        3.4.3.2. Handelsregeln der CITES und WTO-Regelwerk 76

        3.4.3.3. Handelsregeln des Basler Übereinkommens und WTO-Regelwerk 78

        3.4.3.4. Handelsregeln des Montrealer Protokolls und WTO-Regelwerk 80

3.5. Schlußbetrachtung: notwendige Reformen des WTO-Regelwerks 80

    3.5.1. Nationale Umweltpolitik und WTO-Regelwerk 81

    3.5.2. Grenzüberschreitende Umweltprobleme und WTO-Regelwerk 83

    3.5.3. Streitschlichtung 84

    3.5.4. WTO-konformer Protektionismus und Umweltschutz 84

    3.5.5. Reformvorschläge 85

4. NAFTA, Nachhaltigkeit und Umweltschutz: Zielkonflikt oder Zielharmonie? 87

    4.1. Exkurs: die Entstehungsgeschichte des NAFTA 88

        4.1.1. Das Hauptabkommen 88

        4.1.2. Der 'Parallel track' und die NAFTA-Nebenabkommen 89

            4.1.2.1. Die *Bush*-Administration 89

            4.1.2.2. Die *Clinton*-Administration 94

        4.1.3. Einseitige umweltpolitische Vorleistungen Mexikos 96

    4.2. Unmittelbare und mittelbare Umweltbezüge im NAFTA 98

        4.2.1. Das Hauptabkommen 98

            4.2.1.1. Präambel 99

            4.2.1.2. Allgemeiner Teil 100

            4.2.1.3. Sanitäre und phytosanitäre Bestimmungen 101

            4.2.1.4. Technische Normen und Standards 106

            4.2.1.5. Investitionsregeln 110

            4.2.1.6. Schutz geistiger Eigentumsrechte 112

4.2.1.7. Streitschlichtung 113

4.2.1.8. Allgemeine Ausnahmen.. 119

4.2.1.9. Regional- und sektorspezifische Umweltwirkungen der Handelsliberalisierung.. 120

 4.2.1.9.1. Umweltbelastungen in der amerikanisch-mexikanischen Grenzregion 121

  4.2.1.9.1.1. Maquiladoras und NAFTA 122

  4.2.1.9.1.2. Transportwesen und Grenzabfertigung 124

 4.2.1.9.2. Landwirtschaft 126

 4.2.1.9.3. Energiewirtschaft 128

4.2.2. Das Umweltnebenabkommen... 132

 4.2.2.1. Zielsetzungen... 132

 4.2.2.2. Pflichten der Mitgliedsstaaten 133

 4.2.2.3. Struktur und Aufgaben der Commission on Environmental Cooperation (CEC)........................... 136

 4.2.2.4. Streitschlichtung nach dem Umweltnebenabkommen....... 141

4.2.3. Das bilaterale amerikanisch-mexikanische Nebenabkommen zur Gründung der Border Environment Cooperation Commission (BEEC) und der North American Development Bank (NADBANK) 146

 4.2.3.1. Geschichtlicher Hintergrund 146

  4.2.3.1.1. Der Water Treaty von 1944 147

  4.2.3.1.2. Das La Paz-Abkommen von 1983............... 148

  4.2.3.1.3. Der Integrated Border Environment Plan (IBEP) von 1992 148

 4.2.3.2. Das bilaterale NAFTA-Nebenabkommen von 1993 149

  4.2.3.2.1. Struktur und Aufgaben der BECC............... 150

  4.2.3.2.2. Struktur und Aufgaben der NADBANK........ 152

4.3. Schlußbetrachtung: das NAFTA - ein ökologisches Vorbild für das WTO-Regelwerk? 155

5. Zusammenfassung und Thesen 158

Abkürzungen V

Literatur 167

Abkürzungen

Art(t.):	Artikel
ASEAN:	Association of South-East Asian Nations
BECC:	Border Environment Cooperation Commission
BGBl.:	Bundesgesetzblatt
CAFE:	Car Average Fuel Efficiency
CEC (auch: NACEC):	(North American) Commission on Environmental Cooperation
CFE:	Comisión Federal de Electricidad
CITES:	Convention on Trade in Endangered Species of Wild Fauna and Flora
CUSTA:	Canada-United States Free Trade Agreement
DNS:	Desoxyribonukleinsäure
DPCIA:	Dolphin Protection Consumer Information Act
DRM:	Dispute Resolution Mechanism
DSB:	Dispute Settlement Body
EIS:	Environmental Impact Statement
EPA:	Environmental Protection Agency
ETP:	Eastern Tropical Pacific
F+E:	Forschung und Entwicklung
FAO:	Food and Agriculture Organization
FTC:	Free Trade Commission
GATS:	General Agreement on Trade in Services
GATT:	General Agreement on Tariffs and Trade
GSP:	General System of Preferences
HTS:	Harmonized Tariff System
IBEP:	Integrated Environmental Plan for the Mexico-U.S. Border Area
IBWC:	International Boundary and Water Commission
JPAC:	Joint Public Advisory Committee
MEA:	Monetary Enforcement Assessment
MFN:	Most-Favoured Nation
MMPA:	Marine Mammal Protection Act
NACE:	North American Commission on the Environment
NADBANK:	North American Development Bank
NAFTA:	North American Free Trade Agreement
NBER:	National Bureau of Economic Research
NGO:	Non-Governmental Organization
OECD:	Organization for Economic Cooperation and Development
PEMEX:	Petroleos de Mexico
qkm:	Quadratkilometer
RCA:	Revealed Comparative Advantage
RECLAIM:	Regional Clean Air Incentives Market
SEDESOL:	Secretario de Desarollo Social
SEDUE:	Secretario de Desarollo Urbano y Ecología
SEMARNAP:	Secretario de Medio Ambiente, Recursos Naturales y Pesca
TRIMs:	Trade Related Investment Measures
TRIPs:	Trade Related Intellectual Property Rights
UNCTAD:	United Nations Conference on Trade and Development
USTR:	United States Trade Representative
VGR:	Volkswirtschaftliche Gesamtrechnung(en)
WCED:	World Commission on Environment and Development
WTO:	World Trade Organization

1. Problemstellung und Gang der Untersuchung

Die vielfältigen Bestrebungen, die wohlfahrtssteigernden Wirkungen einer dem Freihandelsprinzip verpflichteten Außenwirtschaftspolitik ganz oder teilweise in Frage zu stellen - angefangen mit dem schon klassischen *List*schen Erziehungszollargument (vgl. *Baldwin* 1969, S. 295 ff.) über das Optimalzolltheorem (vgl. *Gröner* 1963, S. 288 ff.) hin zu den neueren Modellansätzen der sogenannten strategischen Handels- und Industriepolitik (vgl. *Bletschacher* und *Klodt* 1992) -, hielten bislang ohne Ausnahme weder einer vertieften theoretischen Überprüfung stand, noch erwiesen sie sich als empirisch sonderlich gehaltvoll. Kritik entzündete sich dabei im wesentlichen an den eher realitätsfernen Annahmen der Modelle, ihrer mangelnden Robustheit bei Abwandlung zentraler Prämissen sowie an der Nichtberücksichtigung der negativen Wohlfahrtseffekte, sollte das Ausland mit handelspolitischen Vergeltungsmaßnahmen reagieren (vgl. *Bender*, S. 41 ff.; *Kösters*, S. 49 ff.).

Seit geraumer Zeit wird den traditionellen Befürwortern einer protektionistisch orientierten Außenhandelspolitik - also vornehmlich die Repräsentanten der Arbeitgeber- und Industrieverbände sowie die Arbeitnehmervertreter all derjenigen Branchen, welche sich auf ihren 'angestammten' inländischen Absatzmärkten einem starken oder zumindest einem zunehmenden Wettbewerbsdruck durch ausländische Konkurrenzanbieter ausgesetzt sehen - allerdings immer häufiger Unterstützung von gänzlich ungewohnter Seite zuteil. Große Resonanz findet die Forderung nach einer umfassende(re)n Abschottung der Inlandsmärkte inzwischen nämlich auch bei der Mehrzahl der bekannten Umweltschutzorganisationen sowie bei den ihnen nahestehenden Wissenschaftlern und Politikern. Als einzige Gemeinsamkeit dieser informellen Koalition läßt sich freilich nur die von ihr verfolgte protektionistische Zielsetzung erkennen. Demgegenüber unterscheiden sich die Argumente, die dann als sachliche Begründung für die Ablehnung des Freihandelspostulats - ergänzend angemahnt wird mitunter noch eine Beschränkung des internationalen Kapitalverkehrs - vorgebracht werden, inhaltlich zum Teil sehr deutlich voneinander. Freilich vermag diese Beobachtung vor dem Hintergrund der stark divergierenden Interessenlagen und Motive, denen die genannten Gruppierungen und ihre Mitglieder verpflichtet sind, nicht weiter zu überraschen. So äußern Unternehmerverbände und Arbeitnehmervertreter regelmäßig die Auffassung, daß im internationalen Vergleich überdurchschnittlich strenge und/oder von den zuständigen Behörden vergleichsweise konsequenter durchgesetzte Umweltschutzbestimmungen die Wettbewerbsfähigkeit und somit letztlich auch die Arbeitsplätze der im Inland ansässigen Betriebe und Branchen auf dem heimischen wie auf dem Weltmarkt beträchtlich gefährden, da die (erzwungene) Einhaltung besagter Vorschriften wegen der dadurch induzierten Produktivitätseinbußen die Stückkosten der Produktion und damit die Endverkaufspreise spürbar in die Höhe treibe. Diejenigen ausländischen Anbieter, die in ihren Herkunftsländern weniger strengen beziehungsweise behördlicherseits weniger streng gehandhabten oder im Extremfall sogar gar keinen Umweltauflagen unterliegen, genössen mithin einen 'unfairen' Wettbewerbsvorteil mit Subventionscharakter. Aufgabe der inländischen Regierung sei es daher, in diesen Fällen durch die Erhebung eines entsprechenden Ausgleichszolls beziehungsweise durch den gezielten Einsatz anderer handels- oder wirtschaftspolitischer Instrumente das für einen 'fairen' Konkurrenzkampf angeblich unabdingbare 'Level playing field' wiederherzustellen.

Demgegenüber erblicken die Vertreter von Umweltschutzorganisationen mehrheitlich einen fundamentalen und somit nicht auflösbaren Widerspruch zwischen der - von Ökonomen im übrigen nahezu einhellig angemahnten - weitergehenden Liberalisierung des Welthandels und dem Abbau einzelstaatlicher Beschränkungen zu Lasten grenzüberschreitender Direktinvestitionen einerseits und dem Erhalt der natürlichen Lebensgrundlagen der Menschheit andererseits. In einer offenen Volkswirtschaft würden nämlich die, so das Argument, stets negativen ökologischen Folgewirkungen jedweden wirtschaftlichen Wachstums durch den sich unter diesen Rahmenbedingungen unweigerlich einstellenden spürbaren Autonomie- und Souveränitätsverlust der Nationalstaaten nochmals drastisch verstärkt. So zwinge der dadurch ausgelöste intensive Wettbewerb der Einzelstaaten untereinander um die Ansiedelung mobiler Produktionsfaktoren im Inland, aber auch, um der aus diesem Grund ebenso latent drohenden Verlagerung heimischer Produktionsstätten ins Ausland vorzubeugen, so das Argument, jedes Land zu einer ständigen Absenkung bestehender nationaler Umweltschutznormen (sogenannte 'Pollution-haven'- beziehungsweise 'Zero-regulation'-Hypothese), um die im Inland produzierenden Unternehmen kostenmäßig zu entlasten.[1] Eine im Vergleich zu einer Welt relativ geschlossener und autarker Volkswirtschaften deutlich schlechtere lokale, regionale, nationale und globale Umweltqualität sei die unausweichliche Folge - was wiederum nichts anderes bedeute als einen permanenten Verstoß gegen das Postulat einer nachhaltigen Entwicklung, das in einer Welt endlicher Ökosysteme und erschöpflicher Ressourcenvorräte als übergeordnetes, verbindliches Leitbild jedweder Wirtschaftspolitik im allgemeinen sowie der Umwelt-, Handels- und Wachstumspolitik im besonderen angesehen und umgesetzt werden müsse, um das Überleben der Menschheit sicherzustellen.

Exemplarisch beleuchten läßt sich die höchst kontroverse Diskussion um angebliche oder tatsächliche ökologisch bedenkliche Folgewirkungen einer weiteren Liberalisierung des Außenhandels einschließlich des grenzüberschreitenden Austauschs von Produktionsfaktoren bei Direktinvestitionen am anhaltenden Streit um den Stellenwert des Umweltschutzes in der Welthandelsordnung und im Nordamerikanischen Freihandelsabkommen (NAFTA) und um dessen Gewichtung bei etwaigen Zielkonflikten zu der in diesen Vertragswerken vereinbarten umfassenden, Öffnung nationaler Märkte für ausländische Anbieter. Wie bereits das GATT als dessen Vorläufer gilt das in der Uruguay-Runde reformierte und wesentlich erweiterte WTO-Regelwerk vielen Umweltschützern vor allem deswegen als 'ökologisch blind', weil es insbesondere den, wie bereits erwähnt wurde, aus ihrer Sicht für die Umsetzung einer leistungsfähigen Umweltschutzpolitik auf nationaler wie auf internationaler Ebene sowie zur Verwirklichung einer nachhaltigen Entwicklung unabdingbaren Einsatz handelspolitischer Instrumente angeblich unmöglich mache (vgl. für viele *o.V.* 1992a, S. 17). Überdies würde das Regelwerk der Welthandelsordnung vor allem in den Industrieländern den Zwang zu einer ökologisch verhängnisvollen 'Zero-regulation' insbesondere bei den Produktionsprozeßstandards und den Produktnormen gleichsam

---

[1] Diese Entwicklung bedrohe, so das Argument weiter, daneben auch die hohen Sozialstandards und Arbeitslöhne in den Industrienationen.

institutionalisieren (vgl. *Arden-Clarke*, 1991; *Morris* 1990, S. 190 ff.). Aus eben diesen Gründen haben Umweltschutzorganisationen aber auch das zum Zweck der Errichtung einer Freihandelszone von den USA, Kanada und Mexiko geschlossene Nordamerikanische Freihandelsabkommen vehement kritisiert. Unter anderem veranlaßte ihr anhaltender Widerstand die *Clinton*-Regierung, Kanada und Mexiko noch zum nachträglichen Abschluß eines speziellen Umweltschutzzusatzabkommens als Ergänzung des bereits fertig ausgehandelten NAFTA-Vertragswerks zu bewegen, um die Ratifizierung des North American Free Trade Agreement durch den US-Kongreß - also das Repräsentantenhaus und den Senat - nicht zu gefährden.

Zentrales Anliegen dieser Abhandlung ist es daher zu prüfen, ob, und wenn ja inwieweit, eine freihandelsorientierte Außenwirtschaftsordnung in der Tat geeignet ist, legitime Zielsetzungen des nationalen wie des internationalen Umweltschutzes zu konterkarieren beziehungsweise den Übergang zu einer nachhaltigen Entwicklung zu verhindern. Die Fragestellung erfordert zunächst eine ausführliche Diskussion des Konzepts der nachhaltigen Entwicklung und der daraus ableitbaren wirtschaftspolitischen Implikationen. Notwendigerweise muß dies nicht nur eine vertiefte theoretische wie empirische Analyse der Wechselwirkungen zwischen Umweltqualität und Wachstumsprozeß sowie eine Überprüfung der 'Zero-regulation'- und der 'Pollutionhaven'-Hypothesen mit einschließen. Ausführlich zu erörtern ist an dieser Stelle überdies die Frage nach der Eignung und der Effizienz der Handelspolitik als Instrument der nationalen wie der internationalen Umweltpolitik. Den Abschluß der Grundlagendiskussion bildet die Analyse der möglichen Zusammenhänge zwischen dem Schutz der Umwelt einerseits und Maßnahmen, die den Schutz geistiger Eigentumsrechte zum Gegenstand haben, andererseits (Abschnitt 2). Auf der Grundlage der dabei gewonnenen Erkenntnisse sollen dann das Regelwerk der Welthandelsordnung (Abschnitt 3) sowie das NAFTA-Vertragswerk (Abschnitt 4) einer umfassenden kritischen Würdigung hinsichtlich ihrer möglichen Umweltwirkungen unterzogen werden. Eine zusammenfassende Darstellung der wichtigsten Ergebnisse beschließt die Untersuchung (Abschnitt 5).

2. Ökonomische Grundlagen: das Konzept der nachhaltigen Entwicklung und dessen wirtschaftspolitische Implikationen

Der Begriff der Nachhaltigkeit - beziehungsweise der nachhaltigen Entwicklung[2]; beide Ausdrücke werden im folgenden synonym verwendet - stellt keineswegs eine originäre Wortschöpfung des ausgehenden zwanzigsten Jahrhunderts dar. Geprägt wurde er vielmehr bereits vor etwas mehr als zweihundert Jahren vom damaligen preußischen Oberlandforstmeister *Georg Ludwig Hartig*, der ihn in seiner 1795 publizierten Abhandlung "Anweisung zur Taxation der Forsten" als neues Leitbild für die Forstwirtschaft empfahl. Insbesondere forderte er, ganz in der geistigen Tradition der deutschen Kameralwissenschaft stehend, die zumindest den Erhalt, vorzugsweise jedoch die möglichst stetige Vermehrung des volkswirtschaftlichen Produktivvermögens

---

2 In der Literatur finden sich daneben oft auch Bezeichnungen wie dauerhafte, dauerhaft-umweltgerechte oder ökologisch-tragfähige Entwicklung.

als erstrebenswert ansah (vgl. dazu auch *Krüsselberg* 1980, S. 80 f.), daß in einem Forst innerhalb eines jeden Wirtschaftsjahres nicht mehr Holz geschlagen werden dürfe als darin auf natürliche Weise oder durch Wiederaufforstung nachwachse; außerdem müsse die Qualität des Waldbodens im Zeitablauf erhalten bleiben (vgl. *Barthelmeß* 1972, S. 80). Allerdings gelangte der Terminus technicus nachhaltige Entwicklung erst im Jahre 1987 mit der Veröffentlichung des Abschlußberichts "Our Common Future" der von der Vollversammlung der Vereinten Nationen im November 1983 eingesetzten World Commission on Environment and Development (WCED) in das Blickfeld einer breiten Öffentlichkeit. Darin wurden alle Nationen der Erde - also nicht nur die Gruppe der Entwicklungs- und Schwellenländer, sondern gerade auch die Industrienationen - zu einer diesem Prinzip entsprechenden Neuausrichtung ihrer Wirtschaftsweise und vor allem ihrer Wirtschaftspolitik aufgefordert (vgl. *World Commission on Environment and Development* 1987, S. IX).[3] Von ihren Vertretern wird die Konzeption der nachhaltigen Entwicklung somit nicht etwa - wie der Begriff als solcher durchaus vermuten lassen könnte - als entwicklungspolitisches Paradigma im engeren Sinne verstanden, sprich als Ansatz zur Überwindung ökonomischer Unterentwicklung. Er wird vielmehr als neuartiges und allgemeingültiges Leitbild jedweder nationalen wie internationalen Wirtschaftspolitik postuliert. Bestätigt und bekräftigt wurde die Forderung nach Nachhaltigkeit schließlich in der sogenannten Agenda 21, also der Abschlußdeklaration der oft auch als "Earth Summit '92" titulierten Konferenz für Umwelt und Entwicklung der Vereinten Nationen, die im Juni 1992 in Rio de Janeiro (Brasilien) stattfand.

Nichtsdestotrotz muß die Allgegenwart der beiden Begriffe Nachhaltigkeit und nachhaltige Entwicklung in der öffentlichen, politischen und wissenschaftlichen Diskussion und die Selbstverständlichkeit, mit der eine Reihe gesellschaftlicher Gruppierungen sie als neues Paradigma der Wirtschaftspolitik - und zwar insbesondere der Wachstums-, Umwelt- und Handelspolitik - propagieren, zumindest bei rationaler Betrachtungsweise überraschen, steht ihre Omnipräsenz doch in einem unübersehbaren Gegensatz zu ihrer hochgradigen inhaltlichen Unbestimmtheit.[4] Wie noch ausführlich dargelegt werden soll, gelang es den Diskutanten trotz eines inzwischen kaum mehr überschaubaren Literaturfundus zum Thema Nachhaltigkeit bislang nämlich nicht, sich trotz gewisser Annäherungen der einzelnen Positionen und Schulen aufeinander zu auf eine allgemein akzeptierte **und** zugleich operationale Definition dieses Begriffs zu verständigen. Das gleichwohl verstärkt angemahnte Primat der Nachhaltigkeit für

---

3   Nach ihrer Vorsitzenden, der norwegischen Politikerin *Gro Harlem Brundtland*, wurde und wird diese Kommission oft auch als *Brundtland*-Kommission, der Abschlußbericht entsprechend auch als *Brundtland*-Bericht bezeichnet. Der Auftrag der WCED bestand unter anderem darin, langfristig angelegte Entwicklungsstrategien zu entwerfen, mittels derer eine nachhaltige Entwicklung bis zum Jahr 2000 und darüber hinaus verwirklicht werden könnte. Überdies sollte sie neue Wege zur Verbesserung der internationalen Zusammenarbeit - insbesondere zwischen ökonomisch unterschiedlich entwickelten Ländern - zur Lösung von Umweltproblemen aufzeigen.

4   Natürlich könnte die Popularität der Forderung nach Nachhaltigkeit gerade auch auf diese Unbestimmtheit zurückzuführen sein, die bislang niemanden zu konkreten Schritten verpflichtet beziehungsweise es jedermann erlaubt, seine Handlungen gleichsam 'ungestraft' als nachhaltig zu deklarieren. Zudem läßt sich die gegenwärtige Diskussion auch als noch nicht abgeschlossener Normenfindungsprozeß ansehen.

sämtliche Teilbereiche des Wirtschaftsgeschehens entbehrt somit noch immer einer konsistenten theoretischen Referenznorm.

Das Fehlen eines breiten Konsenses in dieser Frage hat jedoch unweigerlich zur Folge, daß die unter Bezugnahme auf das Nachhaltigkeitspostulat vorgebrachten Handlungsanweisungen an die Entscheidungsträger der Wirtschaftspolitik markante Unterschiede hinsichtlich ihrer Konformität mit einer marktwirtschaftlichen Ordnung aufweisen. Ursache dieser Differenzen sind insbesondere stark voneinander abweichende und oftmals, zumindest vordergründig, moralisch-ethisch begründete Auffassungen über die Auswirkungen wirtschaftlichen Wachstums - sowie, als Sonderfall dieser Diskussion, den Einfluß einer freihandelsorientierten Außenwirtschaftsordnung eines Landes - auf die nationale wie auch auf die globale Umweltqualität und damit indirekt auch auf die (Über-)Lebenschancen künftiger Generationen. Vor diesem Hintergrund - die Mehrzahl der Befürworter des Nachhaltigkeitspostulats unterstellt in beiden Fällen per se eine eindeutig negative Korrelation, also eine Zunahme der Umweltbelastungen infolge wirtschaftlichen Wachstums und der Liberalisierung des Güteraustausches wie auch des Kapitalverkehrs - wird wiederum deutlich, daß mit der gegenwärtigen Debatte um die Konzeption der nachhaltigen Entwicklung lediglich ein weiteres Kapitel in der seit dem Erscheinen von *Thomas Malthus'* berühmten "Essay on the Principle of Population as it Affects the Future Improvement of Society" im Jahre 1798 ununterbrochen anhaltenden Kontroverse zwischen 'Wachstumspessimisten' und 'Wachstumsoptimisten' aufgeschlagen wurde.

Im folgenden sollen daher zum einen die der Konzeption der nachhaltigen Entwicklung zugrundeliegenden Überlegungen in ihren Grundzügen dargestellt und kritisch gewürdigt werden. Auf dieser Grundlage sollen dann zum anderen die Möglichkeiten und Grenzen einer Umsetzung dieses Ansatzes in konkrete wirtschaftspolitische Maßnahmen in einer Welt aufgezeigt werden, die gekennzeichnet ist durch ein hohes Maß an Unkenntnis über ökologische und naturwissenschaftliche Ursache-Wirkungs-Zusammenhänge, asymmetrische Informationsverteilung, voneinander abweichende (individuelle und nationale) Präferenzen beziehungsweise Zeitpräferenzraten, ungleiche wirtschaftliche und politisch-militärische Kräfteverhältnisse, die Einflußnahme von Partikularinteressen auf den politischen Prozeß, unterschiedliche Wirtschaftsordnungen sowie vor allem durch von ihrer Art, ihrem Ausmaß und ihrer jeweiligen Dringlichkeit her schon regional stark divergierenden Umweltproblemen. Gezeigt werden soll dabei insbesondere, daß zwischen einer nachhaltigen Entwicklung und einer marktwirtschaftlichen Ordnung keineswegs ein inhärenter Widerspruch besteht, wie von der Mehrzahl der Nachhaltigkeitstheoretiker regelmäßig behauptet wird, sondern im Gegenteil eine überaus enge Komplementaritätsbeziehung.

2.1. Grundlagen des Konzepts der nachhaltigen Entwicklung

2.1.1. Wachstum versus Entwicklung in der Nachhaltigkeitsdebatte

Ein hervorstechendes Merkmal der Nachhaltigkeitsdebatte stellt die Forderung nach wirtschaftlicher Entwicklung anstatt nach wirtschaftlichem Wachstum per se dar (vgl. *Daly* 1990, S. 1). Die in einem Teil der Literatur geäußerte völlige Ablehnung eines **dauerhaften** wirtschaftlichen Wachstums, das wegen der Endlichkeit aller Ökosysteme gleichsam in einem inhärenten Widerspruch zum Oberziel einer nachhaltigen Entwicklung stehe, ja sogar als Widerspruch in sich angesehen wird, ist allerdings keineswegs unumstritten. So betonen andere Autoren gerade den instrumentellen Charakter wirtschaftlichen Wachstums bei der Verwirklichung einer nachhaltigen Entwicklung (vgl. *Majer* 1995, S. 221). Die überaus kritische bis ablehnende Haltung einer Mehrzahl der Nachhaltigkeitstheoretiker gegenüber wirtschaftlichem Wachstum folgt dabei vorrangig, aber nicht ausschließlich der hinlänglich bekannten Argumentation der Anfang der siebziger Jahre von *Meadows* und dem *Club of Rome* und dessen Apologeten vorgebrachten Kritik des quantitativen Wachstums[5] sowie deren, auch von Ökonomen nicht ernsthaft angezweifelten Hinweis auf die mangelnde Aussagekraft des BSP als alleinigem Wohlstandsindikator (vgl. für viele *Opschoor* 1992, S. 40 f.). Mit der Begründung, die angestrebte relative Verminderung des Ressourceneinsatzes beziehungsweise der Emissionsmengen - also der Umweltbelastung je erstellter Produkteinheit - vernachlässige die Möglichkeit einer absoluten Zunahme der Umweltbelastung infolge einer starken Erhöhung der Ausbringungsmenge im Zuge des Wachstumsprozesses wird mitunter allerdings auch die Vereinbarkeit qualitativen Wirtschaftswachstums mit einer nachhaltigen Entwicklung bestritten (vgl. *Helfert* 1995, S. 217 f.).[6]

Im Gegensatz dazu unterstellen die Vertreter der Nachhaltigkeitsthese selbst bei wirtschaftlichem Nullwachstum oder sogar bei einer absoluten Abnahme des BSP weitreichende Möglichkeiten wirtschaftlicher und gesellschaftlicher Entwicklung. Als limitierende Faktoren maßgeblich seien letztlich nur die Qualität und/oder Quantität des stets endlichen Ökosystems, innerhalb dessen der Entwicklungsprozeß im konkreten Einzelfall jeweils ablaufe (vgl. *Rentz* 1994, S. 407; *Vornholz* 1994, S. 195) und auf dessen reibungsloses Funktionieren er unausweichlich angewiesen sei. Die in der neoklassischen Wachstumstheorie angenommene einfache und eindeutige Identität zwischen der Steigerung des gesamtwirtschaftlichen Produktionsergebnisses beziehungsweise des Volkseinkommens und der Zunahme der nationalen Wohlfahrt wird sodann als unzulässige und vor allem unrealistische Vereinfachung der relevanten Zusammenhänge zurückgewiesen (vgl. *Lélé* 1991, S. 609). Vielmehr könne eine Volkswirtschaft entweder

- wirtschaftliches Wachstum realisieren und sich gleichzeitig entwickeln oder aber

- ihre Wirtschaftsleistung steigern, ohne sich dabei zu entwickeln, oder aber

- weder wirtschaftlich wachsen noch sich entwickeln oder aber

---

[5] Vgl. *Meadows* 1972; *United States Council on Environmental Quality* (Study Director: *G. Barney*) 1980. - Für eine kritische Replik aus ökonomischer Sicht siehe *Simon* und *Kahn* 1984.

[6] Beispielsweise könnte der Einsparungseffekt einer Verminderung des durchschnittlichen spezifischen Kraftstoffverbrauchs von Pkw und Lkw um einen Liter je einhundert Kilometer Fahrleistung durch eine absolute Erhöhung der durchschnittlichen Fahrleistung je Fahrzeug und/oder des amtlich zugelassenen Fahrzeugbestandes wieder (über)kompensiert werden.

- sich entwickeln, ohne dabei jegliches Wirtschaftswachstum zu erreichen (vgl. *Daly* 1990, S. 1).

Im Gegensatz zum Ziel wirtschaftlichen Wachstums, das eindimensional lediglich auf eine Steigerung des einzigen Wohlstandsmaßes Pro-Kopf-Einkommen abstellt, liegt der Forderung nach einer mit dem Prinzip der Nachhaltigkeit vereinbaren wirtschaftlichen und gesellschaftlichen Entwicklung also ein erheblich breiter gefaßter, multidimensionaler Wohlfahrtsbegriff zugrunde, der ausdrücklich auch außerökonomische Gesichtspunkte mit einschließt. Angestrebt wird mithin die Verbesserung der materiellen und der immateriellen Lebensverhältnisse des einzelnen und der Gesellschaft insgesamt, daß heißt die Zunahme der Lebensqualität im weitesten Sinne und nicht nur ausschließlich des Einkommens sowie der Produktionsleistung. Weitere Kriterien könnten beispielsweise die Erhöhung des Bildungsstandes und die Verbesserung der medizinischen Versorgung sein (vgl. *Pearce, Barbier* und *Markandya* 1990, S. 2). Entscheidende Bedeutung kommt in diesem Zusammenhang insbesondere der - freilich nur normativ zu beantwortenden - Frage nach einer gerechte(re)n Einkommensverteilung sowie dem Postulat der Herstellung und/oder Wahrung ökonomischer und gesellschaftlicher Chancengleichheit zu (vgl. für viele *Todaro* 1994, S. 14 ff.). Der Begriff Entwicklung ist folglich nicht nur als die bloße zeitpunktbezogene Messung und Beschreibung einer Niveaugröße - nämlich des aktuellen Entwicklungsstandes - beziehungsweise deren Veränderung im Zeitablauf zu verstehen. Vielmehr beinhaltet die Forderung nach (nachhaltiger) Entwicklung immer auch die Forderung, die - von welcher Instanz auch immer - wiederum rein normativ festgelegten, jedoch in regelmäßigen Abständen zu überprüfenden Entwicklungsziele mit den Mitteln der Politik aktiv anzusteuern, das heißt, den für die Zielerreichung als notwendig erachteten wirtschaftlichen und gesellschaftlichen Wandel voranzutreiben.

2.1.2. Nachhaltige Entwicklung aus Sicht der *Brundtland*-Kommission

Die *Brundtland*-Kommission versteht unter nachhaltiger Entwicklung ganz allgemein jede Form von "development that meets the needs of the present without compromising the ability of future generations to meet their own needs"; den einzelnen Länder verbleibt mithin ein nicht unbeträchtlicher und ausdrücklich erwünschter Auslegungsspielraum bei der Konkretisierung und Umsetzung dieser allgemeinen Norm (*World Commission on Environment and Development* 1987, S. 43). Die genannte begriffliche Abgrenzung erkennt nicht nur grundsätzlich die Existenz ökologischer Grenzen des Wirtschaftens an - deren Auftreten und Ausmaß im Einzelfall freilich wesentlich von den technologischen Möglichkeiten und den herrschenden sozialen Gegebenheiten abhängen -, welche es der Gegenwartsgeneration sowie allen künftigen Generationen nicht (mehr) erlauben, ihre ökonomisch relevanten Bedürfnisse uneingeschränkt befriedigen zu können. Vielmehr offenbart sie auch das zweite, mit dem ersten untrennbar verknüpfte und eigentlich zentrale Anliegen der Forderung nach Nachhaltigkeit: die Verwirklichung bestimmter Gerechtigkeitsnormen, und zwar insbesondere intergenerativer, das heißt intertemporaler, aber auch intragenerativer, das heißt vor allem interregionaler Gerechtigkeit. Angestrebt wird damit zum einen, allen künftigen Generationen zumindest ebenso gute ökonomische Entwicklungschancen offen zu halten - jedenfalls soweit dies mit der Nutzung der Umwelt als Produktionsfaktor in den bekannten Funktionen als Anbau-, Abbau- oder Deponiemedium sowie als Standort in einem unmittelbaren oder mittelbaren Zusammenhang steht -, wie sie von der Gegenwartsgeneration in Anspruch genommen werden konnten und noch immer können. Zum anderen wird vor dem Hintergrund des ökologisch außerordentlich schwerwiegenden Problems der armutsbedingten Umweltzerstörung in vielen Ländern der Dritten Welt ein höheres Maß an Verteilungsgerechtigkeit auch innerhalb der Gegenwartsgeneration selbst angemahnt (vgl. *World Commission on Environment and Development* 1987, S. 43).[7]

Wie unmittelbar einsichtig ist, lassen sich dieser Definition jedoch noch keinerlei ökonomisch oder ökologisch gehaltvollen und damit auch keine wirtschaftspolitisch verwertbaren Erkenntnisse oder Handlungsvorgaben entnehmen. Ein Großteil der Sustainability-Literatur ist daher dem Unterfangen gewidmet, den Nachhaltigkeitsbegriff näher zu konkretisieren und zu spezifizieren. Herausgebildet haben sich dabei im wesentlichen zwei Strömungen: zum einen die Forderung nach ökologischer Nachhaltigkeit, zum anderen das Postulat sozialer beziehungsweise soziokultureller Nachhaltigkeit. Nicht nur in Anbetracht der Tatsachen, daß die gegenwärtige Begriffsdiskussion keineswegs als abgeschlossen bezeichnet werden kann (vgl. dazu ausführlicher *Munasinghe* 1993, S. 2 ff.; *Stahl* 1992, S. 470 ff.) und die Vertreter der beiden Richtungen jeweils unterschiedlichen Fachrichtungen entstammen, wäre es jedoch verfehlt, diese Ausprägungen des Nachhaltigkeitskonzepts als gänzlich miteinander unvereinbar anzusehen. Im Gegenteil ist gerade bei den daraus abgeleiteten wirtschaftspolitischen Empfehlungen ein mitunter recht hohes Maß an Komplementarität und sogar an Übereinstimmung erkennbar - wie noch zu zeigen sein wird freilich bei entsprechender 'Lagerbildung'.

2.1.3. Ökologisch nachhaltige Entwicklung

Zielsetzung des in der Sustainability-Diskussion klar dominierenden Ansatzes einer ökologisch nachhaltigen Entwicklung ist es, objektiv meßbare, weil insbesondere durch den ersten und zweiten Hauptsatz der Thermodynamik - also das Energieerhaltungs- und das Entropiegesetz - gleichsam naturgesetzlich vorgegebene Höchstgrenzen für die Nutzung der Umwelt festzulegen. Nur so könne es gelingen, eine irreversible Überbeanspruchung lokaler wie globaler Ökosysteme und damit die Zerstörung ihrer für die Menschheit lebensnotwendigen Funktionen zu verhindern (vgl. *Vornholz* 1995, S. 95 ff.). Entsprechend setzt dieser in der Literatur auch noch als ökologisches Nachhaltigkeitskonzept beziehungsweise als 'Ecological sustainability' oder auch als 'Deep ecology approach' bezeichnete Ansatz die Verwirklichung des Nachhaltigkeitspostulats gleich mit der Einhaltung dreier 'Managementregeln', mittels

---

[7] Im Gegensatz zu der eindeutig von einem eher anthropozentrischen Weltbild geleiteten *Brundtland*-Kommission stellt die in der Diskussion ebenfalls recht stark vertretene Gruppe biozentrisch und radikalökologisch orientierter Nachhaltigkeitstheoretiker zunehmend ein drittes Gerechtigkeitspostulat in den Vordergrund: "justice to non-human sentient beings". Gefordert wird also ein 'gerechter' Umgang mit der belebten Natur, das heißt vor allem ein möglichst umfassender Artenschutz (vgl. *Pearce* 1988, S. 600).

derer die Inanspruchnahme regenerierbarer und nicht-regenerierbarer natürlicher Ressourcen durch den Menschen sowie die Belastung der Umwelt mit Emissionen in einer ökologisch unbedenklichen Manier gesteuert und absolut begrenzt werden müsse - und auch perfekt gesteuert und begrenzt werden könne. Es gelte also, den natürlichen Kapitalstock im Zeitablauf in seinen Funktionen konstant zu halten (sogenannte 'Constant capital rule'); des weiteren seien gegebenenfalls mögliche interregionale Umverteilungen desselben zu unterbinden.[8] Ist beides der Fall, wird auch die Forderung nach intergenerativer Gerechtigkeit als erfüllt angesehen (vgl. *Majer* 1995, S. 224). Aufgabe der Politik ist es also (vgl. *Pearce* und *Turner* 1990, S. 44 f.), dafür zu sorgen, daß

- bei der Abgabe von Schadstoffen in die Umwelt die jeweiligen natürlichen Assimilationskapazitäten und die Regenerationsfähigkeit der davon betroffenen Ökosysteme nicht überschritten werden,

- die Abbauraten erneuerbarer Ressourcen und nachwachsender Rohstoffe deren natürliche Regenerationsraten nicht übersteigen und

- Bestandsminderungen bei nicht-erneuerbaren Ressourcen nur dann zugelassen werden, wenn es gelingt, diese in vollem Umfang durch eine Erhöhung des Bestandes einer damit vollkommen substituierbaren erneuerbaren Ressource auszugleichen.

Gleichsam als ergänzende Nebenbedingungen angemahnt werden darüber hinaus von einigen Autoren noch der bewußte Verzicht auf Technologien, bei deren Einsatz sich schwerwiegende Umweltrisiken nicht von vornherein wirksam ausschließen lassen oder deren ökologische Folgewirkungen als irreversibel einzustufen sind - häufig genannte Beispiele wären die Nuklearenergie oder die Bio- und Gentechnologie -, sowie der Erhalt der Artenvielfalt in der Tier- und Pflanzenwelt (vgl. *Harborth* 1994, S. 51). Regelmäßig wird in diesem Zusammenhang daher auch gefordert, allen ökologisch zumindest potentiell bedenklichen Erfindungen den Patentschutz grundsätzlich zu verweigern, um die ökonomischen Anreize für eine wirtschaftliche Betätigung in diesen Bereichen zu schwächen.

Kein Konsens herrscht bei den Vertretern der ökologischen Nachhaltigkeitsthese jedoch hinsichtlich der inhaltlichen Ausgestaltung der dritten Managementregel. So wird in der hier dargestellten Variante - sie wird in der Literatur meist als strenge ökologische Nachhaltigkeit bezeichnet - die in der traditionellen, neoklassisch geprägten Wachstumstheorie weit verbreitete Annahme einer nahezu unbegrenzten Substituierbarkeit von Naturkapital durch Sach- und Humankapital im Produktionsprozeß als irreal und empirisch unhaltbar ablehnt. Unterstellt wird stattdessen eine enge Komplementaritätsbeziehung; nennenswerte Substitutionsmöglichkeiten bestünden demnach lediglich innerhalb der Gruppe der nicht-regenerierbaren natürlichen Ressourcen - zum Beispiel Öl durch Kohle - sowie zwischen erneuerbaren und nicht-erneuerbaren Ressourcen - zum Beispiel Öl durch Solarenergie (vgl. *Daly* 1994,

---

8   Keiner Region soll es also erlaubt sein, ökologisch auf Kosten einer anderen zu wirtschaften, also negative Externalitäten, die im Inland ihre Ursache haben, ins Ausland zu verlagern (Stichwort: ökologische Beggar-my-neighbour-Politik).

S. 185). Einige extreme Verfechter des ökologischen Nachhaltigkeitspostulats fordern aus diesem Grund sogar den völligen Verzicht auf die Nutzung erschöpflicher Ressourcen (vgl. dazu genauer *Brösse* und *Lohmann* 1994, S. 461). Freilich entfiele damit jegliche Nutzungsmöglichkeit für die gegenwärtige und alle künftigen Generationen. Die Einführung einer eigenen Managementregel wäre mithin überflüssig und stattdessen durch ein absolutes - ökonomisch allerdings völlig sinnloses - Nutzungsverbot zu ersetzen. Befürworter der sogenannten schwachen ökologischen Nachhaltigkeit unterstellen demgegenüber eine weitgehende und im Extremfall sogar eine vollständige Substituierbarkeit zwischen den einzelnen Kapitalarten beziehungsweise deren Gleichwertigkeit im Hinblick auf die Erfüllung des Postulats intergenerativer Gerechtigkeit (vgl. *Turner*, *Pearce* und *Bateman* 1994, S. 55 ff.). Künftige Generationen könnten demnach für den nicht mehr rückgängig zu machenden Verlust nichterneuerbarer natürlicher Ressourcen auch durch eine entsprechende kompensatorische Sach- oder Humankapitalbildung ausreichend entschädigt werden, solange das Produktivkapital insgesamt, also unabhängig von seiner konkreten strukturellen Zusammensetzung, im Zeitablauf bestandsmäßig zumindest konstant bliebe (vgl. *Nutzinger* und *Radtke* 1995, S. 28 f.). Obgleich der produktionstechnisch realisierbare Substitutionsgrad von einer Vielzahl unterschiedlicher Faktoren abhängig ist und somit nur im Rahmen einer umfassenden Einzelfallbeurteilung näherungsweise und auch nur zeitpunktbezogen ermittelt werden könnte, tragen die Vertreter der schwachen ökologischen Nachhaltigkeit damit dem banalen und unbestrittenen Sachverhalt Rechnung, daß die ökologischen Grenzen wirtschaftlicher Aktivitäten eben nicht absolut vorgegeben sind, sondern im Gegenteil unter anderem immer auch vom Stand der verfügbaren - oder genauer gesagt der tatsächlich eingesetzten - Technik maßgeblich mit beeinflußt werden.

Eine letzte Variante der dritten Managementregel besagt schließlich, daß der natürliche Kapitalstock in seiner Qualität und Quantität zwar auf globaler Ebene absolut konstant gehalten werden müsse. Interregionale Umverteilungen - entweder von Teilen des Naturkapitals selbst, in Form von Kompensationszahlungen als Entschädigung für die Unterlassung einer nicht-nachhaltigen Nutzung oder durch die Verlagerung wirtschaftlicher Aktivitäten von ökologisch bereits überlasteten in noch aufnahmefähige Regionen - werden aber ausdrücklich als zulässig erachtet, um so in allen Regionen weltweit die Zielvorgabe einer ökologisch nachhaltigen Entwicklung bei zugleich voller Ausschöpfung der Nutzungspotentiale der Umwelt verwirklichen zu können (vgl. *Brösse* und *Lohmann* 1994, S. 461).

2.1.4. Sozial beziehungsweise soziokulturell nachhaltige Entwicklung

Ohne die zentralen Aussagen des ökologischen Nachhaltigkeitskonzepts in Frage zu stellen, weisen Vertreter der sogenannten sozialen beziehungsweise soziokulturellen Nachhaltigkeitskonzepte (vgl. *Arts* 1994, S. 17 ff.; *Bartlett* 1994, S. 13 ff.) zu Recht auf zwei entscheidende Schwachpunkte dieses Ansatzes hin. Kritisiert wird zum einen, daß lediglich Aussagen über mögliche ökologische Grenzen der wirtschaftlichen Betätigung des Menschen getroffen werden. Abgesehen von einer in der Regel recht pauschal geäußerten Kritik am wirtschaftlichem Wachstum werde jedoch die erforderliche vertiefte Analyse der eigentlichen Ursachen nicht-nachhaltiger Verhaltensweisen - also insbesondere die Probleme der armutsbedingten Übernutzung zahlreicher natürlicher Ressourcen und Ökosysteme auf der einen sowie des wohlstandsbedingt verschwenderischen Umgangs mit einer Reihe von Umweltgütern auf der anderen Seite - nicht angestellt. Bemängelt wird zum anderen, daß auch die zumindest in Demokratien überaus wahrscheinliche Existenz bestimmter gesellschaftlicher und sozialer Akzeptanzgrenzen einer Politik der ökologisch nachhaltigen Entwicklung - insbesondere ihrer streng ökologischen Variante -, welche die Umsetzung der genannten Managementregeln erschweren oder gar verhindern könnte, nicht zur Kenntnis genommen werde. Um das Ziel einer ökologisch nachhaltigen Entwicklung tatsächlich erreichen zu können, müßten, so das sachlich zutreffende Argument, realistischerweise also auch eine Reihe fundamentaler sozialer, soziokultureller und gesellschaftspolitischer Voraussetzungen erfüllt sein, so insbesondere

- die Abwesenheit extremer Armut und extremer Wohlstandsdifferenzen,

- ein hoher Wissensstand in der Bevölkerung um mögliche ökologisch bedenkliche Folgewirkungen individuellen Handelns oder Unterlassens, gekoppelt mit der grundsätzlichen Bereitschaft, so dies aus diesem Grunde gegebenenfalls erforderlich wäre, bewußt (Konsum-)Verzicht zu üben, sowie

- die verstärkte Einbindung der von den zu ergreifenden Umweltschutzmaßnahmen letztlich betroffenen Wirtschaftseinheiten, aber auch sachkundiger, unabhängiger Nichtregierungsorganisationen (NGO) in den politischen Entscheidungsprozeß, um ein möglichst hohes Maß an gesellschaftlicher Akzeptanz und Einsicht in die Notwendigkeit eben dieser Maßnahmen beziehungsweise der angestrebten Entwicklungsziele sicherzustellen sowie um auch das außerhalb der hoheitlichen Instanzen verfügbare, dezentral gestreute Fachwissen zur Optimierung des Verfahrens und des Instrumenteneinsatzes nutzen zu können.

Intragenerativer Verteilungsgerechtigkeit, Bildung, gesellschaftlichem Pluralismus, Subsidiarität in Verbindung mit umfassenden politischen Mitwirkungs- und Mitbestimmungsmöglichkeiten der Bevölkerung und von NGO sowie Maßnahmen zur Verhinderung eines weiteren Anwachsens der Weltbevölkerung wird also eine überaus bedeutsame Mittelfunktion hinsichtlich des avisierten Oberziels ökologische Nachhaltigkeit zuerkannt.

Ein - gemessen an der absoluten Anzahl einschlägiger Veröffentlichungen freilich noch sehr bescheidener - Teil der Literatur zum Thema soziale und soziokulturelle Nachhaltigkeit steht demgegenüber in keinem erkennbaren Bezug zur Umweltproblematik im allgemeinen oder der Verwirklichung einer ökologisch nachhaltigen Entwicklung im besonderen. Ausschließlich als gesellschaftspolitische Zielsetzung definiert, verstehen die Vertreter dieser Denkschule unter sozialer beziehungsweise soziokultureller Nachhaltigkeit die Fähigkeit einer wie auch immer abgegrenzten Gemeinschaft "to maintain desired social values, traditions, institutions, cultures, or other social characteristics" - eine Fähigkeit, die allerdings angeblich durch die zunehmende internationale Verflechtung des Wirtschaftsgeschehens zwangsläufig und unaufhaltsam untergraben werde. Um dem damit verbundenen Verlust an soziokultureller Vielfalt - die einen Wert an sich darstelle - entgegenzutreten, müsse von den politischen Entscheidungsträgern mithin eine verstärkte Re-Regionalisierung von Produktions- und Absatzprozessen anstelle einer noch weitergehenden Globalisierung vorangetrieben werden (vgl. *Barbier* 1987, S. 102) - eine Forderung, die, wie sogleich dargelegt werden soll, gerade auch bei den Verfechtern des strengen ökologischen Nachhaltigkeitspostulats, wenngleich sachlich anders begründet, breite Zustimmung findet.

2.2. Wirtschaftspolitische Empfehlungen der Nachhaltigkeitstheoretiker

Wie angesichts der soeben geschilderten und bislang nicht überwundenen Schwierigkeiten, den Term nachhaltige Entwicklung in einvernehmlicher Manier inhaltlich näher zu konkretisieren und zu operationalisieren und der daraus zwangsläufig resultierenden Begriffsvielfalt nicht anders zu erwarten stand, enthält die Sustainability-Literatur eine kaum mehr überschaubare Vielfalt oft widersprüchlicher Forderungen und Handlungsanweisungen an die Träger der Wirtschaftspolitik, die zudem hinsichtlich ihrer ordnungspolitischen Qualität höchst unterschiedlich zu bewerten sind. Gleichwohl lassen sie sich allesamt einer von zwei alternativen globalen Strategieempfehlungen zuordnen, die zur Verwirklichung des Nachhaltigkeitspostulats propagiert werden und deren präventiver Charakter von ihren jeweiligen Befürwortern ausdrücklich betont wird (vgl. *Harborth* 1992, S. 51 ff.): der Forderung nach einer strukturellen Ökologisierung aller Bereiche der Gesellschaft oder dem Konzept der ökologischen Modernisierung des Wirtschaftsprozesses.

2.2.1. Strukturelle Ökologisierung

Charakteristisch für die unter den Oberbegriffen strukturelle Ökologisierung beziehungsweise ökologischer Strukturwandel subsumierten Ansätze ist die grundsätzliche Ablehnung der 'Wachstumsideologie'. Konkret mündet dies in der Forderung nach einer Abkehr vom vorherrschenden, anderen Kulturkreisen angeblich in gleichsam kolonialistischer Manier aufgezwungenen und vornehmlich durch den irreversiblen Raubbau an den natürlichen Lebensgrundlagen gekennzeichneten ("oligarchischen") westlichen Lebensstil, an dessen Stelle ein bescheideneres ("alternatives") Konsumverhalten treten müsse (vgl. *von Weizsäcker* 1989, S. 32 ff. und S. 123). Angestrebt wird letztlich also die Beseitigung der dem westlichen Zivilisationsmodell zugrundeliegenden Wirtschafts- und Gesellschaftsstrukturen; sie sollen durch eine neue, dem übergeordneten Prinzip der Nachhaltigkeit entsprechende Welt(wirtschafts)ordnung ersetzt werden (vgl. *Daly* 1977, S. 17 ff.; *Stahl* 1992, S. 468 f. und S. 474 f.)

Wesentliches Merkmal dieser avisierten 'neuen' Welt(wirtschafts)ordnung ist ganz allgemein ein möglichst hohes Maß an wirtschaftlicher Autarkie und politischer Selbstbestimmung der einzelnen Länder - eine Vorgabe, die, wie unmittelbar einsichtig erscheint, zumindest was das Ökonomische anbelangt mit den Grundsätzen einer auf Freihandel und freien Kapitalverkehr ausgerichteten Außenwirtschaftsordnung kaum vereinbar ist. Dies wird von den Verfechtern einer strukturellen Ökologisierung auch gar nicht ernsthaft bestritten (vgl. *von Weizsäcker, Lovins* und *Lovins* 1995, S. 26, wo es unter anderem heißt, daß bei etwaigen Zielkonflikten zwischen Freihandel und Umwelt- und Klimaschutz "doch wohl eher der Freihandel zurückstecken [müsse]"). Im Gegenteil erachten sie gerade eine deutliche absolute Verminderung der grenzüberschreitenden Warenströme und des Dienstleistungshandels sowie des internationalen Kapitalverkehrs als grundlegende Vorbedingung für den Übergang zu einer nachhaltigen Wirtschaftsweise. Die Skepsis gegenüber der Freihandelslehre wird in der Regel damit begründet, daß eine Reihe der ihr zugrundeliegenden Modellannahmen - und zwar namentlich die für *Ricardos* Theorem der komparativen Kostenvorteile zentrale Prämisse international immobiler Produktionsfaktoren - in der heutigen Zeit nicht mehr erfüllt seien (vgl. *Ekins, Folke* und *Costanza* 1994, S. 5 ff.). Bei gegebener internationaler Kapitalmobilität folge das Spezialisierungsmuster im Außenhandel mithin nicht mehr der Logik komparativer, sondern absoluter Kostenvorteile. Um eine weitgehende Deindustrialisierung durch Verlagerung der inländischen Produktionsstätten in das kostengünstigere Ausland verhindern zu können, seien Staaten ohne einen derartigen absoluten Kostenvorteil gezwungen, sich einen solchen Vorsprung durch immer niedrigere Löhne und Lohnnebenkosten sowie insbesondere durch den Verzicht auf ökologisch zwar notwendige, für die heimische Industrie aber kostentreibende Umweltschutzmaßnahmen zu sichern. Da sich bei Freihandel kein Land dieser sogenannten 'Zero-regulation' auf Dauer entziehen könne, sei es lediglich eine Frage der Zeit, bis die natürliche Belastungs- und Regenerationsfähigkeit der davon in Mitleidenschaft gezogenen Ökosysteme irreversibel überschritten werde. Das obsolet gewordene Leitbild des Freihandels beziehungsweise des freien Kapitalverkehrs müsse deswegen durch andere Prinzipien ersetzt werden, für deren Einhaltung durch den gezielten Einsatz des handelspolitischen Instrumentariums zu sorgen sei.[9]

Konkret vorgeschlagen wird daher der Übergang zum Grundsatz des 'Balanced trade', um die wirtschaftliche Verflechtung zwischen den Nationen aus diesen Gründen möglichst gering zu halten (vgl. *Kurz* 1995, S. 276 f.). Anzustreben sei mithin ein Außenbeitrag eines Landes oder einer Region im Verhältnis zum Rest der Welt von nahe Null bei, bezogen auf das inländische Sozialprodukt, gleichzeitig absolut niedrigen Export- und Importquoten, um den Abfluß von inländischem (oder den Zufluß von ausländischem) Kapital zu begrenzen und so das Entstehen einer 'Zero-regulation'-Spirale zu verhindern (vgl. *Daly* und *Goodland* 1994a, S. 493 f.). Als Alternative propagiert wird noch die Verwirklichung des sogenannten 'interregionalen Gerechtigkeitspostulats', das erfüllt sei, wenn eine Region oder ein Land während einer bestimmten Periode per Saldo nicht mehr Energie und Schadstoffe (einschließlich der in den Gütern selbst enthaltenen!) exportiert als über denselben Zeitraum hinweg aus anderen Regionen oder Ländern importiert werden (vgl. *Majer* 1995, S. 223 so-

---

9   Eine Reihe von Nachhaltigkeitstheoretikern beruft sich bei ihrer Ablehnung des Freihandelspostulats im übrigen ausdrücklich auf keynesianisches Gedankengut. In seiner "National Self-Sufficiency" betitelten Abhandlung aus dem Jahre 1933 begründet Keynes seine Skepsis gegenüber dem Freihandelsprinzip, das er in den Jahren zuvor jedoch noch vehement verteidigt hatte, wie folgt: "I sympathise, therefore, with those who would minimise, rather than those who would maximise, economic entanglement between nations. Ideas, knowledge, art, hospitality, travel - these are the things which should of their nature be international. But let goods be homespun whenever it is reasonably and conveniently possible; and, above all, let finance be primarily national" (das Zitat wurde entnommen aus *Moggeridge* 1981, S. 236).

wie S. 226). Da etwa ein Achtel des weltweiten Erdölverbrauchs unmittelbar den Transportleistungen zuzurechnen sei, die zur Abwicklung des internationalen Güterhandels und des Ferntourismus erbracht werden müßten (vgl. *Madeley* 1992, S. 33), entfiele dadurch, so das Argument, zunächst ein nicht beträchtlicher Teil der bei der Verbrennung fossiler Brennstoffe entstehenden Umweltbelastungen. Ausserdem vermindere sich die Eintrittswahrscheinlichkeit von lokalen Umweltschäden durch Transportunfälle bei der Beförderung toxischer oder sonstiger potentiell umweltbelastender Substanzen per Lkw, Bahn, Flugzeug oder Schiff (Stichwort: Tankerunglücke) erheblich.

Darüber hinaus würde sich, so das Argument weiter, auf diese Weise auch die extreme Abhängigkeit zahlreicher hochverschuldeter Entwicklungsländer von den stark schwankenden und stetig sinkenden Weltmarktpreisen für Rohstoffe und landwirtschaftliche Erzeugnisse - mit der Konsequenz sich ebenfalls ständig verschlechternder Terms of trade - spürbar verringern. So seien die betroffenen Länder bislang gezwungen, trotz der damit unweigerlich einhergehenden, oft irreversiblen Beschädigung der lokalen Ökosysteme den Export von Primärerzeugnissen zu forcieren, um die für die Ableistung ihres Schuldendienstes dringend benötigten Devisenerlöse erwirtschaften zu können (vgl. etwa *Altvater* 1987, S. 237 ff.). Da aber, wie bei der bereits angesprochen 'Zero-regulation' im Bereich Umweltstandards, jedes dieser Länder ein derartiges, ökologisch verhängnisvolles Verhalten an den Tag legen müsse, beschleunige dies den Preisverfall auf den Rohstoffmärkten sogar noch. Der damit beschriebene Teufelskreis von höherer Verschuldung, verstärkten Rohstoffexporten und zunehmendem Raubbau an der Umwelt ließe sich sodann aber - in Verbindung mit einem umfassenden Schuldenerlaß - erfolgreich durchbrechen.

Schließlich wird angeführt, daß eine Abkehr vom Freihandelsprinzip erforderlich sei, da ein Land nur durch die Androhung und/oder die Anwendung handelspolitischer Sanktionen das Entstehen bestimmter negativer Externalitäten im Inland wirksam verhindern könne (vgl. *Harborth* 1992, S. 53). Als Beispiele angeführt werden in diesem Zusammenhang häufig der Handel mit geschützten oder gar unmittelbar vom Aussterben bedrohten Tier- und Pflanzenarten, welcher die Artenvielfalt in ihren Herkunftsländern gefährde, die grenzüberschreitende Verbringung von Giftmüll und sonstigen umwelt- und gesundheitsschädlichen Abfallstoffen zum Zweck der Endlagerung im Ausland sowie die Einfuhr von Waren, deren Zwischen- oder Endverbrauch im Inland ökologisch bedenkliche Nebenwirkungen zeitigen würde (zum Beispiel wegen nicht recyclingfähiger Inhaltsstoffe oder Verpackungsmaterialien). Überdies ließe sich durch die Erhebung von Ausgleichszöllen auf Importwaren, deren Produktion von den Regierungen ihrer Herkunftsländern durch fehlende oder im Vergleich zu den entsprechenden inländischen Bestimmungen weniger strenge respektive von den zuständigen Aufsichtsbehörden weniger streng gehandhabte Umweltschutznormen gleichsam staatlich subventioniert werde, auch 'ökologisches Dumping' ausländischer Anbieter - das ebenfalls einen Prozeß der 'Zero-Regulation' auslösen sowie das Entstehen von 'Pollution havens' nach sich ziehen könne - wirksam unterbinden.

2.2.2. Ökologische Modernisierung

Als zweite wirtschaftspolitische Strategie zur Verwirklichung des Nachhaltigkeitspostulats wird eine allumfassende ökologische Modernisierung der bestehenden Wirtschafts- und Gesellschaftsstrukturen empfohlen. Diesem Ansatz inhaltlich zuzuordnen wäre zweifelsohne der Abschlußbericht der *Brundtland*-Kommission (vgl. *Stahl* 1992, S. 468). Aber auch das Leitbild einer ökologischen beziehungsweise einer öko-sozialen Marktwirtschaft (vgl. dazu *Brenck* 1992, S. 385 f.) ist als mögliche realtypische Ausprägung des Konzepts der ökologischen Modernisierung anzusehen. Das Endziel - wirtschaftliches Wachstum bei gleichbleibendem oder, soweit zur Wahrung der Nachhaltigkeit erforderlich, sogar sinkendem Ressourcenverzehr beziehungsweise einem konstanten oder abnehmenden Immissionsniveau in den von Emissionen betroffenen Ökosystemen (vgl. *Harborth* 1992, S. 51 f.) - soll dabei erreicht werden durch die Umrüstung auf umweltfreundlichere und ressourcenschonendere Fertigungstechnologien, den Übergang zu ökologisch insgesamt, das heißt von der Herstellung bis einschließlich ihrer Entsorgung, unbedenklicheren Ge- und Verbrauchsgütern (Stichwort: Life-cycle management), konsequente Abfallwiederverwertung sowie, eine entsprechende Substituierbarkeit vorausgesetzt, den Einsatz erneuerbarer anstatt nicht-regenerierbarer Rohstoffe. Ziel ist also ganz allgemein die möglichst umfassende Internalisierung sämtlicher negativer Externalitäten.

2.3. Kritische Würdigung des Nachhaltigkeitskonzepts

Wie im folgenden näher erläutert werden soll, ist als einer der Schwachpunkte des (ökologischen) Nachhaltigkeitskonzepts zunächst zweifelsohne die weitgehende inhaltliche Unbestimmtheit zentraler Begriffe anzusehen, die sich nicht selten sogar grundsätzlich jeder objektiv nachprüfbaren Operationalisierung entziehen. *Binswanger* spricht in diesem Zusammenhang nicht ganz zu Unrecht davon, daß das Nachhaltigkeitspostulat bei der letztlich entscheidenden Beantwortung der Frage, ob eine konkrete ökonomische Handlung als nachhaltig einzuschätzen ist oder nicht, bislang "zur völligen Beliebigkeit [verkommt]" (*Binswanger* 1995, S. 5). Abgesehen von diesem Indikatorenproblem ist außerdem kritisch anzumerken, daß die gerade von den Befürwortern einer strengen ökologischen Nachhaltigkeit vorgebrachte pauschale Ablehnung wirtschaftlichen Wachstums im allgemeinen sowie des Freihandelprinzips und eines freien Kapitalverkehrs im besonderen überwiegend auf sachlich unhaltbaren Annahmen über die tatsächlichen Ursache-Wirkungs-Zusammenhänge beruht. Kritisch zu hinterfragen sind schließlich noch die vielfach geäußerten Thesen, wonach gesetzliche Regelungen zum Schutz geistiger Eigentumsrechte zum einen grundsätzlich geeignet seien, den Transfer von Umweltschutztechnologien in die Länder der Dritten Welt spürbar zu behindern und zum anderen - Stichwort: Patentschutz für transgene Tier- und Pflanzenarten - als indirekte Bedrohung der Artenvielfalt angesehen werden müßten.

Wie ebenfalls zu zeigen sein wird, sollte trotz dieser unbestreitbaren Mängel des Nachhaltigkeitskonzepts freilich nicht übersehen werden, daß von ihm durchaus auch wichtige Impulse für eine ökonomisch wie ökologisch effizientere Ausgestaltung der praktischen Wirtschafts- und Umweltpolitik ausgehen könnten.

2.3.1. Methodische und inhaltliche Mängel

2.3.1.1. Das Indikatorenproblem

Definitionsgemäß kann von einer ökologisch nachhaltigen Entwicklung, wie bereits erwähnt, lediglich dann gesprochen werden, wenn es den Wirtschaftseinheiten gelingt, die in den drei Managementregeln vorgegebenen Restriktionen bei der Nutzung der natürlichen Umwelt einzuhalten. Nur in diesem Fall wäre auch das Postulat intergenerativer Gerechtigkeit erfüllt. Die Suche nach geeigneten Nachhaltigkeitsindikatoren nimmt demzufolge breiten Raum in der Sustainability-Literatur ein. Als vordringlich erachtet wird eine grundlegende Reform der traditionellen Volkswirtschaftlichen Gesamtrechnung (VGR) mit dem Ziel, auch den in einer Periode erfolgten Verzehr des natürlichen Kapitalstocks (beziehungsweise die hypothetischen Kosten, die hätten aufgewandt werden müssen, um die Einhaltung der drei Managementregeln sicherzustellen[10]) als Abschreibung bei der Berechnung des tatsächlichen Sozialprodukts zu erfassen (vgl. *Cansier* und *Richter* 1995, S. 245 f.; *Ekins* 1993, S. 285). Sollte sich also die Produktionsleistung einer Volkswirtschaft in einer Periode um beispielsweise fünf Prozent erhöhen, zöge dies nur dann eine fünfprozentige Zuwachsrate des solchermaßen bereinigten ('Öko'-)Sozialprodukts nach sich, wenn es gelungen wäre, die drei Managementregeln in vollem Umfang einzuhalten. Eine nicht-nachhaltige Ressourcennutzung ließe sich demgegenüber, so das Argument, an einer niedrigeren Wachstumsrate beziehungsweise, bei besonders gravierenden Verstößen gegen die Managementregeln, an einem stagnierenden oder gar rückläufigen Sozialprodukt (in seiner korrigierten Fassung) ablesen. Eine Variante dieses Ansatzes sieht vor, das traditionell ermittelte Nettosozialprodukt um sämtliche Ausgaben mit sogenanntem 'Defensivcharakter' zu vermindern, da deren Aufbringung mit keinem Nettonutzenzuwachs für die Gesellschaft verbunden sei. Abzuziehen wären folglich sämtliche in einer Periode angefallenen Umweltschutzaufwendungen (Vermeidungskosten) sowie alle mit der Beseitigung bereits eingetretener Umweltbelastungen und ihrer Folgewirkungen verbundenen Kosten, zum Beispiel für die medizinische Versorgung von Krankheitsfällen, die unbestritten in einem unmittelbaren oder mittelbaren Zusammenhang mit spezifischen Umweltschäden stehen (vgl. *Mikesell* 1992, S. 18 f.).

Zu offenkundig sind allerdings die diesem Verfahren innewohnenden konzeptionellen Mängel sowie vor allem die schier unüberwindlichen praktischen Schwierigkeiten bei der Ermittlung der relevanten Informationen und Daten, als daß nicht beträchtliche Zweifel an der Aussagekraft des propagierten globalen Nachhaltigkeitsindikators 'Öko'-Sozialprodukt anzumelden wären. Zunächst ließe sich der in der betrachteten Periode aufgelaufene Abschreibungsbedarf auf verzehrtes Naturkapital nur bei genauer Kenntnis der Absorptionskapazitäten sämtlicher ökonomisch genutzter Ökosysteme - wobei auch alle etwaigen Kombinations- und Kumulationswirkungen der emittierten Schadstoffe zu beachten wären! -, der Regenerationsraten nachwachsender Rohstoffe sowie der Bestände und Bestandsänderungen nicht-erneuerbarer Rohstoffe korrekt ermitteln. Dies wiederum setzt wenigstens dreierlei zwingend voraus, nämlich

---

[10] Anzusetzen wären also nicht nur die zu diesem Zweck tatsächlich aufgewandten Kosten, sondern die gesamten Opportunitätskosten!

- einen weitgehenden naturwissenschaftlichen Konsens über die 'richtige' Abgrenzung der fraglichen Ökosysteme sowie der zwischen diesen gegebenenfalls bestehenden Wechselwirkungen,

- das Vorhandensein geeigneter naturwissenschaftlicher Indikatoren zur Messung der effektiven Inanspruchnahme eben dieser Ökosysteme beziehungsweise zur Kontrolle der Bestandsentwicklung bei regenerierbaren und nicht-regenerierbaren Ressourcen (vgl. dazu ausführlich *Opschoor* und *Reijnders* 1992, S. 18 f.) sowie schließlich

- eine den tatsächlich entstandenen sozialen Kosten entsprechende monetäre Bewertung der negativen ökologischen Folgewirkungen etwaiger Verstöße gegen die Managementregeln beziehungsweise, sollte eine Substitution als zulässig erachtet werden, des genauen Wertes des kompensatorisch für den Abbau von Naturkapital gebildeten Human- und Sachkapitals.

Angesichts des bislang außerordentlich geringen Kenntnisstandes über die relevanten naturwissenschaftlichen Zusammenhänge sowie die ökologischen Risiken und damit untrennbar verbunden auch der ökonomischen Folgekosten einmaliger, wiederholter oder fortwährender Verstöße gegen eine oder mehrere der Managementregeln, der vielfach noch unsicheren Datenlage und der zum Teil schier unüberwindlichen Probleme der Datenerfassung ist keine dieser drei Bedingungen zum gegenwärtigen Zeitpunkt auch nur annähernd als erfüllt anzusehen (vgl. *Karshenas* 1994, S. 726 f.). Zwangsläufig bedeutet dies, daß einerseits sowohl die Konkretisierung der Managementregeln und damit der gewünschten Umweltqualität als auch die Entscheidung für oder gegen einzelne Meß- und Bewertungsverfahren zur Ermittlung des 'Öko'-Sozialprodukts letztlich stets ein subjektives politisches Werturteil widerspiegeln wird[11] - und angesichts höchst unterschiedlicher Risikoeinschätzungen und -präferenzen, Zeitpräferenzraten hinsichtlich der Nutzung einzelner Umweltgüter und Ökosysteme sowie vor dem Hintergrund unabdingbarer Kosten-Nutzen-Abwägungen in einer demokratischen und pluralistischen Gesellschaftsordnung auch widerspiegeln muß (so zu Recht *Cansier* 1995, S. 131 f.). Andererseits ist selbstredend eine regelmäßige Überprüfung dieser Entscheidungen vor dem Hintergrund neuer wissenschaftlicher Erkenntnisse erforderlich (vgl. *Henderson* 1994, S. 135).

Die schon aus diesen Gründen eher bescheidene Aussagekraft des 'Öko'-Sozialprodukts als Nachhaltigkeitsindikator wird daneben durch das hohe Aggregationsniveau, das es wie jede andere makroökonomische Größe auch zwangsläufig aufweist, zusätzlich eingeschränkt. Insbesondere läßt sich ohne Rückgriff auf die naturwissenschaftlichen Primärinformationen nicht erkennen, welchen Anteil die in die Berechnung des 'Öko'-Sozialprodukts einbezogenen Ökosysteme und Ressourcen an dem insgesamt errechneten Abschreibungsbedarf hatten, also ob im konkreten

---

[11] So hängt die genaue Höhe des Abschreibungsbedarfs selbstredend ganz wesentlich von der Entscheidung für eine der möglichen Varianten der dritten Managementregel ab, also davon, welche Annahmen über die Substituierbarkeit von Natur- durch Sach- und Humankapital getroffen wurden. Gegebenenfalls müßte dann auch noch der genaue Kompensationseffekt einer solchen Substitution korrekt monetär bewertet werden.

Einzelfall bezogen auf den Richtwert, der in der jeweils anzuwendenden Managementregel vorgegeben worden war, eine Über- oder eine Unternutzung erfolgte, und wenn ja, in welchem Umfang dies der Fall gewesen war.

Erschwerend kommt außerdem hinzu, daß sich eine Reihe von Ökosystemen sowie die Vorkommen regenerierbarer und nicht-regenerierbarer Ressourcen oftmals auf mehrere Staaten - und im Extremfall der globalen Kollektivgüter wie der Erdatmosphäre oder der Ozonschicht sogar auf alle Nationen der Erde - verteilen, die wiederum souverän und autonom über den Umfang der inländischen Nutzung dieser Umweltgüter entscheiden. Um auch für deren nachhaltige Inspruchnahme Sorge zu tragen beziehungsweise um deren Übernutzung im 'Öko'-Sozialprodukt korrekt erfassen zu können, falls entsprechender Abschreibungsbedarf bestünde, wäre also eine zwischenstaatliche Übereinkunft unabdingbar (vgl. *Cansier* 1995, S. 144), in der zum einen die maximal zulässige Nutzung zu vereinbaren wäre und zum anderen die Nutzungsrechte - nach welchen Kriterien auch immer - anteilig den betroffenen Nationen zugewiesen werden müßten.

Versteht man nun eine dauerhafte Zunahme an Lebensqualität als eigentliches Ziel einer nachhaltigen Entwicklung muß des weiteren eine nur ökologisch orientierte Korrektur der traditionellen VGR in der beschriebenen Manier angesichts vergleichbarer Erfassungs- und Bewertungsprobleme bei einer Reihe anderer Wohlstandsindikatoren als von der Sache her zu einseitig zurückgewiesen werden. Ein (eventuell nur temporärer) Verlust an Umweltqualität in einem bestimmten Bereich könnte nämlich durch eine höhere durchschnittliche Lebenserwartung, eine Verkürzung der Lebensarbeitszeit oder einen anderen als positiv eingestuften, in der traditionellen VGR aber ebensowenig erfaßten Trend (über)kompensiert worden sein (vgl. *Beckermann* 1974, S. 86). Ob dies nun per Saldo als Steigerung der Lebensqualität interpretiert würde, ist letztlich abhängig von der jeweils geltenden gesellschaftlichen Präferenzstruktur eines Landes sowie gegebenenfalls von den Annahmen über die Eintrittswahrscheinlichkeit einer als bedrohlich erachteten Umweltbelastung - also einer von den Betroffenen als nicht mehr als akzeptabel erachteten dauerhaften Verschlechterung der Umweltqualität.

Zu beachten ist schließlich, daß ein 'Öko'-Sozialprodukt - und zwar selbst unter der rein hypothetischen Annahme, die genannten naturwissenschaftlichen und ökonomischen Abgrenzungs-, Meß- und Bewertungs- und sonstigen Probleme seien objektiv lösbar und tatsächlich gelöst - lediglich über den ökologischen Status quo eines geographisch wie auch immer abgegrenzten Gebietes und dessen Veränderung im Zeitablauf Auskunft geben könnte. Es enthält demgegenüber für sich betrachtet noch keine Informationen über die einer nicht-nachhaltigen Umweltnutzung letztlich zugrundeliegenden ökonomischen Ursachen - negative Externalitäten und/oder fehlende Property-rights infolge von Markt- oder Staatsversagen - sowie die daraus resultierenden (Fehl-)Verhaltensanreize. Diese müßten zum Zwecke einer ursachenadäquaten Therapie anschließend erst noch durch eine gesonderte Analyse eruiert und durch den Einsatz geeigneter wirtschaftspolitischer Maßnahmen beseitigt werden.

2.3.1.2. Intergenerative Gerechtigkeit

Die Forderung nach intergenerativer Gerechtigkeit steht, wie gezeigt wurde, mit im Mittelpunkt des Nachhaltigkeitspostulats. Schon die inzwischen weitgehend akzeptierte Begriffsdefinition macht allerdings die Fragwürdigkeit dieses grundsätzlich nicht operationalen Ansinnens mehr als deutlich: Das Ziel intergenerativer Gerechtigkeit gilt demnach als erfüllt, falls die ökonomischen und ökologischen Funktionen des natürlichen Kapitalstocks - also je nachdem, wie die Managementregeln im Einzelfall konkretisiert werden, entweder dessen Quantität oder dessen Qualität - im Zeitablauf erhalten bleiben. Die 'Weitergabe' eines kleineren Naturkapitalstocks hätte demgegenüber zur Folge, so das Argument, daß künftigen Generationen angesichts eines derartigen Engpasses auf der Inputseite zwangsläufig weniger Möglichkeiten zur Befriedigung ihrer Bedürfnisse offenstünden als derzeit der Gegenwartsgeneration - mit der Folge eines im Vergleich dazu geringeren Lebensstandards (vgl. *Faber, Jöst* und *Manstetten* 1994, S. 14 f.). Unabdingbar sei demnach insbesondere eine 'gerechte' intertemporale Allokation der Nutzungsrechte an nicht-erneuerbaren Ressourcen (Stichwort: dritte Managementregel).[12]

Bei realistischer Betrachtungsweise unerfüllbar ist die Forderung nach intergenerativer Gerechtigkeit freilich schon angesichts der schieren logischen Unmöglichkeit, Bedürfnisse, Wertvorstellungen und technologische Fähigkeiten künftiger Generationen auch nur annähernd vorhersagen zu können (vgl. *Pasek* 1993, S. 51 f.). Treffend und plakativ illustriert dies *Taylor* (1994, S. 35), indem er dazu feststellt:

> "Imagine the economic planner of 1890 attempting to plan for the needs of today. Whale oil for heating, copper for telegram wires, rock salt for refrigeration, and draft horses for transportation and agriculture would all be high on the list of scare resources he would worry about sustaining 100 years hence, whereas petroleum, on the other hand, would not appear on that list at all, since oil was not an economic resource at that time."

Dies bedeutet jedoch nichts anderes, als daß sich der bewußte Verzicht auf die Nutzung bestimmter natürlicher Ressourcen nachträglich oft als unnötiges, weil überflüssiges Opfer erweisen kann (vgl. *Passmore* 1974, S. 98). Umgekehrt ist demnach aber auch ebenso wahrscheinlich, daß bei anderen Ressourcen die Notwendigkeit eines derartigen Verzichts zum Nachteil künftiger Generationen nicht erkannt wurde.

Hinzu kommt außerdem, daß die Größe künftiger Generationen, also die Anzahl der in Zukunft lebenden Menschen, maßgeblich von den Handlungen und Unterlassungen der Gegenwartsgeneration abhängt. Man denke nur an den Ausbruch kriegerischer Auseinandersetzungen und deren Auswirkungen auf die Bevölkerungsentwicklung der betroffenen Länder oder Regionen. Hinter dieser an sich trivialen Feststellung verbirgt sich jedoch ein grundsätzliches Dilemma: Jede Verletzung des Nachhaltigkeitspostulats durch die Gegenwartsgeneration brächte nämlich in künftigen Generationen sowohl Gewinner - also Menschen, deren Existenz durch dieses Fehlverhalten gesichert oder sogar erst ermöglicht wurde - als auch Verlierer hervor.

---

[12] Selbstverständlich müßten auch die Absorptionskapazitäten und Regenerationskräfte der Ökosysteme langfristig erhalten bleiben.

Die Forderung nach Einhaltung des Nachhaltigkeitspostulats würde diesen Ausgang also lediglich umkehren; vielleicht gelänge es sogar, die Zahl der Verlierer absolut zu verringern. An der Tatsache, daß sich das Ziel intergenerative Gerechtigkeit - im Sinne der obigen Definition - immer nur für eine der beiden Gruppen, aber niemals für beide zugleich verwirklichen ließe, ändert sich dadurch freilich nichts.

Zu beachten ist des weiteren, daß bei Ungewißheit über Eintrittswahrscheinlichkeit und Eintrittszeitpunkt einer Umweltbelastung die Gegenwartsgeneration ohnehin das Risiko nicht völlig ausschließen könnte, selbst zumindest einen Teil der Folgekosten ihrer ökologisch bedenklichen Handlungen tragen zu müssen - ein Feedback-Effekt, der, wie die Praxis zeigt, schon aus Gründen des Eigennutzes in der Tat auf einen schonende(re)n Umgang mit Ökosystemen und natürlichen Ressourcen hinwirkt.[13]

Nicht übersehen werden sollte schließlich auch, daß die ökonomische Knappheit zahlreicher nicht-erneuerbarer Ressourcen sich im Zeitablauf bislang nicht erhöht, sondern im Gegenteil - mitunter spürbar - vermindert hat. Verantwortlich für diese nur scheinbar paradoxe Entwicklung sind, abgesehen davon, daß bislang lediglich ein sehr geringer Teil der (äußersten) Erdkruste bergbaulich erforscht und genutzt werden konnte, folgende, hochgradig interdependente, Faktoren:

- die fortlaufende Optimierung der Explorationsverfahren;

- der Einsatz immer leistungsfähigerer Extrapolations- und effizienterer Verarbeitungstechnologien;

- die zunehmenden Möglichkeiten einer Wiederverwertung sowie

- das Aufkommen preislich und/oder qualitativ überlegener Substitute in Gestalt anderer regenerierbarer oder nicht-regenerierbarer Ressourcen einschließlich des damit gebildeten Sachkapitals.[14]

Künftige Generationen wurden bislang also stets durch entsprechende Sachkapitalbildung und technischen Fortschritt für die Entnahme nicht-regenerierbarer Rohstoffe in der Gegenwart 'entschädigt'. Ob Leistung und Gegenleistung dabei als gleichwertig gelten können, muß sich mangels geeigneter Kriterien freilich zwangsläufig jedem Versuch einer objektiven Beurteilung entziehen (vgl. *Heister* und *Schneider* 1993, S. 29). Allerdings dürften die Entfaltungschancen künftiger Generationen ohnehin in einem wesentlich stärkeren Maße von einer Reihe anderer Faktoren - so etwa einer überdurchschnittlich hohen Verschuldung der öffentlichen Haushalte infolge einer

---

[13] Offensichtlich wird dies am Beispiel der verstärkten Bestrebungen auf nationaler wie internationaler Ebene, die weltweiten Emissionen von Treibhausgasen und sogenannten 'Ozonkillern' spürbar zu senken. - *Hahn* bezeichnet die dabei anfallenden Kosten absolut zutreffend als "Versicherungsprämie" (1993, S. 1751).

[14] Notabene: Grundlegende Voraussetzung für eine näherungsweise korrekte Bewertung der ökonomischen Knappheit von Rohstoffen ist gerade wegen der Ungewißheit über die insgesamt verfügbaren Bestände die Marktpreisbildung, da die jeweiligen Rohstoffpreise und vor allem deren Trends im Zeitablauf nur so das dezentral gestreute Wissen der Marktteilnehmer über Bestände, Bestandsveränderungen, den Stand der Technik und Substitutionsmöglichkeiten reflektieren können.

überwiegend konsumtiven Zwecken dienenden Verwendung kreditfinanzierter Staatsausgaben und Unsicherheiten über die Ausgestaltung der Geldpolitik mit der Folge eines Risikozuschlags auf den Kapitalmarktzins - beeinflußt werden als von der gegenwärtigen Nutzung des Naturkapitalstocks (vgl. auch *Chisholm, Hartley* und *Porter* 1990, S. 32).

2.3.1.3. Wirtschaftswachstum und Umweltqualität

2.3.1.3.1. Allgemeine Zusammenhänge

Grundsätzlich besteht zwischen einer nachhaltigen Umweltnutzung und wirtschaftlichem Wachstum kein fundamentaler Widerspruch. Im Gegenteil ist eine Überbeanspruchung der Umwelt auch bei Nullwachstum oder einer absoluten Abnahme des Volkseinkommens keineswegs auszuschließen, und zwar immer dann, wenn es den zuständigen Institutionen nicht gelingt, negative Externalitäten vollständig zu internalisieren (vgl. *Knorr* 1995, S. 204). Die eigentlich entscheidende Frage ist also, ob, und wenn dies der Fall sein sollte in welchem Umfang, wirtschaftliches Wachstum den Abbau dieser sozialen Kosten erleichtert (vgl. *Beckermann* 1993, S. 6 f.). Wie weiter unten (vgl. Abschnitt 2.3.1.3.2) noch näher dargelegt werden soll, scheint eben dies, zurückhaltend formuliert, empirisch nicht selten der Fall zu sein. Nicht vergessen werden sollte außerdem, daß die Geschichte zahlreiche Beispiele für eine Verschlechterung der Umweltqualität auch ohne jede menschliche Einflußnahme liefert.[15]

Die Nachfrage nach einer 'hohen' Umweltqualität weist mithin vielfach die Eigenschaften eines superioren Gutes auf; dies läßt sich unter anderem daran ablesen, daß in vielen Industrienationen - namentlich in den USA, der Bundesrepublik und Japan - die Aufwendungen der privaten Wirtschaftseinheiten sowie der öffentlichen Hand für den Umweltschutz während der letzten beiden Dekaden im Jahr prozentual meist stärker zunahmen als das Sozialprodukt (vgl. *Beckermann* 1993, S. 7 f.). Nicht übersehen werden sollte jedoch, daß es nicht zuletzt eine Frage des politischen Systems eines Landes ist, also von der Ausgestaltung des politischen Willensbildungs- und Entscheidungsprozesses, das heißt von den rechtlichen und faktischen Einflußnahmemöglichkeiten der Bevölkerung, abhängt, ob und inwieweit sich diese Nachfrage in (zusätzlichen) Umweltschutzaufwendungen oder -auflagen niederschlägt oder ob die politisch Verantwortlichen in der Lage sind, sie ganz oder teilweise zu ignorieren beziehungsweise im Extremfall sogar durch den Einsatz des staatlichen Gewaltmonopols gezielt zu unterdrücken. Die dem Umweltschutz somit ganz offensichtlich förderliche Herausbildung demokratischer Entscheidungs- und Gesellschaftsstrukturen - und, damit eng verknüpft, die Dezentralisierung politischer Ent-

---

15 Beispiele wären etwa die in der Erdgeschichte regelmäßig zu beobachtenden starken Schwankungen der Durchschnittstemperaturen und das dadurch hervorgerufene Auftreten von Eiszeiten, Sturmfluten oder das sogenannte Perm-Sterben vor etwa 250 Millionen Jahren, dem 95 Prozent aller damals existierenden Tier- und Pflanzenarten zum Opfer fielen - und dies bei einer im Vergleich zur Gegenwart zum damaligen Zeitpunkt ungleich größeren Artenvielfalt.

scheidungskompetenzen -, mithin also die Verwirklichung der zentralen Forderung der sozialen beziehungsweise soziokulturellen Nachhaltigkeitskonzepte, scheint aber zumindest tendenziell ebenfalls positiv mit der Höhe des Pro-Kopf-Einkommens zu korrelieren.[16] Als Beispiele könnten die jüngsten Entwicklungen in Südkorea oder Taiwan sowie die Forderung nach mehr plebiszitären Elementen im politischen System der Bundesrepublik gelten (vgl. *Olson* 1993, S. 572 f.).

Gerade für die ökonomisch unterentwickelten Volkswirtschaften der Dritten Welt wäre es zudem vielfach undenkbar, die für die Beseitigung von Umweltschäden aus Altlasten sowie für einen präventiven Umweltschutz dringend benötigten finanziellen Ressourcen ohne wirtschaftliches Wachstum überhaupt im erforderlichen Umfang erwirtschaften zu können - was freilich nicht heißt, daß diese Mittel auch tatsächlich in voller Höhe für Umweltschutzzwecke verausgabt werden (sollten). Hinzu kommt, daß der mit dem Wachstumsprozeß verbundene Strukturwandel den Abzug von Produktionsfaktoren aus dem primären Sektor mit sich brächte, was wiederum tendenziell zu einer Entlastung der land- und forstwirtschaftlich sowie zu Zwecken des Bergbaus genutzten lokalen Ökosysteme führen dürfte. So ist die im Vergleich zu früher heute deutlich höhere lokale Umweltqualität in den westlichen Industrienationen zweifelsohne auch mit auf die Ausdehnung des im Vergleich zum primären und sekundären Sektor durchschnittlich weniger Umweltgüter je Outputeinheit verzehrenden tertiären Sektors zurückzuführen.

Außerdem läßt sich, bei allerdings teilweise beträchtlichen Unterschieden in Ländern mit ähnlichem Durchschnittseinkommen - was auf den starken Einfluß weiterer Faktoren wie zum Beispiel die (Nicht-)Durchführung staatlicher Familienplanungsprogramme, die (Nicht-)Existenz sozialer Sicherungssysteme sowie die Frauenerwerbsquote hinweist -, mit steigendem Pro-Kopf-Einkommen tendenziell auch ein Absinken der Geburtenraten und zum Teil sogar ein Rückgang der absoluten Geburtenzahlen beobachten (vgl. *Birdsall* 1988, S. 482; *Stengel* 1995, S. 118 f.).

2.3.1.3.2. Empirie

Die vielfältigen Wechselwirkungen zwischen Wirtschaftswachstum und der Entwicklung der Umweltqualität lassen sich recht anschaulich der am Ende dieses Unterabschnitts abgebildeten Übersicht der Weltbank entnehmen.

Wie diesem Schaubild eindeutig zu entnehmen ist, muß zunächst die These, wirtschaftliches Wachstum und hohe Umweltqualität seien miteinander grundsätzlich unvereinbar, zumindest in dieser pauschalen Form, durch das bislang vorliegende Datenmaterial als widerlegt gelten (vgl. *Weltbank* 1992, S. 12; *Grossman* und *Krueger* 1995, S. 353 ff.; *Shafik* 1994, S. 757 ff.), zumal dann im übrigen ja auch die Umweltgüte in den wohlhabendsten Nationen der Welt nach inzwischen nahezu zweihundertjähriger Industrialisierung entgegen der Realität spürbar schlechter sein müßte

---

16 Dieser Sachverhalt erklärt im übrigen die im Vergleich zu den westlichen Marktwirtschaften ungleich stärkere Belastung der Umwelt in den diktatorisch geführten Staaten des ehemaligen Ostblocks mit.

als in den Ländern der Dritten Welt (vgl. *Radetzki* 1992, S. 123). So zeigt ein Blick auf die Entwicklung der im Rahmen einer Länderquerschnittsanalyse ermittelten Umweltqualitäts-Indikatoren im Zeitablauf zunächst ganz deutlich, daß mit der Zunahme des Pro-Kopf-Einkommens - wenn auch zum Teil erst mit dem Erreichen eines bestimmten Mindestdurchschnittseinkommens - zumindest bislang[17] regelmäßig ebenfalls eine Verbesserung der Umweltgüte in fast allen einschlägig relevanten Bereichen einhergeht. Insbesondere gilt dies für die drängendsten lokalen Umweltprobleme, von denen noch immer ein Großteil der Weltbevölkerung - nämlich die Mehrzahl der Menschen in den Ländern der Dritten Welt - betroffen ist. Nachweislich führt wirtschaftliches Wachstum, zumindest derzeit noch und im Mittel aller Länder weltweit,[18] allerdings zu einem Anstieg des mengenmäßigen Aufkommens an Haushalts- und industriellem Sondermüll.

Wie an der derzeit ebenfalls noch zu beobachtenden absoluten Zunahme der CO_2-Emissionen ablesbar ist, läßt sich - bei aller wissenschaftlicher Unsicherheit über Ursache-Wirkungs-Zusammenhänge, Eintrittswahrscheinlichkeit und ökonomische Konsequenzen - zudem die Möglichkeit einer ökologisch bedenklichen Übernutzung einzelner Weltkollektivgüter wie hier der Erdatmosphäre durch den zu hohen Ausstoß von Treibhausgasen nicht völlig ausschließen. Allerdings gelang es wiederum den vergleichsweise wohlhabenden OECD-Mitgliedsstaaten, den jährlichen Anstieg ihrer CO_2-Emissionen prozentual wesentlich stärker zu vermindern als den Entwicklungs- und Schwellenländern; überdies macht das Emissionsvolumen der OECD-Länder inzwischen knapp weniger als die Hälfte der weltweiten Gesamtmenge aus (vgl. *Bekkermann* 1993, S. 17).

Als Ergebnis ist mithin grundsätzlich festzuhalten, daß das Vorliegen negativer Externalitäten - letztlich oftmals zurückzuführen auf das Fehlen exklusiver und durchsetzbarer Property-rights - und nicht wirtschaftliches Wachstum per se als die eigentliche Ursache einer Übernutzung von Umweltgütern im allgemeinen sowie eines nicht-nachhaltigen Umgangs mit bestimmten Weltkollektivgütern im besonderen angesehen werden muß.

---

17 So läßt sich naturgemäß die Existenz weiterer Wendepunkte bei noch höheren realen Durchschnittseinkommen zu keinem Zeitpunkt mit letzter Sicherheit völlig ausschliessen.

18 Nach Angaben der Bundesumweltministerin scheint in der Bundesrepublik das Aufkommen an Haushaltsmüll - bei bereits vielfach erschöpfter Deponiekapazität - inzwischen auf hohem Niveau zu stagnieren.

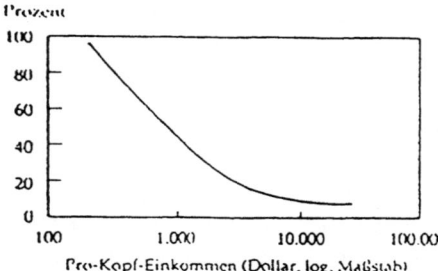

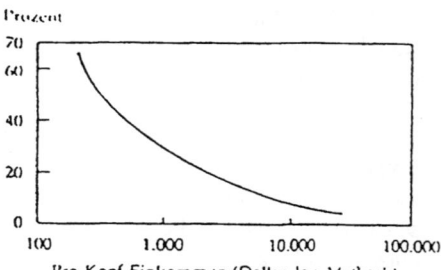

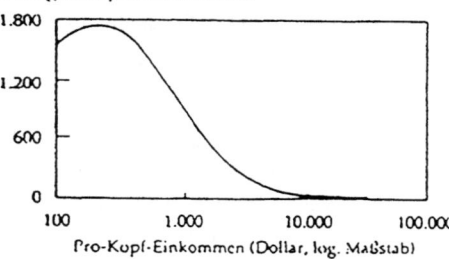

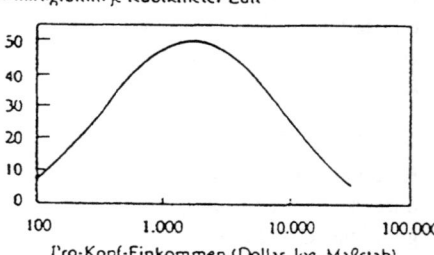

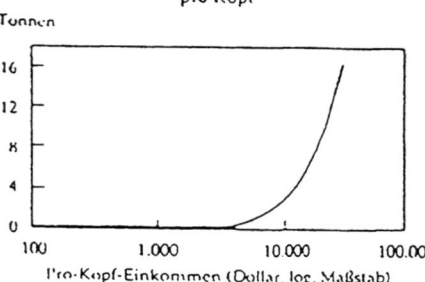

2.3.1.4. Außenwirtschaftsordnung und Umweltqualität

2.3.1.4.1. Protektionismus - ein effizientes Mittel der Umweltpolitik?

2.3.1.4.1.1. Allgemeine Zusammenhänge

Der Einsatz protektionistischer Maßnahmen (vorgeblich) zu Zwecken des nationalen und internationalen Umweltschutzes wird nicht nur von einer Reihe von Nachhaltigkeitstheoretikern mit Nachdruck gefordert, sondern in der Realität bereits seit längerem praktiziert. Wie sich unzweifelhaft an der rasch zunehmenden Zahl einschlägiger Gesetze, Gesetzesentwürfe und Anhörungen in den Parlamentsausschüssen ablesen läßt, sind insbesondere immer mehr westliche Industrienationen - mit den USA als unbestrittenem Vorreiter - bestrebt, Anbieter aus Entwicklungs- und Schwellenländern, die sich nicht 'freiwillig' zur Einhaltung der angeblich strengeren europäischen oder amerikanischen Produktionsprozeßstandards verpflichten, mit Strafzöllen oder sogar einem völligen Importverbot zu belegen. Tatsächlich verhängt wurde von den USA unter Berufung auf entsprechende Vorschriften des *Marine Mammal Protection Act* unter anderem bereits ein generelles Importverbot für mexikanischen Thunfisch. Nach Auffassung der amerikanischen Regierung waren die von den mexikanischen Fischern verwendeten Fangnetze weniger 'Delphin-sicher' als diejenigen der amerikanischen Thunfischfangflotte. Dem Antrag Mexikos auf Aufhebung des Importverbots wurde allerdings von einem GATT-Schiedsgericht, auf dessen Entscheidung noch ausführlich einzugehen sein wird (vgl. Abschnitt 3.2.1.5), entsprochen.

Ausdrücklich vorgesehen ist der Einsatz handelspolitischer Instrumente zum Schutz der Umwelt allerdings auch in einer Reihe völkerrechtlich verbindlicher internationaler Umweltabkommen, deren Unterzeichnerstaaten es aber in der Regel frei steht zu entscheiden, ob sie das jeweilige Vertragsziel auf diesem Weg erreichen möchten.[19] Die bekanntesten Beispiele dafür sind das Übereinkommen über den internationalen Handel mit gefährdeten Arten freilebender Tiere und Pflanzen vom 3. März 1973 (CITES) (vgl. BGBl. II, 28. Mai 1975, S. 777 ff.),[20] das Montrealer Protokoll vom 16. September 1987 über Stoffe, die zu einem Abbau der Ozonschicht führen (vgl. BGBl. II, 15. November 1988, S. 1015 ff.)[21] - es dient im übrigen der Ergänzung und Konkretisierung des Wiener Übereinkommens zum Schutz der Ozon-

---

19   Nach Angaben des damaligen GATT-Sekretariats enthielten immerhin siebzehn der insgesamt 127 völkerrechtlich verbindlichen internationalen Umweltschutzabkommen, die bis Mitte des Jahres 1991 in Kraft getreten waren, eigene Handelsregeln. Ihre Zahl hat sich inzwischen weiter erhöht (vgl. GATT 1992a, S. 24 sowie Anhang I, S. 45 ff.).

20   In der Literatur findet sich häufig auch die Bezeichnung Washingtoner Artenschutzübereinkommen. CITES ist die Abkürzung der englischen Bezeichnung des Übereinkommens.

21   Es wurde inzwischen mehrfach um weitere, nach Ansicht von Naturwissenschaftlern die Ozonschicht ebenfalls mutmaßlich gefährdende Substanzen und Verbindungen ergänzt. Außerdem wurden die darin enthaltenen Handelsregeln bislang zweimal revidiert (vgl. BGBl. II, 21. Dezember 1991, S. 1332 ff.; BGBl. II, 11. Dezember 1993, S. 2183 ff.).

schicht vom 22. März 1985 (vgl. BGBl. II, 28. September 1988, S. 902 ff.). - sowie das Basler Übereinkommen über die Kontrolle der grenzüberschreitenden Verbringung gefährlicher Abfallstoffe und ihrer Entsorgung (vgl. BGBl. II, 30. September 1994, S. 2704 ff.).

Begründet wird das in der Diskussion angemahnte angeblich grundsätzliche Recht eines Landes, völlig autonom über die Notwendigkeit und Angemessenheit des Einsatzes handelspolitischer Instrumente zum Schutz nationaler wie globaler Umweltgüter entscheiden zu dürfen, aber auch als Vehikel, um ausländische Anbieter ebenfalls zur Einhaltung bestimmter Umweltschutzmindeststandards zu zwingen (Stichwort: 'Level playing field'), wie bereits erwähnt, zum einen mit dem Argument, dies sei erforderlich, um 'ökologisches Dumping' abwehren zu können und um auf diesem Weg eine nachhaltige Entwicklung im In- und Ausland sicherzustellen. Zum anderen seien derartige Maßnahmen auch unverzichtbar, um so die Herausbildung eines breiten internationalen Konsenses über die Notwendigkeit bestimmter Umweltschutzmaßnahmen oder die Vorgabe von Mindeststandards zu beschleunigen oder sogar erst anzuregen. Schließlich sei es, so das Argument, für jedes Land nur legitim, die eigenen nationalen Zielvorstellungen über die 'richtige' Umweltpolitik beziehungsweise das angemessene Schutzniveau auch auf internationaler Ebene als verbindlichen Standard durchsetzen zu wollen.

Höchst problematisch sind derartige, (vorgeblich) umweltpolitisch motivierte Alleingänge eines Landes, die stets einen gezielten Eingriff in die nationale Souveränität der betroffenen Handelspartner darstellen und somit Vergeltungsmaßnahmen geradezu herausfordern, jedoch nicht nur aufgrund ihrer oftmals faktisch oder methodisch umstrittenen wissenschaftlichen Grundlage; sie entfällt ohnehin bei ausschließlich ethisch-moralischer Rechtfertigung, die anderslautende Wertvorstellungen als nicht akzeptabel oder verallgemeinerungsfähig diskreditiert.[22] So birgt der Einsatz protektionistischer Maßnahmen zu Zwecken des Umweltschutzes - und zwar vor allem, sofern er von einem Land autonom, das heißt ohne breiten internationalen Konsens, beschlossen wurde - ganz beträchtliche Gefahren in sich (vgl. dazu grundsätzlich *Bhagwati* 1991, S. 48 ff.; *ders.* 1994a, S. 239 f.). Zum einen wächst noch die Wahrscheinlichkeit, daß unter dem Deckmantel angeblicher ökologischer Anliegen lediglich die traditionellen Protektionismusziele in mißbräuchlicher Weise weiterverfolgt werden. Zum anderen trägt ein derartiger Alleingang, sollte er sich in der Handelspolitik durchsetzen können, zweifelsohne auch dazu bei, wesentliche Prinzipien der bestehenden Welthandelsordnung zu untergraben. An die Stelle allgemein anerkannter Regeln des Rechts träte in diesem Fall nämlich in letzter Konsequenz grundsätzlich eine ausschließlich an den Interessen des politisch und ökonomisch mächtigsten Landes ausgerichtete Handelspolitik. Diese Nation wäre mithin in der Lage, sämtlichen Handelspartnern nicht nur ihre wirtschaftspolitischen Prioritäten, sondern insbesondere auch ihre gesellschaftlichen Wertvorstellungen sowie ihre Auffassung von ökonomischer 'Fairneß' in allen nur denkbaren Bereichen aufzwingen zu können. Angesichts der zunehmenden weltwirtschaftlichen Blockbildung wären folglich zumindest Retorsionsmaßnahmen des betroffenen Auslands bis hin zu einem Handelskrieg vorpro-

---

22 Der von den betroffenen Staaten vielfach als Reaktion darauf geäußerte Vorwurf des Ökoimperialismus läßt sich somit durchaus nachvollziehen.

grammiert - mit der Folge starker Wohlfahrtsverluste für beide Seiten. Dadurch würde jedoch wiederum tendenziell der Transfer umweltschonender Produktionsverfahren in Entwicklungs- und Schwellenländer gebremst, und auch deren Möglichkeiten, umweltverträgliche(re) Produkte aus den Industrienationen importieren zu können, nähme mangels Devisen zwangsläufig ab.

Schließlich begünstigen strengere Umweltschutzauflagen noch stets die inländischen Anbieter von Umweltschutztechnologien, zumal sich dadurch auch deren Wettbewerbsfähigkeit auf dem Weltmarkt aufgrund ihres daraus resultierenden Know-how-Vorsprungs verbessert. Eine grenzüberschreitende Diffusion dieses Wissens wäre ohne Liberalisierung des Außenhandels in beiden Richtungen allerdings nur noch in Form eines durch staatliche Entwicklungshilfe finanzierten Technologietransfer denkbar - was freilich unweigerlich auch heißt, auf einem im Vergleich zu einem marktmäßigen Technologietransfer wesentlich geringeren Niveau.

Abgesehen von diesen eher grundsätzlichen Einwänden ist insbesondere auch die ökologische Effizienz einer protektionistisch orientierten Außenwirtschaftspolitik mehr als zweifelhaft. So besteht, wie allgemein bekannt ist, die Gefahr einer irreversiblen Belastung und Übernutzung der Umwelt über ihre natürliche Aufnahme- und Regenerationsfähigkeit hinaus nur dann, wenn der Preis eines Gutes oder einer natürlichen Ressource sämtliche Kosten der Produktion oder der Extraktion, der Nutzung sowie der Beseitigung oder Vermeidung dabei anfallender umweltschädigender Kuppelprodukte nicht vollständig widerspiegeln. Aber auch die hinlänglich bekannten wohlfahrtssteigernden Wirkungen einer auf den Prinzipien Freihandel und internationale Arbeitsteilung beruhenden Außenhandelsordnung können sich nur bei Abwesenheit wesentlicher positiver wie negativer Externalitäten vollumfänglich entfalten. Je besser die Preise also ihrer Funktion als Knappheitsindikatoren frei von externen Effekten gerecht werden, desto weniger sind dauerhafte Störungen des ökologischen Gleichgewichts durch wirtschaftliche Aktivitäten zu befürchten. Anders ausgedrückt sind Zielkonflikte zwischen Freihandel, freiem Kapitalverkehr und Umweltschutz mithin grundsätzlich nur in dem Maße möglich, wie der (Nicht-)Einsatz des handelspolitischen Instrumentariums die von Ökonomen wie Ökologen gleichermaßen angestrebte Internalisierung negativer externer Effekte erschwert oder sogar verhindert.

Die pauschale Ablehnung des Freihandelspostulats mit dem Argument, jede weitere Liberalisierung des grenzüberschreitenden Güteraustauschs sowie von Direktinvestitionen würde bereits bestehende negative externe Effekte verstärken oder sogar neue begründen, somit also das allokative Marktversagen bei der Bereitstellung des öffentlichen Gutes 'hohe Umweltqualität' verschärfen, erweist sich bei näherer Betrachtung deshalb als eine unzulässig verkürzte und höchst undifferenzierte Beschreibung des Sachverhalts.[23] Denn zwar ist das Fehlen exklusiver Verfügungsrechte - und damit die schiere Nichtexistenz von Preissignalen - in der Tat als die entschei-

---

23 Hinzuweisen ist auch an dieser Stelle freilich nochmals auf die, angesichts der Verschiedenartigkeit individueller Präferenzen, ausgesprochen schwierige Operationalisierung des Begriffs 'Umweltqualität'. Besondere Bedeutung kommt diesem Problem immer dann zu, wenn die Beseitigung des fraglichen Umweltschadens grundsätzlich am effizientesten auf dem Weg der zwischenstaatlichen Zusammenarbeit zu erreichen wäre.

dende Ursache für die übermäßige Nutzung einiger Umweltgüter anzusehen. Dies ist auch unter Ökonomen unbestritten. Eben nicht um Marktversagen handelt es sich freilich immer dann, wenn eine technisch an sich mögliche Internalisierung staatlicherseits unterbleibt oder sogar gezielt unterbunden wird, beziehungsweise wenn bei Vorhandensein von Eigentumsrechten falsche Knappheitssignale eine mittelbare oder unmittelbare Folge staatlicher Eingriffe in den Marktprozeß darstellen (vgl. *Stevens* 1993, S. 440 ff.). Es ist also im konkreten Einzelfall stets zu prüfen, welcher der beiden genannten Mechanismen die ökonomisch wie ökologisch unerwünschten Verzerrungen der Preissignale - und damit auch der komparativen Kostenvorteile, sofern das fragliche Gut grenzüberschreitend gehandelt wird - letztlich hervorgerufen hat.

Des weiteren steht für die Internalisierung externer Effekte bekanntlich ein breitgefächertes Instrumentarium zur Verfügung, das durch beträchtliche Unterschiede hinsichtlich seiner ökologischen wie ökonomischen Effizienz und Ordnungskonformität gekennzeichnet ist (vgl. für viele *Cansier* 1993, S. 130 ff.; *Wicke* 1993, S. 195 ff.). Unstrittig ist nun, daß die Internalisierungsbestrebungen stets möglichst unmittelbar an der ökonomischen Aktivität selbst ansetzen sollten, die den Umweltschaden verursacht. In der Praxis dürfte es sich dabei jedoch überwiegend um die Produktion eines Gutes oder dessen Verbrauch und weniger um dessen internationalen Austausch handeln, und zwar selbst dann, wenn die im Vergleich zum reinen Binnenhandel zumindest beim Interkontinentalhandel meist größeren Transportentfernungen berücksichtigt werden. Obgleich in den meisten Volkswirtschaften also eine überdurchschnittliche Zunahme der Exportquote im allgemeinen und der Exporterlöse im besonderen im Vergleich zu den Wachstumsraten des Inlandsprodukts zu beobachten ist, der internationale Handel mit Gütern und Dienstleistungen also mengen- und wertmäßig rascher zunimmt als der weltweite Output insgesamt, wird die heimische Produktion nach wie vor in weit überwiegendem Maße zur Befriedigung der binnenwirtschaftlichen Nachfrage verwendet (vgl. *GATT* 1992b, S. 1 f.). Zudem liegen allen Umweltschäden, das heißt auch der grenzüberschreitenden Verschmutzung sowie der Gefährdung von Weltkollektivgütern (sogenannte 'global commons') wie der Ozonschicht oder der Artenvielfalt stets eine geographisch genau lokalisierbare ökonomische Aktivität zugrunde. Schon deshalb - und gerade auch weil sich der genaue Entstehungsort eines Umweltschadens in der Praxis ex post eben nicht immer ermitteln läßt - muß sich der ökologisch motivierte Einsatz des handelspolitischen Instrumentariums als Mittel zum Zweck der vollständigen Beseitigung eines Umweltproblems daher im Gegensatz zu Internalisierungsmaßnahmen, die unmittelbar am Entstehungsort des Schadens ansetzen beziehungsweise zu einer Kooperationslösung der beteiligten Länder als nur wenig leistungsfähiger Ansatz erweisen (vgl. *Cline* 1994, S. 210). Selbst bei Flankierung durch gleichgerichtete interne Maßnahmen zum Schutz der Umwelt wäre also keineswegs sichergestellt, daß eine Abschottung der Inlandsmärkte vor ausländischer Konkurrenz das Ausmaß der Umweltschäden per Saldo verringert. Erschwerend hinzu kommt zum einen, daß jede Form von Wettbewerbsbeschränkungen immer auch die Effizienz der Ressourcennutzung je hergestellter Einheit tendenziell vermindert. Ceteris paribus wirkt also bereits dieser Effekt auf eine Mehrbelastung der Umwelt hin. Zum anderen zeitigen überdies oft gerade erst die durch protektionistische Maßnahmen des Inlands erzwungenen Ausweichreaktionen ausländischer Anbieter unerwartete ökologisch bedenkliche Folgewirkungen. So veranlaßte beispielsweise der bekannte Grading-up-Effekt die japanischen Automobilhersteller als Reaktion auf

Mengenbeschränkungen, die von der amerikanischen Regierung verhängt wurden, dazu, anstelle von Kleinwagen immer mehr Fahrzeuge der Mittel- und Oberklasse in die USA zu exportieren. Aufgrund des größeren Hubraums dieser Wägen erhöhten sich sowohl der durchschnittliche Benzinverbrauch als auch der Schadstoffausstoß der in den USA abgesetzten Automobile japanischer Herkunft (vgl. *Bhagwati* 1994b, S. 36).

2.3.1.4.1.2. Mindeststandards

Aus ähnlichen Gründen abzulehnen ist auch die als Sonderfall dieser Kontroverse anzusehende, also aus den bereits genannten Gründen erhobene Forderung, nur denjenigen ausländischen Anbietern das Recht zum Marktzutritt zu gewähren, die in der Lage sind, die im jeweiligen Bestimmungsland ihrer Erzeugnisse geltenden nationalen Umweltschutznormen, wenigstens jedoch die auf internationaler Ebene vereinbarten einschlägigen Mindeststandards einzuhalten. Ganz allgemein angemahnt wird in diesem Zusammenhang zudem die umfassende Vorabharmonisierung derartiger Normen auf einem möglichst hohen Schutzniveau. Als besonderer Vorteil dieses Ansatzes wird insbesondere die durch die damit einhergehende Bindung der einzelstaatlichen Handelspolitik an objektive, also nicht diskriminierend wirkende Eingriffskriterien angeblich deutlich verminderte Gefahr eines nur vorgeblich dem Erreichen von Umweltschutzzielen dienenden Protektionismus hervorgehoben.

Die ökologische wie ökonomische Notwendigkeit derartiger Mindeststandards oder einer entsprechenden Vorabharmonisierung ist allerdings aus mehreren Gründen stark anzuzweifeln. Wie schon angesichts der klimatisch und geologisch bedingten, lokal wie regional höchst verschiedenen Assimilations- und Regenerationsfähigkeiten der lokalen Ökosysteme und wegen starker Unterschiede bei der Bevölkerungsdichte und -verteilung sowie hinsichtlich der Wirtschaftsstrukturen unmittelbar einsichtig ist, würden nämlich selbst weltweit identische Umweltschutznormen keinesfalls eine völlige Angleichung der Umweltqualitäten bewirken. Die Schlußfolgerung, zwischen der Strenge von Umweltschutznormen und dem mit ihrer Einhaltung verbundenen Kostenaufwand auf der einen und ihrer ökologischen Schutzwirkung auf der anderen Seite bestehe grundsätzlich ein enger, positiver Zusammenhang, ist deshalb sachlich unhaltbar. Hinzu kommt, daß die Bewertung von Umweltschäden außer von objektiven Faktoren auch maßgeblich von den Präferenzstrukturen, den Zeitpräferenzraten sowie den Risikoeinschätzungen und der Risikobereitschaft der davon unmittelbar betroffenen Wirtschaftseinheiten abhängt, die, wie gezeigt wurde, ihrerseits wiederum maßgeblich von der Höhe des verfügbaren Einkommens mit bestimmt werden. Wegen ihrer im Durchschnitt ohnehin geringeren Produktivität wäre zudem eine Angleichung der Umweltstandards auf höchstmöglichem Niveau von den in Ländern einer niedrigeren Entwicklungsstufe ansässigen Unternehmen vielfach nicht finanzierbar und würde ihre Marktchancen ebenso spürbar beeinträchtigen wie jede andere protektionistische Maßnahme auch (notabene: Gleiches gilt selbstverständlich auch für die, wie bereits erwähnt, in diesem Zusammenhang ebenfalls angemahnte Angleichung von Arbeitsschutznormen und sonstigen Sozialstandards). Zudem würde dies die Mittelknappheit vieler Entwicklungsländer, die sich häufig auch in einem spürbaren Mangel an geschultem Fachpersonal und einer geeigneten meßtechnischen

Ausstattung manifestiert, sogar noch verschärfen, wodurch wiederum zwangsläufig bereits die Ahndung von Verstößen gegen bestehende Umweltschutzauflagen erschwert wird.

Weitere wichtige Erkenntnisse liefert zudem die Unterscheidung zwischen Produktionsprozeßnormen und Produktstandards (vgl. *Pearson* und *Repetto* 1993, S. 84 f.). Erstere zielen darauf ab, umweltschädigende Auswirkungen während der Herstellung eines Gutes am Produktionsort selbst zu vermindern oder zu beseitigen. Sie regulieren den Einsatz von Inputfaktoren, geben eine bestimmte Produktionstechnologie vor oder legen Höchstmengen für bestimmte Schadstoffe fest, die im Verlauf des Produktionsprozesses entstehen oder freigesetzt werden. Demgegenüber setzen Produktnormen erst bei Umweltschäden an, die durch den Ge- oder Verbrauch von Endprodukten verursacht werden. Praktische Beispiele sind Grenzwerte für Abgasemissionen bei Pkw und Lkw, Höchstwerte für Pestizidrückstände in Nahrungsmitteln sowie Abfallbeseitigungs- oder Recyclingvorschriften.

Da Produktionsprozeßauflagen oder deren Fehlen nun in den meisten Fällen nennenswerte Auswirkungen lediglich auf die lokale Umweltgüte am Standort selbst haben, ist das Ansinnen anderer Länder, in diesem Bereich auf die Einhaltung von Umweltschutzmindeststandards zu drängen aus den genannten Gründen - unterschiedliche Knappheit des Faktors Umwelt, abweichende Zeitpräferenzraten und Entwicklungsziele etc. - als ein ökonomisch wie politisch bedenklicher Eingriff in fundamentale einzelstaatliche Souveränitätsrechte anzusehen.[24] Die Notwendigkeit einer gewissen internationalen Abstimmung der Umweltpolitik in diesem Bereich erscheint somit nur zur Beseitigung oder Verminderung grenzüberschreitender Umweltbelastungen sowie zum Schutz von Weltkollektivgütern gegeben, um dadurch ein Gefangenendilemma auflösen zu können (vgl. auch *Van Long* und *Siebert* 1991, S. 296 ff.).

Grundsätzlich lassen sich diese Schlußfolgerungen auch ohne Einschränkung auf die Beurteilung divergierender nationaler Produktstandards übertragen. Im Gegensatz zu Produktionsprozeßstandards, die lediglich für die im Inland ansässigen Hersteller eines Gutes verbindlich sind, verändern unterschiedliche nationale Produktstandards allerdings stets unmittelbar Umfang und Richtung des internationalen Handels, da sie im Regelfall auch für Importgüter Anwendung finden. Aufgrund ihres prinzipiell hochgradig marktschließenden Charakters haben sich gerade Produktstandards in der Realität häufig als neue Spielart des nichttarifären Protektionismus (vgl. *Gröner* 1981, S. 143 ff.; *Rubin* 1982, S. 7 ff.), gleichsam als Handelsbeschränkung 'im grünen

---

24   Gleichwohl wurde in den USA eben dies in einer Reihe von Gesetzentwürfen gefordert. Beispielsweise sah der - vom Kongreß allerdings zurückgewiesene - *General Agreement on Tariffs and Trade for the Environment Act* vor, Ausgleichsabgaben auf Importe zu erheben, sofern diese mittels umweltschädigender Produktionsverfahren hergestellt worden waren, das heißt, falls von den ausländischen Anbietern international anerkannte Mindestnormen unterschritten worden waren. Die Erhebung ähnlicher Ausgleichsabgaben, allerdings bezogen auf entsprechende interne amerikanische Standards, sahen außerdem der *International Pollution Deterrence Act*, der *Global Clean Water Incentives Act* sowie der *U.S. Clean Water Act* vor (vgl. dazu ausführlich *Obey* 1992, S. 427 ff.; *United States Congress. Office of Technology Assessment* 1992a, S. 92).

Gewande' zu Lasten aktueller und potentieller ausländischer Anbieter erwiesen. Zurückzuführen ist dies insbesondere auf die Tatsache, daß diese Normen in enger Zusammenarbeit zwischen Politik und den betroffenen Unternehmen beziehungsweise deren Verbänden festgelegt werden; häufig beruhen sie sogar auf rechtlich unverbindlichen Industriestandards. Wie sich aus den Aussagen der positiven Theorien der Regulierung und des Protektionismus (vgl. dazu *Weck-Hannemann* 1990) mühelos folgern läßt, bietet der Regulierungsprozeß besagten Unternehmen somit die Chance, den politischen Prozeß zu ihren Gunsten zu instrumentalisieren, also die Produktionskosten ausländischer Wettbewerber zu erhöhen - mitunter soweit, daß ein Marktzutritt völlig unterbleibt (vgl. *Körber* 1995).

Schon angesichts der aufgrund der schieren Zahl derartiger Standards praktischen Unmöglichkeit einer umfassenden Vorabharmonisierung - man denke an den sehr hohen Zeit- und Transaktionskostenaufwand - empfiehlt sich deshalb grundsätzlich der Übergang zum Ursprungslandprinzip nach dem Vorbild der EU und damit eine gegenseitige Anerkennung nationaler Produktstandards. Dieser Ansatz müßte freilich um das Verursacherprinzip als spezielle Haftungsregel ergänzt werden, um eine Überwälzung der Kosten für die Beseitigung etwaiger ökologischer Folgeschäden der Nutzung oder des Verbrauchs von Gütern, ungeachtet ihrer Herkunft, von den Nachfragern auf die Allgemeinheit zu verhindern. Nur in den beiden, bereits erwähnten, Ausnahmefällen - dem Auftreten grenzüberschreitender Spill-over-Effekte oder zur Verhütung einer möglicherweise irreversiblen Schädigung von Weltkollektivgütern als Folge der Herstellung oder des Konsums bestimmter Güter - besteht weitergehender politischer Handlungsbedarf und die Notwendigkeit einer entsprechenden internationalen Zusammenarbeit.

Zur Förderung der Vergleichbarkeit einzelstaatlicher Produktstandards und somit zur Senkung von Transaktionskosten für die davon betroffenen ausländischen Anbieter erscheint es allerdings geboten, eine gewisse Vorabharmonisierung im administrativen Bereich voranzutreiben, um auf diese Weise die Wahrscheinlichkeit etwaiger Handelskonflikte zu verringern. Ziel sollte zum einen ein internationaler Konsens über (nicht) zulässige wissenschaftliche Methoden bei der Festlegung von umweltrelevanten Normen und Standards sowie der Ermittlung von Grenzwerten bei der Überwachung ihrer Einhaltung sein. Zum anderen erscheint es erforderlich, die Transparenz über bereits bestehende einzelstaatliche Produktnormen deutlich zu erhöhen, um die damit verbundenen Marktzutrittsbarrieren für ausländische Anbieter zu senken.

2.3.1.4.1.3. Die ökologische Effizienz von Handelsregeln in internationalen Umweltschutzabkommen

Internationale Umweltschutzabkommen sehen den Einsatz handelspolitischer Instrumente vor allem deswegen vor, um auf diese Weise ein Trittbrettfahrerverhalten von Nichtunterzeichnerstaaten zu unterbinden und um unsolidarisches Verhalten bewußt vertragsbrüchiger Unterzeichnerstaaten bestrafen zu können. Die Parallelen zu den aus der Wettbewerbspolitik wohlbekannten Strategien des inneren und äußeren Kartellzwangs zur Absicherung von Preisabsprachen sind offensichtlich. Angesichts der mitunter hohen ökonomischen Lasten, die den Hauptverursacherstaaten des jeweiligen Umweltproblems mit der Einhaltung der Vertragsbestimmungen aufgebürdet werden, steigert die Möglichkeit, aus Gründen der 'Fairneß' gegebenenfalls Wirtschaftssanktionen gegen andere Staaten verhängen zu dürfen, die politischen Anreize, derartige Verträge auszuhandeln oder bereits bestehenden Abkommen beizutreten, ganz beträchtlich.

Gleichwohl wäre es verfehlt zu argumentieren, Handelsbeschränkungen seien grundsätzlich unverzichtbar, um die Zahl der Unterzeichnerstaaten zu erhöhen oder um die Vertragsziele überhaupt oder bestmöglich erreichen zu können. Zunächst muß die fehlende Bereitschaft eines Landes, einem internationalen Abkommen beizutreten, keineswegs bedeuten, daß es nicht gewillt wäre, die vereinbarten Vertragsziele anzuerkennen oder die Vertragsbestimmungen stillschweigend mehr oder weniger strikt zu beachten, um so einen wirtschaftlichen Vorteil aus seiner Nichtmitgliedschaft ziehen zu können; so wurde bekanntlich das frühere GATT-Abkommen in der Praxis auch von einer Reihe von Nichtunterzeichnerstaaten de facto angewandt. Denkbar wäre zum einen, daß fehlende oder knappe Finanzmittel und eine unzureichende technische Ausstattung, sofern diese Faktoren für das Erreichen der Zielvorgaben erforderlich sind, dem Beitritt eines Landes zu dem fraglichen Abkommen entgegenstehen, wenn dadurch wichtige nationale Vorhaben vereitelt würden. Dieses (Opportunitätskosten-)Problem würde sich aber noch verschärfen, wenn sich die Unterzeichnerstaaten in diesem Fall trotzdem entschlössen, handelspolitische Sanktionen gegen dieses Land zu verhängen.

Ein Beitritt wird wahrscheinlich auch unterbleiben, wenn das Umweltproblem, dessen Beseitigung Gegenstand des zur Debatte stehenden Abkommens ist, aus Sicht eines Landes nur geringe Risiken für die eigene Bevölkerung birgt, seine Dringlichkeit wissenschaftlich (noch) nicht hinreichend erwiesen ist oder es die vereinbarten Durchsetzungs- und/oder Sanktionsmechanismen als nicht hinnehmbar erachtet.

Übersehen werden sollte auch nicht, daß weniger die absolute Zahl der Vertragsstaaten über die Effektivität eines internationalen Umweltschutzabkommens entscheidet, sondern vielmehr, ob es gelingt, die Hauptverursacher des jeweiligen Umweltproblems hinreichend einzubinden (vgl. *Reiterer* 1993, S. 296). Für positive Anreize, sei es nun in Gestalt direkter Transfers von Finanzmitteln und Umweltschutztechnologien - wie etwa im Montrealer Protokoll zum Schutz der Ozonschicht recht umfassend vereinbart wurde - oder indirekt durch eine verstärkte Marktöffnung der Vertragsstaaten für Produkte der Nichtunterzeichnerstaaten, um diese so zu einem Beitritt zu bewegen, sprechen nicht nur die Wohlfahrtsgewinne, die der Verzicht auf Protektionismus generell nach sich zöge. Gerade viele Entwicklungsländer dürften auf diesem Weg eher von den Vorteilen und der Notwendigkeit einer Teilnahme zu überzeugen sein als durch die Androhung und Anwendung ökonomischer wie politischer Druckmittel, denen nicht ganz zu Unrecht stets der fade Beigeschmack des Ökoimperialismus anhaftet. Die Bevorzugung positiver Anreize erscheint schließlich auch geboten, um dem als marktwirtschaftlich anerkannten Verursacherprinzip Geltung zu verschaffen. So läßt sich nicht ernsthaft bestreiten, daß die westlichen Industrienationen, aber auch die Länder des ehemaligen Ostblocks - schon aufgrund ihrer im Vergleich zu den meisten Entwicklungs- und Schwellenländern Afrikas,

Asiens und Mittel- und Südamerikas wesentlich früher begonnenen wirtschaftlichen Entwicklung - überdurchschnittlich stark am Entstehen und an der Verschärfung der wichtigsten globalen Umweltprobleme, etwa der fortschreitenden Zerstörung der Ozonschicht, dem Treibhauseffekt, der Produktion und dem Export hochtoxischer Substanzen oder dem Rückgang der Artenvielfalt beteiligt waren und sind.[25] In diesem Zusammenhang sollte im übrigen keinesfalls vergessen werden, daß der Umweltschutzgedanke selbst in den reichen Industrienationen erst vor verhältnismäßig kurzer Zeit, nämlich mit der völlig überraschend hereingebrochenen Ölkrise des Jahres 1973, in Politik und Gesellschaft den außerordentlich hohen Stellenwert einzunehmen begonnen hat, der ihm heutzutage völlig selbstverständlich beigemessen wird. Vor diesem Hintergrund läßt sich durchaus nachvollziehen, warum viele Entwicklungs- und Schwellenländer auf die von seiten der Industrienationen vermehrt an sie gerichteten Forderungen nach umweltschonenderem Verhalten häufig mit einer gewissen Skepsis oder gar mit Unverständnis reagieren und als neue Spielart des Protektionismus zurückweisen.

2.3.1.4.1.4. Beurteilung

Nicht übersehen werden sollte in der Diskussion um den Einsatz handelspolitischer Maßnahmen zu Zwecken des Umweltschutzes also, daß alternativ zur ökonomisch wie ökologisch in aller Regel nur wenig leistungsfähigen Handelspolitik einschließlich der Vorgabe von Mindeststandards immer auch die Möglichkeit besteht, umweltbewußteres Verhalten durch Schaffung entsprechender Anreize wie die Bereitstellung von Finanzmitteln und Technologien zur Umrüstung von Produktionsstätten anzuregen, das heißt positiv zu sanktionieren. Insbesondere sollte dies auch für alle auf internationaler Ebene eingeleiteten Initiativen und Bestrebungen zum Schutz der Weltkollektivgüter gelten, deren Notwendigkeit oder Dringlichkeit im Vergleich zu anderen, durchaus auch umweltpolitischen Zielsetzungen, angesichts der bereits genannten, mitunter stark voneinander abweichenden einzelstaatlichen Gegebenheiten von Land zu Land naturgemäß recht unterschiedlich beurteilt werden.

Als Fazit ist daher festzuhalten, daß der internationale Austausch von Gütern und Dienstleistungen - wie wirtschaftliches Wachstum, zu dessen Determinanten er bekanntlich zählt - also vornehmlich nicht oder noch nicht vollständig internalisierte negative Externalitäten verstärkt. Ökologisch motivierter Protektionismus - auch wenn dieser im Rahmen internationaler Umweltschutzabkommen vereinbart worden ist - sollte folglich lediglich als letztes Mittel zur Verhinderung besonders gravierender grenzüberschreitender oder globaler Umweltschäden nach genau definierten und allgemein akzeptierten Regeln sowie zeitlich befristet und sachlich möglichst eng begrenzt eingesetzt werden, also konkret nachdem alle Versuche gescheitert sind, diese mit marktkonforme(re)n Mitteln zu beseitigen oder letzteres, etwa aus Zeitgründen, grundsätzlich unmöglich ist. Die Kompetenz, darüber zu befinden, ob dieses Bedingungen im Einzelfall Beachtung fanden, sollte zudem einer unabhängigen inter-

---

25 Daten dazu finden sich in: *Deutscher Bundestag* 1988, S. 89 ff. und S. 240; *ders.* 1990, S. 34 ff.; *Greenpeace International* 1988; *Hilz* und *Ehrenfeld* 1991, S. 29 ff.; *Murphy* 1994, S. 30 ff.; *OECD* 1991.

nationalen oder supranationalen Einrichtung übertragen werden. Praktisch bedeutet diese Forderung eine Beschränkung des Öko-Protektionismus auf diejenigen Ausnahmefälle, in denen die Schädigung der Umwelt ursächlich nicht auf die inländische Produktion oder den inländischen Konsum des fraglichen Gutes zurückgeht, sondern vielmehr erst durch dessen grenzüberschreitenden Austausch selbst verursacht wird und/oder eine wirksame Internalisierung durch marktkonformere Mittel ohne den (flankierenden) Einsatz handelspolitischer Instrumente faktisch unmöglich wäre beziehungsweise von den Verursacherstaaten grundsätzlich abgelehnt wird. Ein Beispiel dafür wäre die Verbringung von Gift- und Sondermüll ins Ausland bei fehlender Transportsicherheit oder wenn die Voraussetzungen für eine sachgemäße - sprich also weder hochgradig umwelt- noch gesundheitsschädigende - Wiederverwertung oder Endlagerung im Bestimmungsland nicht gegeben sein sollten. In diese Kategorie fiele gegebenenfalls auch der grenzüberschreitende Handel mit exotischen Tierprodukten wie Elfenbein oder Rhinozeroshörnern, wenn dadurch der Bestand einer im Bestimmungsland überhaupt nicht vorkommenden Spezies fundamental bedroht würde. Das bedeutet freilich, daß vor der Verhängung eines absoluten Handelsverbots - etwa für Elfenbein und Elfenbeinprodukte - alle möglichen Alternativen wie zum Beispiel der Erhebung einer Verbrauchssteuer oder die Zucht als ökologisch wie ökonomisch sinnvollere weil problemnähere Schutzmaßnahmen wirkungslos geblieben sein müßten (vgl. *Burgess* 1994, S. 123 ff.). Ökonomisch wie ökologisch kontraproduktiv erscheint in diesem Zusammenhang beispielsweise die Ausdehnung eines Handelsverbots - wie etwa bei Elfenbein in der Praxis derzeit tatsächlich der Fall - auch auf Produkte, die aus Tieren hergestellt wurden, die nicht durch Fremdeinwirkung - also Wilderei - sondern auf natürliche Weise verendeten.

2.3.1.4.1.5. Fallbeispiel: Schutz tropischer Regenwälder durch Protektionismus?

Zur Verdeutlichung der vorstehenden Ausführungen soll die weitgehende Ineffizenz der Handelspolitik als Mittel des Umweltpolitik, aber auch die latente Gefahr eines Protektionismus im grünen Gewande durch 'Regulatory capture' abschließend nochmals an einem praktischen und überaus aktuellen Beispiel aufgezeigt werden: der Diskussion um die Einführung von Beschränkungen beim internationalen Handel mit Tropenhölzern zum Erhalt der äquatorialen Regenwälder, über deren Bedeutung für die Stabilität des Weltklimas sowie als eine der Hauptquellen biogenetischer Vielfalt ein weitgehender naturwissenschaftlicher Konsens besteht. Freilich ist aus den genannten Gründen auch die - von der Öffentlichkeit bislang erstaunlicherweise nahezu völlig ignorierte - rasch fortschreitende Abholzung und Übernutzung der ausgedehnten Regenwälder außerhalb der Tropen, die sich insbesondere an der Westküste Neuseelands, im Süden Chiles und vor allem im pazifischen Nordwesten des nordamerikanischen Kontinents befinden, als ökologisch höchst bedenklich einzustufen.

Um die tropischen Regenwälder vor weiterer Abholzung zu schützen, wird von Umweltschutzorganisation und Politikern nun regelmäßig die Erhebung von Exportzöllen oder die mengenmäßige Beschränkung der Ausfuhren in den Herkunftsländern und deren Ergänzung durch Importzölle oder -kontingente in den Einfuhrnationen angemahnt. Als erstes Land unternahm Österreich einen entsprechenden Vorstoß, der allerdings nach einer Beschwerde der ASEAN-Staaten unter Führung Malaysias beim

GATT und der Androhung von Vergeltungsmaßnahmen recht schnell rückgängig gemacht wurde (vgl. *Chase* 1993, S. 760 ff.). Ökologisch und ökonomisch fragwürdig ist der Versuch, die Abholzung tropischer Regenwälder - die, jedenfalls sofern sie im konkreten Einzelfall tatsächlich lediglich aus rein betriebswirtschaftlichen Erwägungen heraus erfolgen sollte,[26] als Umwidmung des Faktors Boden in eine ertragreichere Verwendung anzusehen ist - durch Handelsbeschränkungen zu bremsen oder zu stoppen, schon wegen des in der Regel sehr geringen Anteils des für den Export bestimmten Holzeinschlags sowie der vor Ort selbst durch Weiterverarbeitung entstandenen Holzprodukte an der insgesamt gerodeten Holzmenge. So rangiert Brasilien als das Land mit dem, gemessen in Kubikmetern pro Jahr, weltweit dritthöchsten Einschlag nach Malaysia (Weltmarktanteil am Handel mit Tropenholz und Tropenholzprodukten: etwa fünfzig Prozent; Exportquote: über achtzig Prozent) und Indonesien (Weltmarktanteil: etwa 26 Prozent, Exportquote: 55 Prozent) mit einen Weltmarktanteil von lediglich etwa 2,4 Prozent noch hinter den Philippinen und der Elfenbeinküste erst an fünfter Stelle aller Exportländer von Tropenhölzern. Die Exportquote Brasiliens beläuft sich demzufolge auf ganze sechs Prozent der gesamten Einschlagsleistung; Brasilien weist allerdings nach Indien die gemessen in Hektar der Gesamtwaldfläche höchste Abholzungsquote pro Jahr auf (vgl. *Amelung* 1989, S. 156; *Braga* 1992, S. 176 und S. 187). Ohne mehrheitliche Beteiligung der Hauptimporteure Japan, China und Südkorea, die zusammen mehr als vierzig Prozent der Gesamtnachfrage auf sich vereinen (vgl. *Braga* 1992, S. 187), sowie der USA und der EU wäre also eher eine Umlenkung der Handelsströme, nicht aber ein absoluter Rückgang der Einschlagsleistung in den Ausfuhrländern die Folge autonom veranlaßter mengenmäßiger Einfuhrrestriktionen eines kleinen oder mittelgroßen Abnehmerlandes.

Analog würde eine Kontingentierung des Exports in den Herkunftsländern tropischer Hölzer tendenziell einen Preisverfall nach sich ziehen, der die ökonomischen Anreize für eine Rodung - nur scheinbar paradox - sogar noch erhöht. Einerseits würde die dadurch ausgelöste Zunahme der im Inland verbliebenen Menge an Rohholz den verschwenderischeren Umgang mit diesem Rohstoff bei der Holzverarbeitung begünstigen, sofern von der Exportbeschränkung lediglich unverarbeitete Stämme betroffen sein sollten (vgl. *Pearson* und *Repetto* 1993, S. 100). Denkbar wäre andererseits aber auch ein Zurückdrängen der Forstwirtschaft durch nun vergleichsweise gewinnträchtiger gewordene Erwerbsquellen wie zum Beispiel Ackerbau und Viehzucht, für die dann neue Flächen erschlossen würden. Für diese Vermutung spricht unter anderem die Tatsache, daß in vielen Ursprungsländern von Tropenhölzern, so vor allem in Brasilien, dieser Prozeß durch umfassende Beihilfen für die landwirtschaftliche Nutzung zudem staatlicherseits massiv gefördert wurde - und immer noch wird (vgl. dazu für viele *Amelung* 1992; *Binswanger* 1991, S. 821 ff.; *o.V.* 1988, S. 25 ff.).

---

26   Beispielsweise siedelt die Regierung Indonesiens seit Jahren Bewohner Javas, der äusserst dicht besiedelten Hauptinsel und dem ökonomischen wie politischen Zentrum des Landes, in andere Teile des Archipels um. Die angestrebte Verminderung der Bevölkerungszahl auf Java dient vor allem dem Machterhalt der herrschenden Schichten. So ist Indonesien keineswegs als demokratischer Staat im westlichen Sinne anzusehen. Durch die Umsiedlung versucht die Regierung des Landes daher, das Entstehen sozialer Unruhen, die ihr gefährlich werden könnten, im Keim zu ersticken.

Da schließlich die geographische Herkunft von Rohhölzern und Holzprodukten in den meisten Verwendungen lediglich von untergeordneter Bedeutung ist, häufig also eine enge Substitutionsbeziehung zwischen tropischen Hölzern und entsprechenden Gewächsen aus gemäßigten Breiten besteht, dürfte das große Interesse von Unternehmen, Beschäftigten und Verbänden der Forstwirtschaft und der holzverarbeitenden Industrie in den waldreichen Regionen der EU und der USA am Schutz der tropischen Regenwälder durchaus starke protektionistische Züge aufweisen, zumal dieses Interesse geeignet ist, von den eigenen, keineswegs immer als umweltschonend oder gar nachhaltig zu bezeichnenden Rodungspraktiken abzulenken (so zu Recht *Chase* 1993, S. 750).

2.3.1.4.2. Zur 'Zero-regulation'- und 'Pollution-haven'-Hypothese

Auch für die Stichhaltigkeit der zentralen Einwände zahlreicher Nachhaltigkeitstheoretiker gegen eine an den Prinzipien des Freihandels beziehungsweise des freien Kapitalverkehrs ausgerichteten Außenwirtschaftsordnung - die dadurch angeblich ausgelöste 'Zero-regulation' sowie, eng damit verbunden, die Verlagerung verschmutzungsintensiver Produktionsstätten in Länder mit weniger strengen Bestimmungen zum Schutz der Umwelt (die sogenannten Verschmutzungsoasen oder 'Pollution havens') - finden sich in der Außenwirtschaftstheorie keine überzeugenden Belege noch erwiesen sie sich bislang als empirisch gehaltvoll. Sachlich unhaltbar - wobei von der grundsätzlichen logischen Unmöglichkeit der gesamten Argumentation aufgrund der hinlänglich bekannten grundlegenden Zahlungsbilanzzusammenhänge an dieser Stelle ohnehin abstrahiert werden soll -, ist schon wegen der Wirkungsweise des Preismechanismus im Marktprozeß und der Vielzahl der im Einzelfall relevanten Bestimmungsfaktoren, zunächst die These der internationalen Spezialisierung auf der Grundlage absoluter statt komparativer Kostenvorteile. So wird die Wettbewerbsfähigkeit eines Unternehmens bekanntlich stets von einer Fülle höchst unterschiedlicher - und im Einzelfall auch unterschiedlich zu gewichtender - Einflußfaktoren bestimmt (vgl. dazu etwa *Krugman* und *Obstfeld* 1991, S. 9 ff.; *Oberender* 1988, S. 11 ff.). Auf der Grundlage der vom Staat vorgegebenen institutionellen Rahmenbedingungen, zu denen sämtliche Bereiche der Wirtschaftspolitik, vor allem aber das Steuer-, Arbeits- und Umweltrecht, die behördliche Bearbeitungsdauer von Genehmigungsverfahren für Investitionsvorhaben sowie das Wechselkursregime zu zählen sind, entscheidet in erster Linie der ausschließlich vom Unternehmen selbst zu verantwortende Einsatz der Aktionsparameter über Erfolg oder Mißerfolg auf den Absatzmärkten.

Selbst wenn man - trotz eines durchschnittlichen Anteils der betrieblichen Umweltschutzausgaben an den Produktionskosten von deutlich weniger als zwei Prozent in den Industrienationen (vgl. *Voss* 1994, S. 55) - der Einfachheit halber unterstellt, daß nur der Preis des Gutes über die Absatzmenge entscheidet, hängt es letztlich von der Produktivität des Unternehmens im Vergleich zu dessen Konkurrenzanbietern ab, inwieweit durch staatliche Umweltschutzauflagen gestiegene Produktionskosten einen Auftrags- und Gewinnrückgang nach sich ziehen werden. Allerdings ist ein derart starker Preiswettbewerb nur in der Rückbildungsphase eines Marktes und unter der wirklichkeitsfremden Prämisse identischer Präferenzen der Nachfrager oder ihrer völligen Indifferenz hinsichtlich der Umweltverträglichkeit der verfügbaren Produkte wahrscheinlich.

Die effektive Kostenmehrbelastung durch Umweltschutzaufwendungen hängt des weiteren auch von möglichen Einsparungen infolge des Einsatzes umweltschonender Produktionsverfahren ab. Denkbar ist beispielsweise ein geringerer Rohstoff- und Ressourcenverzehr aufgrund einer Erhöhung des Wirkungsgrades der Produktionsanlagen. In jedem Fall werden sich außerdem die Kosten für die nachträgliche Beseitigung von Umweltschäden (Stichwort: Schadenshaftung!) verringern. Zu bedenken ist schließlich ebenfalls, daß die besagten Kostendifferenzen auch die höchst unterschiedliche ökonomische Effizienz des im Einzelfall angewandten umweltpolitischen Instrumentariums widerspiegeln; sie bestünden folglich selbst bei einem absolut identischen ökologischen Zielerreichungsgrad zumindest tendenziell weiter fort. Überdies bedeutet die Einführung neuer oder die Verschärfung bestehender Umweltschutzmaßnahmen immer auch das Entstehen oder die Ausdehnung von Absatzmärkten für die Anbieter von Umweltschutztechnologien oder Öko-Consulting-Dienstleistungen.

Angesichts der, wie erwähnt, sehr geringen durchschnittlichen Kostenmehrbelastung der in den Industrienationen ansässigen Unternehmen durch Umweltschutzauflagen verbietet sich naturgemäß aber auch eine darauf aufbauende monokausale Erklärung der Verlagerung von Produktionsstätten ins Ausland. Entscheidend ist vielmehr auch hier die möglichst kostengünstige Verfügbarkeit des für die Produktion benötigten Bündels sämtlicher Inputfaktoren einschließlich der infrastrukturellen Gegebenheiten (vgl. *Agarwal* 1980, S. 739 ff.; *Harrington* und *Warf* 1995, S. 18 ff.; *Krieger-Boden* 1995, S. 5 ff.). Dabei ist die Bedeutung eines einzelnen Produktionsfaktors und somit dessen Gewichtung im Rahmen einer Standortentscheidung wiederum insbesondere von der Marktphase abhängig, die das fragliche Produkt gerade durchläuft. So befinden sich in vielen westlichen Industrienationen gerade überdurchschnittlich umweltbelastende Sektoren wie zum Beispiel die Schwerindustrie und die Aluminiumproduktion auch angesichts zunehmender technologischer Substitutionskonkurrenz in der Stagnations- oder Rückbildungsphase, die den theoretischen Erkenntnissen (vgl. *Oberender* 1988, S. 34 ff.; *Vernon* 1966, S. 190 ff.) zufolge ohnehin durch eine zunehmende Verlagerung von Produktionsstätten in Schwellen- und Entwicklungsländer gekennzeichnet ist.

Als weitere wichtige Bestimmungsfaktoren für Direktinvestitionen zu berücksichtigen sind zudem noch das jeweilige Länderrisiko, die Nähe zu Absatz- oder Beschaffungsmärkten (Stichworte: Transportkosten und Lieferfristen) oder deren Erschließung sowie die Notwendigkeit, bestehende Handelshemmnisse auf dem Absatzmarkt zu umgehen. Auf keinen Fall übersehen werden sollte zudem auch die Kosten(mehr)belastung durch den Verlagerungsvorgang selbst. Gegen eine, in Anbetracht des Gesagten ohnehin sehr unwahrscheinliche 'Zero-regulation' spricht schließlich noch die bei immer mehr multinationalen Unternehmen unter anderem aus Gründen der Transaktionskostenersparnis übliche Praxis, auch in Zweigniederlassungen in Entwicklungs- und Schwellenländern die Umweltstandards ihrer Heimatländer anzuwenden (vgl. mit Beispielen *o.V.* 1992b, S. 9), nicht zuletzt auch deswegen, um erwartete Verschärfungen der Umweltstandards in diesen Ländern aus Kostengründen zu antizipieren sowie vor allem auch um eben diesen Regulierungsprozeß zu ihren Gunsten beeinflussen zu können. Nicht unbeachtet bleiben darf in diesem Zusammenhang schließlich, daß jedwede Abschottung nationaler Märkte einer raschen und möglichst flächendeckenden internationalen Diffusion umweltschonender Technologien, insbesondere von Industrie- in Entwicklungs- und Schwellenländer, wie bereits erwähnt wurde, naturgemäß abträglich sein muß. Die sich aufgrund strengerer Umweltschutzauflagen ergebende Verteuerung der Produktion kann - wiederum auch gerade wegen des in den meisten Branchen sehr geringen absoluten Anteils an den Gesamtkosten - mithin nicht als entscheidende Ursache einer Verlagerung von Herstellungskapazitäten ins Ausland, sondern lediglich als zusätzliche Einflußgröße gelten. Inwieweit sie tatsächlich zum Tragen kommt, hängt also von der Verfügbarkeit, der Qualität und dem Preis der im Einzelfall relevanten immobilen Produktionsfaktoren ab.

2.3.1.4.3. Empirie

Der Versuch, den Einfluß nationaler Umweltschutzmaßnahmen auf die Entwicklung der Faktorproduktivität der betroffenen Industriezweige und damit auf die Länderstruktur des internationalen Handels sowie die Standortwahlentscheidungen von Unternehmen zu isolieren, ist bereits seit den siebziger Jahren Gegenstand einer großen und inzwischen kaum mehr überschaubaren Zahl empirischer Untersuchungen;[27] in diese Kategorie fallen selbstverständlich auch alle Studien systemvergleichenden Charakters, die eine zeitpunkt- oder zeitraumbezogene komparative Darstellung der Umweltqualität in den extrem gegenüber dem Ausland abgeschotteten Zentralverwaltungswirtschaften des ehemaligen Ostblocks[28] und den westlichen Marktwirtschaften zum Gegenstand hatten; (vgl. *Cairncross* 1993, S. 322; *Welfens* 1992, S. 14 ff.; *Weißenburger* 1993, S. 43 ff.).

Ohne Ausnahme wurde in diesen Studien der außerordentlich geringe Einfluß der nationalen Umweltpolitik auf die soeben angeführten Größen trotz nicht unbeträchtlicher Unterschiede hinsichtlich des methodischen Vorgehens,[29] des Aggregations-

---

[27] Vgl. dazu unter anderem *Bartik* 1988, S. 22 ff.; *Bommer* 1995; *Jaffe, Peterson, Portney* und *Stavins* 1995, S. 132 ff.; *Knödgen* 1979, S. 407 ff.; *Leonard* 1988, S. 83 ff.; *Robinson* 1988, S. 187 ff.; *Stafford* 1985, S. 227 ff.; *Stewart* 1993, S. 2071 ff.; *Straubhaar* und *Wyss* 1994, S. 98 ff.; *Tobey* 1990, S. 191 ff.; *Walter* 1982, S. 71 ff.

[28] Notabene: Zumindest auf dem Papier waren in einem Teil dieser Länder - so etwa in Polen - strengere Umweltschutzbestimmungen in Kraft als in vielen Mitgliedsstaaten der EU!

[29] Der Ermittlung der Produktivitätsentwicklung lagen meist umfangreiche Input-Output-Analysen zugrunde. Bei der Untersuchung der Handelseffekte wurde in der Regel ein einfaches Heckscher-Ohlin-Modell, zum Teil aber auch die Produktzyklus-These herangezogen. Die Überprüfung der 'Pollution-haven'-Hypothese erfolgte entweder direkt durch Befragungen sowie Zeitreihenanalysen des (Direkt-)Investitionsverhaltens oder indirekt durch die Untersuchung von Veränderungen der Export- und Importvolumina, mitunter auch in Form einer RCA-Analyse, in den als besonders umweltbelastend eingestuften Branchen.

niveaus[30] sowie des für die jeweiligen Analysen herangezogenen Datenmaterials[31] weitgehend untermauert. Die in einigen Untersuchungen festgestellten, prozentual jedoch sehr geringen Veränderungen in der Länderstruktur des Handels mit verschmutzungsintensiv hergestellten Gütern - so verminderte sich Berechnungen von *Low* und *Yeats* zufolge der Anteil dieser Güter am Gesamtexportaufkommen der Industrienationen zwischen 1965 und 1988 um etwa vier Prozentpunkte auf nunmehr 15,9 Prozent; dem stand eine entsprechende prozentuale Zunahme für die Länder Osteuropas, Westasiens und Lateinamerikas gegenüber, wobei jedoch noch immer etwa 74,3 Prozent der Weltproduktion dieser Güter auf die Gruppe der Industrienationen entfallen (vgl. *Low* und *Yeats* 1992, S. 93 f.) - dürften also zum einen eher als Bestätigung des Produktzyklus-Ansatzes des Außenhandels denn der 'Pollution-haven'-Hypothese anzusehen sein. Da sich während dieses Zeitraums zum anderen auch der Anteil verschmutzungsintensiv hergestellter Güter am gesamten Welthandel um 3,5 Prozentpunkte auf etwa 15,5 Prozent reduzierte, erklärt sich die leicht zunehmende Zahl von Produktionsstätten in den fraglichen Branchen in Entwicklungs- und Schwellenländern zum anderen jedoch zweifelsohne auch mit der im Zuge ihrer fortschreitenden Industrialisierung gestiegenen Inlandsnachfrage sowie mit dem strukturwandelbedingten Nachfragerückgang in den Industrienationen (vgl. *Leonard* 1988, S. 113 ff.). Abgesehen vom hohen Anteil reiner Portfolioinvestitionen sollte zudem, trotz der Verdoppelung des Volumens ausländischer Direktinvestitionen in Entwicklungs- und Schwellenländern seit Mitte der achtziger Jahre auf einen Anteil von nunmehr etwa 32,5 Prozent,[32] nicht übersehen werden, daß Direktinvestitionen bislang weit überwiegend in Ländern getätigt werden, deren Entwicklungsstand den Verhältnissen im jeweiligen Herkunftsland des Investors ähnelt beziehungsweise sich innerhalb der Gruppe der Entwicklungs- und Schwellenländer von ihrem Volumen her eindeutig auf eine kleine Gruppe von Nationen konzentrieren: die Länder der schnell

---

30 Die Abgrenzung von umweltfreundlichen und 'schmutzigen' Industriezweigen wurde überwiegend anhand des prozentualen Anteils der betrieblichen Umweltschutzaufwendungen an den gesamten Produktionskosten beziehungsweise an den Gesamtkosten eines Investitionsprojekts vorgenommen. Als verschmutzungsintensiv klassifiziert wurden meist die Förderung und Verarbeitung eisenhaltiger und nichteisenhaltiger Metalle, die chemische und petrochemische Industrie, die Papier- und Zelluloseherstellung sowie, mit dem höchsten relativen Kostenanteil, die Zementindustrie.

31 Gewisse Unterschiede ergaben sich zum einen bei der Auswahl der relevanten Kosteneinflußgrößen und somit bei der Ermittlung der effektiven prozentualen Kostenmehrbelastung der Unternehmen durch die Erfüllung von Umweltschutzauflagen. Zum anderen lag einigen Untersuchungen amerikanischer Herkunft mangels einschlägiger Daten die sachlich unhaltbare Annahme zugrunde, daß diese Kostenmehrbelastung im Ausland, vornehmlich in den Staaten der Dritten Welt, grundsätzlich geringer sei als in den USA und anderen westlichen Industrienationen.

32 Als entscheidende Ursachen dieses Anstiegs anzusehen sind freilich einerseits der Abbau von Kapitalverkehrskontrollen und sonstigen Diskriminierungen ausländischer Investoren, der von vielen Entwicklungs- und Schwellenländern in den vergangenen Jahren eingeleitet wurde, aber auch innerhalb einiger regionaler Integrationsräume wie der Nordamerikanischen Freihandelszone und auf multilateraler Ebene (Stichwort: das TRIMs-Abkommen im WTO-Regelwerk) erreicht werden konnte. Nicht unterschätzt werden sollte in diesem Zusammenhang andererseits allerdings auch der Einfluß der von immer mehr Regierungen praktizierten steuerlichen Vorzugsbehandlung sowie der großzügigen Gewährung von Investitionszuschüssen aller Art zur gezielten Subventionierung von Direktinvestitionen.

wachsenden Region Ost- und Südostasien und allen voran China. Unternehmen aus Industrienationen investieren also vorrangig in anderen Industrienationen und Unternehmen aus Entwicklungs- und Schwellenländer überwiegend in anderen Entwicklungs- und Schwellenländern (vgl. *UNCTAD. Division on Transnational Corporations and Investment* 1994, S. 59; *Statistisches Bundesamt* 1994, S. 725).

Gegenstand einer weiteren Untersuchung war schließlich noch der Zusammenhang zwischen dem Öffnungsgrad von Entwicklungs- und Schwellenländern und der Entwicklung der lokalen Umweltqualität im Zuge des fortschreitenden Wachstumsprozesses. Als Indikator wurde dabei die Relation 'Summe sämtlicher Industrieemissionen'/BSP - sie soll die sogenannte 'Verschmutzungsintensität' der Produktion und deren Veränderungen im Zeitablauf widerspiegeln - herangezogen (vgl. *Lucas, Wheeler* und *Hettige* 1992, S. 69 ff.). Beobachtet wurde dabei, wiederum in Übereinstimmung mit den weiter oben angestellten theoretischen Überlegungen, eine Zunahme des genannten Koeffizienten in den vergleichsweise geschlossenen Volkswirtschaften. In deutlichem Gegensatz dazu blieb die so definierte 'Verschmutzungsintensität' in Entwicklungs- und Schwellenländern mit einem höheren Öffnungsgrad, wohl vor allem aufgrund des dadurch begünstigten marktmäßigen Technologietransfers, zumindest konstant beziehungsweise verminderte sich in der Mehrzahl der Fälle sogar. Freilich muß eine Abnahme der so definierten 'Verschmutzungsintensität' im Zeitablauf nicht zwangsläufig mit einem absoluten Rückgang der im Produktionsprozeß insgesamt emittierten Schadstoffmengen einhergehen, folgen doch, wie weiter oben dargestellt, die Ausstoßmengen der einzelnen Schadstoffkategorien während des Wachstumsprozesses sehr unterschiedlichen Trends.

2.3.1.5. Schutz geistiger Eigentumsrechte und Umweltschutz

Auch von Regelungen zum Schutz geistiger Eigentumsrechte können eine Reihe ökologisch erwünschter Effekte ausgehen. Wie bereits kurz erwähnt wurde, trifft diese These allerdings auf den entschiedenen Widerspruch einer Reihe von Nachhaltigkeitstheoretikern. Im wesentlichen dreht sich die aktuelle Diskussion dabei um drei Fragestellungen. So ist umstritten, ob der Schutz geistiger Eigentumsrechte

- eine notwendige Voraussetzung für einen umfassenden Transfer von Umweltschutztechnologien von den Industrienationen in die Länder der Dritten Welt darstellt oder aber dessen Existenz geeignet ist, diesen Prozeß im Gegenteil zu be- oder gar zu verhindern,

- ökologisch bedenkliche Anreize für die Entwicklung transgener Tier- und Pflanzenarten schaffen kann, deren kommerzielle Verwendung und Freisetzung schwerwiegende Gefährdungen der Artenvielfalt und des Menschen mit sich bringen könnte oder ob er schließlich

- geeignet ist, einen Beitrag zur Bewahrung der größtenteils noch unerforschten Artenvielfalt - vor allem in den tropischen Regenwäldern, die durch deren Abholzung ebenfalls gefährdet sind, aber auch in den bislang nahezu völlig unerforschten Tiefseezonen der Weltmeere - zu leisten, um die Nutzbarmachung dieses Gen-Pools unter anderem zu pharmakologischen Zwecken sicherzustellen. So wurden bislang nur etwa 5.000 aller 260.000 bekannten höheren Pflanzen auf medizinisch wirksame Substanzen untersucht (vgl. *Lerch* 1994, S. 290 ff.).

2.3.1.5.1. Technologietransfer

In der Diskussion konkurrieren die folgenden zwei Argumentationslinien. So wird zunächst vielfach die Auffassung vertreten, fehlender oder ungenügender Schutz geistiger Eigentumsrechte im Ausland schwäche angesichts der dadurch erhöhten Wahrscheinlichkeit 'geistigen Diebstahls' die ökonomischen Anreize für den Transfer von Umweltschutztechnologien und des darin inkorporierten Know-hows. Geäußert wird jedoch auch die gegenteilige Ansicht. Ihrzufolge wirkt gerade ein übermäßiger Patentschutz dem Technologietransfer in Entwicklungsländer - und damit auch der Verwirklichung einer höheren lokalen und globalen Umweltqualität - tendenziell entgegen, da diese nicht immer über die zum legalen Erwerb dieser Technologien erforderlichen Finanzmittel verfügen (vgl. *Zaelke, Housman* und *Stanley* 1993, S. 54).

In Anbetracht der Tatsache, daß die fraglichen Produktionsverfahren (und Dienstleistungen) überwiegend von privaten Wirtschaftseinheiten entwickelt werden und diese somit auch das volle unternehmerische Marktrisiko zu tragen haben, sprechen zunächst einfache Plausibilitätsüberlegungen vordergründig für die Gültigkeit der zuerst genannten These, wonach ein fehlender Patentschutz den marktmäßigen Technologietransfer stets behindert. Gleichwohl wäre es ökonomisch verfehlt (vgl. *Kaufer* 1989; *Porter* 1992, S. 226 ff.; *Schewe* 1993, S. 347 ff.), umfassende rechtliche Regelungen zum Schutz geistiger Eigentumsrechte als unabdingbare Voraussetzung für innovatorische Aktivitäten in Unternehmen anzusehen, zumal das Patentrecht ohnehin von Land zu Land durch teilweise beträchtliche Unterschiede gekennzeichnet ist. Somit ist aber auch wahrscheinlich, daß sich bereits Wettbewerber mit Vorläuferprodukten auf dem Markt befinden und dementsprechend eine durchaus vergleichbare technologische Kompetenz besitzen. Da die Patentanmeldung den Innovator stets zur Offenlegung seines Know-how-Vorsprungs verpflichtet, erhöht die dadurch künstlich geschaffene vollkommene Transparenz aber auch den Wissensstand potentieller Imitatoren über die techologischen Kenntnisse und die Möglichkeiten des Pioniers im F+E-Bereich, ohne daß sie in demselben Maße wie dieser dafür eigene F+E-Ressourcen aufwenden müßten.[33] Außerdem zeigt die Patentanmeldung den Wettbewerbern indirekt auch technologische Alternativen zur Umgehung der geschützten Neuerung auf. Der zeitliche Vorsprung des Pionierunternehmers bei der Vermarktung seiner Neuerung hängt demnach nicht so sehr von der mit der Erteilung eines Patentes verbundenen rechtlichen Absicherung der Innovation ab. Von Be-

---

33 Die so geschaffene Transparenz soll vor allem Dritte davon abhalten, das bestehende Patent während dessen Laufzeit aus Unkenntnis zu verletzen, überflüssige Doppelforschungen verhindern und eine rasche Diffusion der Neuerung nach dem Erlöschen des Patentschutzes sicherstellen. Freilich begünstigt oder erzwingt der Patentschutz oftmals auch 'Umwegforschungen' der Wettbewerber, die nicht unbedingt zu technologisch und ökonomisch effizienteren Lösungen führen müssen.

deutung ist vielmehr ganz allgemein deren technologische Komplexität, die im übrigen auch die Beherrschung der erforderlichen Produktionsverfahren umfaßt. Je schwächer mithin die F+E-Kompetenz der Wettbewerber ausgeprägt ist, desto zeit- und ressourcenaufwendiger wird sich zwangsläufig der Imitationsprozeß gestalten, und zwar ganz unabhängig davon, ob die Neuerung patentrechtlich geschützt ist oder nicht.

Große Bedeutung kommt in diesem Zusammenhang aber auch der Fähigkeit des Patentinhabers zu, seinen einmal erreichten technologischen Vorsprung durch den Einsatz der übrigen Aktionsparameter flankierend abzusichern. Schließlich sind sowohl die Patentanmeldung als auch vor allem die danach zu ergreifenden Maßnahmen, um Patentbrüche zu verhindern oder zu sanktionieren, gerade für kleinere und mittlere Unternehmen mit teilweise nicht unerheblichen Transaktionskosten verbunden. Von Sperrpatenten einmal abgesehen, kann ein Pionierunternehmen andererseits nach erfolgter patentrechtlicher Absicherung seiner Innovation durch eine strategisch ausgerichtete Lizenzpolitik unter Umständen auch den Verlust seines Wissensvorsprungs verzögern und sich überdies eine Einnahmequelle sui generis erschließen. Dies gilt immer dann, wenn es ihm auf diese Weise gelingt, "den Eintritt bestimmter Unternehmen zu blockieren und die eintretenden Unternehmen in ganz bestimmte Märkte zu lenken" (*Oberender* 1973, S. 75), diese also keine Versuche mehr unternehmen, das Patent des Innovators durch alternative technologische Lösungen legal zu umgehen, oder wenn es dem Pionier gelingt, seine Mitbewerber an eine aus seiner Sicht veraltete Technologie zu binden, während er selbst die Markteinführung wesentlich weiterentwickelter Produkte oder grundsätzlicher Neuerungen vorbereitet.

2.3.1.5.2. Artenschutz

Anders dagegen die Kontroverse über den Zusammenhang zwischen der Patentfähigkeit für bio- und gentechnologische Verfahren und dem Erhalt des Artenreichtums in der belebten Natur: Sie beruht zum einen darauf, daß die bio- und gentechnologischen Neuerungen - deren Patentfähigkeit in den meisten Industrieländern inzwischen unbestritten ist, da die betreffenden Innovationen meist auch wesentliche nicht-biologische Merkmale enthalten, also auf als schützenswert anerkannten geistigen Leistungen basieren (vgl. *Kresbach* 1994, S. 166 f.) - nahezu ausschließlich aus den westlichen Industrienationen stammen, während die dafür zwingend erforderlichen, aber nicht patentfähigen biologischen - sprich genetischen - Ressourcen wie zum Beispiel ganze DNS-Sequenzen (abgesehen von den Meerestieren) weitestgehend in den artenreichen tropischen und subtropischen Regenwäldern und damit durchweg in Entwicklungs- und Schwellenländern lokalisiert sind (vgl. *Acharya* 1991, S. 81.). Die Tatsache, daß letztere als eigentliche Eigentümer dieser natürlichen Rohstoffe somit auch von den Erträgen aus der Vermarktung der bio- und gentechnologisch hergestellten pharmazeutischen und chemischen Endprodukte ausgeschlossen seien, schwäche, so das Argument, mithin deren ökonomische Anreize, Maßnahmen zum Erhalt des Artenreichtums und damit implizit auch des Regenwaldes zu ergreifen.

Andererseits wird die Forderung nach einem Recht auf Erteilung eines Patents für transgene Pflanzensorten und Tierarten jedoch auch mit dem Einwand abgelehnt, dies bedrohe zumindest indirekt die Artenvielfalt (vgl. *Clark* und *Juma* 1991, S. 13). Diesem Argument zufolge verdrängen die bio- und gentechnologisch modifizierten Tierarten und Pflanzensorten nach ihrer Freisetzung die angeblich per se weniger widerstandsfähigen oder ertragsschwächeren einheimischen Spezies und führen zur Herausbildung ökologisch unerwünschter Monokulturen. Der Patentschutz erhöhe also die Anreize für Unternehmen zur Entwicklung solchermaßen überlegener Arten. Eine weitere negative ökonomische Folgewirkung einer entsprechenden Ausweitung des Patentschutzes bestehe im übrigen darin, daß die in diesem Selektionsprozeß erfolgreicheren nicht-einheimischen Pflanzen- und Tierarten aus dem Ausland importiert werden müßten. Damit verwandt ist schließlich das Argument, die Freisetzung transgener Tierarten und Pflanzensorten könne durch spätere spontane Genkombinationen zum Entstehen nicht mehr kontrollierbarer und für den Menschen, Tiere und/oder Pflanzen gefährlicher Lebewesen führen.

Ausgesprochen unwahrscheinlich ist allerdings, daß der Erteilung des Patentschutzes oder dessen Verweigerung in diesem Zusammenhang überhaupt entscheidende Bedeutung zuzumessen ist. Überträgt man zunächst die obenstehenden allgemeinen Erkenntnisse über die ökonomischen Anreizwirkungen des Patentschutzes auf bio- und gentechnologische Verfahren, dürfte diese Feststellung insbesondere deswegen zutreffen, da der bislang erreichte Kenntnisstand über die ihnen zugrundeliegenden naturwissenschaftlichen Zusammenhänge noch verhältnismäßig gering ist. Einmal erteilte Patente dürften sich in diesem Bereich mithin häufig ohne übermäßigen Zeit- und Ressourcenaufwand legal umgehen lassen.

Aber auch die Gefahr einer zwangsläufigen Herausbildung von Monokulturen und somit eines Verlustes an Artenvielfalt durch Verdrängungseffekte oder des Entstehens unkontrollierbarer Genmutationen nach einer Freisetzung transgener Tiere und Pflanzen läßt sich zum gegenwärtigen Zeitpunkt empirisch nicht belegen. Zum einen erwiesen sich die bio- und gentechnologisch veränderten Spezies, wohl auch wegen der strengen behördlichen Sicherheitsauflagen für Freilandversuche, bislang oftmals als weniger resistent als mit ihnen verwandte oder um Habitate konkurrierende freilebende Arten und Sorten. Zum anderen sind derartige Verdrängungseffekte durch Zuwanderungen nicht-einheimischer Spezies ohnehin als ein wesentliches Element natürlicher Variations- und Selektionsprozesse anzusehen (Stichwort: Sukzession). Sie haben ihre Ursache vor allem in den bestehenden Meeres- und Luftströmungen, die auch eine Überwindung der in der Regel sehr großen räumlichen Entfernungen zwischen den Kontinenten erlauben,[34] werden aber auch regelmäßig durch eine längerfristige Zu- oder Abnahme der jährlichen Durchschnittstemperaturen (Stichwort: Eiszeiten) ausgelöst.

Die Ansiedelung fremder, nicht transgener Spezies und damit unter Umständen auch die Verdrängung heimischer Arten und Sorten kann schließlich auch auf den legalen oder - bei einem Verstoß gegen bestehende Quarantäne- und sonstige sanitäre oder phytosanitäre Bestimmungen - auch illegalen internationalen Handel mit Waren

---

34 Man denke etwa an die Besiedelung selbst der entlegensten Inseln vulkanischen Ursprungs in den Ozeanen durch tierisches und pflanzliches Leben auch ohne jede menschliche Einflußnahme.

oder Dienstleistungen zurückzuführen sein.[35] Teilweise ist sie allerdings auch als unerwünschter Nebeneffekt des gezielten Versuchs anzusehen, nichtheimische Spezies auch im Inland nutzbar zu machen, um dadurch bestehende Ressourcenmonopole des Auslands zu brechen,[36] die Ergiebigkeit der heimischen Arten und Sorten durch ein Einkreuzen zu steigern (vgl. dazu mit Beispielen *o.V.* 1993a, S. 81 f.; *Royte* 1995, S. 2 ff.)[37] oder heimische Schädlinge zu bekämpfen.

2.3.1.5.3. Beurteilung

Diese Zusammenhänge lassen nun folgende Schlüsse zu: Das Recht auf Patentschutz dürfte den Transfer von Umweltschutztechnologien zumindest nicht nennenswert behindern. Ökonomisch und ökologisch wesentlich bedeutsamer ist allerdings die Marktöffnung für Waren und Dienstleistungen. Erst sie erlaubt den unbeschränkten marktmäßigen Transfer von Umweltschutztechnologien und umweltverträglich(er) hergestellten Konsum- und Investitionsgütern. Nur sie eröffnet den Innovatoren außerdem die Möglichkeit, Imitatoren in den anderen Ländern durch den gezielten Einsatz auch der übrigen Aktionsparameter mit wettbewerblichen Mitteln zu bekämpfen.

Bei bio- und gentechnologischen Verfahren ist ebenfalls nicht so sehr der Patentschutz oder dessen Verweigerung entscheidend, um die befürchteten Gefahren für den Menschen und die belebte wie die unbelebte Natur abzuwenden. Erforderlich ist vielmehr eine entsprechende Ausgestaltung sanitärer und phytosanitärer Schutzmaßnahmen auf nationaler und gegebenenfalls, nämlich dort, wo die Lebens- und Vegetationsräume von Tieren und Pflanzen Staatsgrenzen überschreiten, auch - möglichst in gegenseitigem Einvernehmen - auf zwischenstaatlicher Ebene.

Sehr fraglich ist schließlich, ob der Erhalt der Biodiversität in den tropischen Regenwäldern - und damit der Erhalt wesentlicher Teile dieser Regenwälder selbst - alleine durch das Instrument des Patentschutzes oder dessen Verweigerung sichergestellt werden kann. Der in dieser Hinsicht einzig denkbare Ansatz bestünde nämlich darin, nicht nur, wie bisher, Innovationen, sondern auch naturwissenschaftlichen Entdeckungen wie etwa bestimmten DNS-Sequenzen oder sogar dem gesamten genetischen Bauplan eines tierischen oder pflanzlichen Lebewesens die Patentfähigkeit zuzusprechen. Zu klären wäre dann aber zum einen die Frage nach dem eigentlichen juristischen Eigentümer der Entdeckung. Konkreter erfordert dies zum einen internationalen Konsens der Gestalt, daß der in der belebten Natur vorhandene Genpool (zumindest überwiegend) eben nicht als gemeinsames Erbe der Menschheit anzusehen

---

[35] Ein praktisches Beispiel wäre die verbotene Ein- oder Ausfuhr von Pflanzensamen oder Tier(produkt)en.

[36] Ein historisches Beispiel dafür ist die Ansiedelung von Kautschukpflanzen in Südostasien zu Zeiten der englischen Kolonialherrschaft. Die Samen, deren Export unter Androhung der Todesstrafe verboten war, stammten aus dem Amazonasgebiet.

[37] Starke Schäden am tropischen Regenwald richtete etwa die Ansiedelung des gemeinen Hausschweins auf den Hawaii-Inseln an.

ist, das sich individuellen Eigentumsrechten grundsätzlich entzieht, sondern im Gegenteil privaten und staatlichen Wirtschaftseinheiten für einen bestimmten Zeitraum zur ausschließlichen Nutzung zugewiesen werden darf und zugewiesen werden sollte.[38] Zum anderen sind auch dann Konflikte bei der Ermittlung des rechtmäßigen Eigentümers der genetischen Ressource - der Landbesitzer, auf dessen Gebiet die fragliche Spezies vorkommt oder die Forschungseinrichtung, die deren DNS-Bauplan entschlüsselt und kommerziell potentiell verwertbare Gene entdeckt hat - angesichts der "Habitatgebundenheit" der überwiegenden Mehrzahl der Tier- und Pflanzenarten geradezu vorprogrammiert (vgl. *Lerch* 1994, S. 296). Eine ökonomisch wie ökologisch wesentlich sinnvollere Alternative als die Patentierung/Monopolisierung genetischer Ressourcen wäre der Abschluß zeitlich befristeter Verträge zwischen Pharma- oder Chemieunternehmen und den öffentlichen oder privaten Eigentümern der Habitate. Die Unternehmen könnten sich für die Dauer der Vertragslaufzeit das exklusive Recht sichern, die genetischen Baupläne der innerhalb eines klar abgegrenzten Gebiets vorkommenden Arten zu erforschen. Vertragsbestandteil neben einer Einmalzahlung als Pacht könnte eine Gewinnbeteiligung zugunsten des Landeigentümers für den Fall sein, daß die Forschungen in Produkt- oder Prozeßinnovationen münden. Als prominentestes Beispiel für einen derartigen Exklusivvertrag - deren Zahl im übrigen langsam anwächst - ist der sogenannte Merck-Costa-Rica-Vertrag vom September 1991 zu nennen (vgl. *ebenda*, S. 294 f.). Der entscheidende Vorzug dieses Ansatzes besteht, neben seinem kooperativen Charakter, mithin darin, daß es auf diese Weise gelingen könnte, den Erhalt der Habitate ökonomisch lukrativer zu gestalten als deren Beseitigung und die damit verbundene Umwidmung der Waldflächen (durch Abholzung) in andere Verwendungsmöglichkeiten wie Weideland oder Plantagen.

2.4. Nachhaltigkeit und praktische Wirtschaftspolitik

Die ökonomische Problematik des Konzepts der nachhaltigen Entwicklung läßt sich treffend wie folgt zusammenfassen (*Karshenas* 1994, S. 736 f.):

> "It should be noted that sustainability does not refer solely to the conditions of the economy as it exists now or will exist in a few years' time; it is rather a concept which refers to the performance of the economy over a very long term. The discussion so far has been conducted in a deterministic manner, implying complete knowledge about the environmental processes and perfect foresight over the very long term. This is not realistic, however, particularly in relation to natural resources to which ... a large element of uncertainty is attached."

Gleichwohl wäre es verfehlt, das Nachhaltigkeitskonzept unter Hinweis auf die zuvor aufgezeigten inhaltlichen wie methodischen Unzulänglichkeiten pauschal als ungeeignete Richtschnur für die praktische Wirtschaftspolitik zurückzuweisen. Übersehen würde dabei nämlich, daß die Beachtung wichtiger Grundprinzipien, die diesem

---

38 Nicht übersehen werden sollte allerdings, daß eine solche, derzeit insbesondere in den USA diskutierte - und zum Teil bereits praktizierte - Ausdehnung der Patentfähigkeit auf nicht durch gezielte menschliche Eingriffe veränderte genetische Baupläne nicht nur ökonomisch höchst bedenkliche (und nicht immer nur temporäre) Ressourcenmonopole begründen würde.

Ansatz zugrundeliegen - so namentlich derjenigen Managementregeln, die auf die Sicherung der Regenerationsfähigkeit der Ökosysteme abstellen, und die Forderung nach Demokratisierung und Dezentralisierung der Entscheidungsabläufe - der ökonomisch ohnehin anzustrebenden Internalisierung negativer Externalitäten beziehungsweise der Schaffung exklusiver Property-rights mitunter durchaus förderlich sein könnte.

2.4.1. Übergang zu einer mengenorientierten Umweltpolitik

Unmittelbar einsichtig ist zunächst, daß die Verwirklichung der Managementregeln die Vorgabe genau quantifizierter Umweltschutzziele geradezu zwingend voraussetzt (vgl. *Cansier* 1995, S. 137 f.). Aufgabe der Politik wäre es also beispielsweise, unter Berücksichtigung der jeweiligen natürlichen Absorptionskapazitäten für jede Region die maximal zulässige jährliche Emissionsmenge eines bestimmten Luftschadstoffs festzulegen. Dadurch würde nicht nur die nachträgliche Erfolgskontrolle wesentlich erleichtert. Vor allem gelänge es, den Spielraum für den Einsatz ökonomischer Instrumente - also von Abgaben und Verschmutzungszertifikaten - in der praktischen Umweltpolitik spürbar zu erweitern, was sich nach allgemeiner Auffassung wiederum sehr positiv auf deren Effizienz auswirken dürfte (vgl. für viele *van Suntum* 1994, S. 18 ff.).

Erste Ansätze zu einer solchen Mengensteuerung, durch die zugleich exklusive Eigentums- und Verfügungsrechte an dem bislang öffentlichen Gut 'saubere Luft' geschaffen werden, sind derzeit beispielsweise in der amerikanischen Luftreinhaltepolitik (sowohl auf nationaler Ebene als auch regional in Südkalifornien) erkennbar (vgl. dazu *Fromm* und *Hansjürgens* 1994, S. 211 ff.). Ähnlich zu beurteilen sind auch die Bestrebungen auf internationaler Ebene zum Schutz von Weltkollektivgütern. Zu erwähnen ist in diesem Zusammenhang insbesondere das inzwischen mehrmals revidierte und ergänzte Montrealer Protokoll aus dem Jahre 1987, in dem bislang etwa 150 Staaten der Erde unter anderem die stufenweise Verminderung der jährlichen Ausstoßmengen von FCKW und anderen Gasen oder chemischen Verbindungen vereinbart haben, die nach herrschender wissenschaftlicher Meinung mutmaßlich zum Abbau der Ozonschicht beitragen.[39]

2.4.2. Abbau politisch verursachter negativer Externalitäten

Unter Ökonomen wie Nachhaltigkeitstheoretikern besteht Einigkeit darüber, daß jede irreversible Belastung oder Übernutzung der Umwelt über ihre natürliche Auf-

---

[39] Höchst umstritten sind jedoch die in diesen Abkommen enthaltenen Handelsregeln, die, wie in Abschnitt 3 noch zu zeigen sein wird, zum Teil auch als unverträglich mit dem WTO-Regelwerk angesehen werden müssen. Da das Abkommen seinen Erfolg - alle wichtigen Verursacherstaaten sind ihm inzwischen beigetreten -, wie bereits erwähnt, vor allem einem internen Fond verdankt, dessen Mitteln Entwicklungsländern zur Umrüstung ihrer Produktionsstätten zufließen, erscheinen sie ohnehin entbehrlich (vgl. dazu auch *Wood* 1993, S. 335 ff.).

nahme- beziehungsweise Regenerationsfähigkeit hinaus letztlich auf (noch) nicht internalisierte negative Externalitäten und/oder nicht-spezifizierte exklusive Eigentumsrechte zurückzuführen ist, also allokatives Marktversagen vorliegt. Wie bereits weiter oben dargelegt wurde, wirft der Versuch einer genaue(re)n Erfassung dieser sozialen Kosten eine Vielzahl bislang weitgehend ungelöster theoretischer und praktischer Meß- und Bewertungsprobleme auf, die deren Internalisierung wiederum spürbar erschweren. Dies soll keineswegs heißen, daß eine Weiterentwicklung entsprechender Verfahren nicht sinnvoll und notwendig wäre. Wie die folgenden Beispiele - die bei weitem nicht als erschöpfend anzusehen sind - zeigen sollen, erscheint vor diesem Hintergrund jedoch der Abbau der überaus zahlreichen negativen Externalitäten, die eine mittelbare oder unmittelbare Nebenwirkung staatlicher Interventionen in das Wirtschaftsgeschehen darstellen, zum gegenwärtigen Zeitpunkt ökologisch wie ökonomisch mithin wesentlich erfolgversprechender und vor allem dringlicher zu sein. Freilich bedeutet diese Feststellung wiederum nichts anderes, als daß sich gerade auch das Ziel einer nachhaltigen Entwicklung, konkret verstanden als möglichst umfassende, ursachenadäquate und marktkonforme Internalisierung negativer Externalitäten, beziehungsweise eines möglichst umfassenden Umweltschutzes somit nur durch die Absage an marktwidrigen Interventionismus und die konsequente Hinwendung zu ordnungspolitischen Grundprinzipien verwirklichen läßt (vgl. *Stevens* 1993, insbesondere S. 440 ff.):

- Energiesektor: Nach Angaben der Weltbank erreichen die Energieversorgungsunternehmen alleine in den Entwicklungsländern sowie in den Staaten des ehemaligen Ostblocks vornehmlich infolge staatlich administrierter Preise im Durchschnitt einen Kostendeckungsgrad von lediglich etwa einem Drittel. Hinzu kommt die in vielen Industrienationen seit Jahren praktizierte und vorgeblich sozialpolitisch motivierte Subventionierung heimischer fossiler Energieträger - Stichwort: bundesdeutsche Kohlepolitik -, durch die in vielen Fällen der Einsatz ökologisch weniger bedenklicher Energieträger wie etwa Erdgas verhindert wurde. Ganz abgesehen von der damit verbundenen finanziellen Belastung der öffentlichen Haushalte[40] geht die dadurch induzierte Übernachfrage nach Energie nicht nur mit einem wesentlich höheren Ausstoß an Luftschadstoffen und Treibhausgasen einher, als dies ohne eine derartige Verzerrung des Preismechanismus der Fall wäre. Vor allem vermindern sich dadurch die ökonomischen Anreize zum Energiesparen beziehungsweise zur Entwicklung und zum Einsatz energiesparender Technologien und vergleichsweise umweltfreundlicherer Energieträger beträchtlich.

- Landwirtschaft: Ökologisch ähnlich bedenkliche Folgewirkungen wie in der Energiewirtschaft zeitigen auch die umfassenden staatlichen Eingriffe in die Preisbildung bei landwirtschaftlichen Erzeugnissen. Besondere Bedeutung kommt im Bereich der Landwirtschaft der massiven Subventionierung zentraler Inputfaktoren wie Pestiziden, Fungiziden und Düngemitteln zu, die sich im internationalen Vergleich derzeit auf neunzehn bis achtzig Prozent der markt-

---

40 Die Weltbank beziffert den damit verbundenen Finanzbedarf für diese Länder auf jährlich etwa 230 Mrd. US-Dollar, das heißt auf das Vierfache der gesamten öffentlichen Entwicklungshilfe (vgl. *Weltbank* 1992, S. 14 f.).

mäßigen Endverkaufspreise belaufen; in einer Reihe von Ländern wird der Verbrauch von Wasser anteilsmäßig sogar noch stärker künstlich verbilligt (vgl. *UNCTAD. Trade and Development Board* 1994, S. 8). Bereits an anderer Stelle wurde zudem darauf hingewiesen, daß staatliche Agrarsubventionen vor allen anderen, vornehmlich armutsbedingten Faktoren (so die Gewinnung von Brennholz sowie die von landlosen Siedlern vielfach praktizierte Brandrodung) im übrigen unstreitig auch die Hauptursache für die Abholzung tropischer Regenwälder sind,[41] deren Umwidmung in landwirtschaftliche Nutzflächen, insbesondere zur Rinderzucht, wie bereits weiter oben dargelegt, ohne derartige Beihilfen betriebswirtschaftlich nur selten lohnte.

- Hochseefischerei: Seit 1970 hat sich die weltweite Hochseefischereiflotte sowohl gemessen an der Zahl der im Einsatz befindlichen Fangschiffe als auch an deren Tonnage in etwa verdoppelt. Demgegenüber stieg die jährlich angelandete Fangmenge im selben Zeitraum lediglich von etwa sechzig auf fünfundachtzig Millionen Tonnen; seit 1990 ging sie wegen der zunehmenden Überfischung der wichtigsten Fanggebiete und bei einigen Fischarten sogar absolut - um insgesamt fünf Prozent - zurück (vgl. *o.V.* 1995a, S. 13). Um 625 Prozent erhöhten sich allerdings auch die staatlichen Beihilfen, die alleine den in der EU ansässigen Hochseefischern zwischen 1983 und 1993 unter anderem in Form direkter Zuschüsse, aber auch indirekt in Gestalt künstlich verbilligter Kredite und Bürgschaften sowie von Steuervergünstigungen oder -befreiungen für Treib- und Schmierstoffe zugeflossen sind (vgl. *Safina* 1996, S. 62); der weltweit pro Jahr insgesamt auflaufende Subventionsbetrag wird von der FAO sogar auf einen Betrag von etwa 54 Mrd. US-Dollar geschätzt (vgl. *Weber* 1995, S. 47).

- Verkehr: Als umweltpolitisch kontraproduktiv (vgl. *Reichow* 1992, S. 194 ff.) und ökonomisch unvertretbar ist, zumindest bezogen auf die Rechtslage in der Bundesrepublik, vor allem die vollständige Freistellung von Flugbenzin (und Schiffsbenzin) von der Mineralölsteuer anzusehen; hinzu kommt die, international allerdings übliche Befreiung des grenzüberschreitenden Luftverkehrs von der Umsatzsteuerpflicht. Da der Anteil der Treibstoffkosten an den gesamten betrieblichen Aufwendungen einer Fluggesellschaft wie der Lufthansa auf wenigstens etwa zehn Prozent zu veranschlagen ist, bedeutet dies eine nicht unwesentliche steuerliche Begünstigung von Flugreisen im Vergleich zu den Beförderungsangeboten anderer, voll steuerpflichtiger Verkehrsträger. Gemindert werden dadurch außerdem die ökonomischen Anreize für die Entwicklung und den Einsatz treibstoffsparender Triebwerke (vgl. *Sprenger*, *Körner*, *Paskuy* und *Wackerbauer* 1994, S. 494 und S. 500).

---

41 Achtzig bis neunzig Prozent der gerodeten Flächen werden in der einen oder anderen Form landwirtschaftlich genutzt (vgl. *Taylor* 1994, S. 45).

2.4.3. Privatisierung öffentlicher Unternehmen und Deregulierung

Bei näherer Betrachtung der soeben genannten sowie der gemeinhin als besonders umweltbelastend geltenden Wirtschaftszweige - also die Montan- und Zementindustrie, die chemische und petrochemische Industrie sowie der Bergbau - fällt der in den meisten Ländern der Erde sehr hohe Anteil öffentlicher Unternehmen an der gesamten Produktionsleistung in diesen Branchen auf; nicht selten genießen sie sogar das Privileg umfassender Monopolrechte. Ökonomische wie ökologische Probleme ergeben sich dabei nicht nur aus der geringeren allokativen, technischen und qualitativen Effizienz öffentlicher (Monopol-)Unternehmen im Vergleich zu privaten Anbieter (vgl. etwa *Knorr* 1993, S. 19 ff.), die - eine konsequente Wettbewerbspolitik vorausgesetzt - einem ständigen Markttest ausgesetzt sind. Bedenklich erscheint vor allem die dadurch mögliche - und wie die Realität zeigt auch überaus wahrscheinliche - Ungleichbehandlung zwischen öffentlichen und privaten Unternehmen bei der Ahndung von Verstößen gegen Umweltschutzbestimmungen durch die damit betrauten staatlichen Aufsichtsbehörden (die letztlich nur einem anderen Fachressort unterstellt sind als die zu kontrollierenden Staatsbetriebe).[42] Auch von einer umfassenden Reform des öffentlichen Sektors durch Privatisierung und Marktöffnung sowie die dadurch erst möglich werdende strikte Trennung von wirtschaftlicher Betätigung und hoheitlichen Aufsichtsfunktionen wären also ebenfalls außerordentlich wichtige Impulse für eine verbesserte Internalisierung negativer Externalitäten zu erwarten.

2.4.4. Freihandel und Liberalisierung von Direktinvestitionen

Angesichts der ausgesprochen geringen ökologischen Effizienz einer protektionistisch ausgerichteten Handelspolitik und der statistisch-empirisch nicht verifizierbaren 'Zero-regulation'- und 'Pollution-haven'-Hypothesen sollte schließlich auch und gerade aus Gründen des Umweltschutzes der Abbau von einzelstaatlichen Hemmnissen des grenzüberschreitenden Austauschs von Waren und Dienstleistungen sowie von Beschränkungen für Direktinvestitionen entschieden vorangetrieben werden. Demgegenüber ist die Forderung der vornehmlich in den westlichen Industrienationen ansässigen Befürworter des 'strengen ökologischen' Nachhaltigkeitspostulats nach mehr Dirigismus und Protektionismus, wie gezeigt werden konnte, als nicht problemadäquat, sondern vielmehr als problemverschärfend anzusehen und somit als sachlich kontraproduktiv zurückzuweisen. Dies gilt auch für die Abwehr grenzüberschreitender Umweltbelastungen sowie für den Schutz von Weltkollektivgütern, die sich effizienter auf dem Weg der Kooperation auf bilateraler oder multilateraler Ebene beziehungsweise durch Schaffung positiver Anreize erreichen ließen denn durch eine Konfrontationsstrategie. Im übrigen läßt es schließlich auch der sehr geringe innerbetriebliche Kostenmehraufwand für die Einhaltung von Umweltschutznormen dringend angeraten erscheinen, in Zweifelsfällen die Beweislast grundsätzlich den Befürwortern eines (angeblich) ökologisch motivierten Protektionismus aufzuerlegen.

---

42   Daß es sich hierbei keineswegs nur um ein hypothetisches Problem handelt, zeigt sich beispielsweise daran, daß in den USA "kommunale Kläranlagen ... die hartnäckigsten Verletzer der Normen für Abwassereinleitungen [sind]" (*Weltbank* 1992, S. 17).

2.4.5. Verbesserter Schutz geistiger Eigentumsrechte

Im unmittelbaren Vergleich zu den zuvor genannten Maßnahmen kommt dem Schutz geistiger Eigentumsrechte in dem hier interessierenden Zusammenhang von der Sache her eine zwar ebenfalls nicht unwichtige, wie den obenstehenden Ausführungen unzweifelhaft zu entnehmen ist gleichwohl aber nur untergeordnete Bedeutung zu. Nichtsdestotrotz dürfte eine verbesserte rechtliche Absicherung geistigen Eigentums in vielen Staaten der Dritten Welt insbesondere die unternehmerischen Anreize für die Erschließung dieser Märkte und somit für einen intensiveren marktmäßigen Transfer von Umweltschutztechnologien, von Umweltschutz-Know-how und weniger umweltbelastenden Produkten zumindest tendenziell erhöhen. Dadurch nähme zudem auch der Wettbewerbsdruck auf dort ansässige, ineffizient produzierende lokale Anbieter zu - was wiederum, wie bereits erwähnt, gleichsam als ökologisch erwünschte Nebenwirkung ebenfalls die wirtschaftlichen Anreize für einen niedrigeren Ressourcenverzehr tendenziell erhöhen würde.

2.5. Zwischenfazit

Das Konzept der nachhaltigen Entwicklung bietet trotz seiner hohen Publikums- und Medienwirksamkeit wenig Neues. Insbesondere im Vergleich zum Wissensstand der traditionellen Umwelt- und Ressourcenökonomik, aber auch im Hinblick auf die Aussagen der Ordnungstheorie und der Institutionenökonomik ist ein substantieller Erkenntnisfortschritt mithin nicht erkennbar. Wie gezeigt wurde, böte eine konsequent den Grundprinzipien einer marktwirtschaftlichen Ordnung verpflichtete Politik in den meisten Fällen die beste Gewähr für einen möglichst schonenden Umgang mit natürlichen Ressourcen aller Art, zumal sich dadurch auch das Problem der armutsbedingten Umweltzerstörung zumindest entschärfen ließe. Sie müßte freilich, insbesondere bei fehlenden Eigentumsrechten durch die Vorgabe quantitativer Umweltschutzziele, etwa im Rahmen einer Zertifikatslösung, ergänzt werden. Dieses Vorgehen entspräche im übrigen auch dem Ansatz der ökologischen Modernisierung. Im folgenden soll daher auf der Grundlage der zuvor gewonnenen Erkenntnisse untersucht werden, ob, und wenn ja inwieweit die Einhaltung der Bestimmungen des WTO-Regelwerks sowie des Nordamerikanischen Freihandelsabkommens deren Mitgliedsstaaten, wie von zahlreichen Umweltschutzorganisationen behauptet, in der Tat daran hindert, Ziele des nationalen und des internationalen Umweltschutzes beziehungsweise eine marktkonforme Politik der Nachhaltigkeit zu verfolgen. Bereits an dieser Stelle sei allerdings darauf hingewiesen, daß eine zentrale Forderung von beiden Vertragswerken nicht erfüllt wird. So enthalten weder das WTO-Regelwerk noch das NAFTA verbindliche Vorgaben hinsichtlich der Ausgestaltung der Eigentumsordnung. Von ihnen gehen also keine unmittelbaren Anreize oder gar ein Zwang für eine Privatisierung öffentlicher Unternehmen aus.[43]

---

43   Gleiches gilt im übrigen auch für den EG-Vertrag, dessen Art. 222 die Souveränität der Mitgliedsstaaten in diesem Bereich bekanntlich ebenfalls unangetastet läßt.

3. WTO-Regelwerk, Nachhaltigkeit und Umweltschutz: Zielkonflikt oder Zielharmonie?

Im früheren GATT-Abkommen waren weder der Begriff Umwelt noch der des Umweltschutzes ausdrücklich verankert, sondern lediglich in Gestalt zweier Ausnahmeregelungen vom Grundprinzip der Nichtdiskriminierung "zum Schutze des Lebens und der Gesundheit von Menschen, Tieren und Pflanzen" (Art. XX(b)) sowie "zur Erhaltung erschöpflicher Naturschätze" (Art. XX(g)) auf den ersten Blick bestenfalls indirekt erkennbar. Wörtlichen Niederschlag fanden besagte Begriffe erst in der Präambel und in den Artt. 2.2 sowie 2.6 des in der Tokio-Runde ausgehandelten Übereinkommens über technische Handelshemmnisse, dessen Bestimmungen allerdings bekanntlich nicht für alle Vertragsparteien des GATT verbindlich waren, sondern lediglich für diejenigen Staaten Anwendung fanden, die ihm gesondert beigetreten waren (vgl. *GATT* 1980, S. 8 ff.).

Freilich wäre es völlig verfehlt, diesen Sachverhalt dahingehend auszulegen, daß grundsätzlich jede Maßnahme zum Schutz der natürlichen Lebensgrundlagen dem GATT-Regelwerk zuwiderliefe. Schließlich läßt sich dieser, zumindest aus Sicht zahlreicher Umweltschutzgruppen eklatante inhärente 'Mangel' des GATT eben nicht mit dem nur geringen Stellenwert erklären, den die an der Aushandlung des Abkommen beteiligten Regierungen dem Problem des Umweltschutzes angeblich zumaßen - und angeblich noch immer zumessen (so unzutreffend *Daly* und *Goodland* 1994b, S. 399; *Windfuhr* 1993, S. 83). So enthielt bereits eine Reihe internationaler Handelsverträge, die noch vor dem Zweiten Weltkrieg abgeschlossen wurden, ebenso ausdrücklich Ausnahmeregelungen zum Schutz bestimmter Tier- und Pflanzenarten wie die aus heutiger Sicht überraschend groß anmutende Zahl bereits damals getroffener internationaler Vereinbarungen zum Schutz der Flora und Fauna, die auch durch den gezielten Einsatz handelspolitischer Maßnahmen vollstreckt werden konnten (vgl. *Charnovitz* 1991, S. 39 ff.). Die häufig kritisierte Nichtberücksichtigung der Begriffe Umwelt und Umweltschutz im alten GATT-Vertrag ist mithin nicht als inhaltliche Lücke des Abkommens anzusehen, sondern im Gegenteil höchst plausibel mit der ständigen Weiterentwicklung der Umgangs- und Fachsprache zu erklären, also der Erweiterung des Vokabulars um immer neue Wortschöpfungen, die ihrerseits an die Stelle veralteter Wendungen treten. Nicht übersehen werden sollte nämlich, daß gerade auch in den Industrieländern der Begriff des Umweltschutzes erst vor wenig mehr als zwanzig Jahren geprägt wurde.

Im Gegensatz zum alten GATT als seinem Vorläufer enthält das inhaltlich wesentlich umfangreichere Regelwerk der neugegründeten Welthandelsorganisation (im folgenden: WTO) nun auch eine durchaus nennenswerte Anzahl zusätzlicher Vorschriften, die sich ausdrücklich - will heißen: wörtlich - auf die Bewahrung der natürlichen Lebensgrundlagen der Menschheit beziehen.[44] Daß der Umweltschutz in absehbarer Zukunft einen noch größeren Stellenwert innerhalb der Welthandelsordnung einnehmen dürfte als bisher, läßt sich insbesondere an der Einrichtung eines

---

44 Eine Übersicht über die neue Welthandelsordnung im allgemeinen sowie über die für den Umweltschutz relevanten Regelungen im besonderen findet sich bei: *Gemperle, Zeller* und *Wartenweiler* 1994; *Hauser* und *Schanz* 1995; *Reiterer* 1994, S. 491 ff.; *Senti* 1994, S. 64 ff.; *Stoll* 1994, S. 241 ff.

gesonderten Ausschusses für Handel und Entwicklung ablesen, die anläßlich der Unterzeichnung der in der Uruguay-Runde ausgehandelten Vereinbarungen im April 1994 in Marrakesch durch eine entsprechende Ministerentscheidung vereinbart wurde.[45] Diesem Gremium wird es zunächst obliegen, mögliche Interdependenzen zwischen Handels- und Umweltpolitik zu untersuchen und auf dieser Grundlage gegebenenfalls Vorschläge für von ihm als notwendig erachtete Änderungen des WTO-Regelwerks und zur Verbesserung der Zusammenarbeit mit anderen supranationalen und nichtstaatlichen Organisationen, die mit dieser Thematik ebenfalls befaßt sind, zu erarbeiten.[46] Der Ausschuß wird der ersten Ministerkonferenz der WTO, die vom 9. bis 13. Dezember 1996 in Singapur tagen wird, einen umfassenden Tätigkeitsbericht vorlegen, auf dessen Grundlage auch sein bisheriges Mandat einer Überprüfung unterzogen werden soll (vgl. *Reiterer* 1994, S. 493 f.; *o.V.* 1994a, S. 265 f.).

3.1. Unmittelbare und mittelbare Umweltbezüge im WTO-Regelwerk

3.1.1. Präambel

Der erste direkte Bezug auf den Problembereich Umweltschutz im WTO-Regelwerk findet sich bereits in der Präambel des Übereinkommens zur Errichtung der Welthandelsorganisation. Darin werden die aus dem GATT-Abkommen bekannten, traditionell wachstumsorientierten Zielsetzungen Wohlstands- und Realeinkommensmehrung, Nachfragesteigerung, Vollbeschäftigung und Ausdehnung von Produktion und Handel sowie volle Erschließung der Hilfsquellen der Welt zwar unverändert übernommen. Sie werden jedoch dahingehend ergänzt, daß die Mitgliedsstaaten der WTO bei deren Umsetzung künftig stets das "Ziel einer nachhaltigen Entwicklung" zu beachten haben und zugleich danach streben sollen, "den Schutz und die Erhaltung der Umwelt und gleichzeitig die Steigerung der dafür erforderlichen Mittel zu erreichen, und zwar in einer Weise, die mit den ihrem jeweiligen Entwicklungsstand entsprechenden Bedürfnissen und Anliegen vereinbar ist". Da die Präambel allerdings keine rechtlich bindende Verpflichtung der Unterzeichnerstaaten des WTO-Regelwerks darstellt, ist naturgemäß höchst umstritten, ob dieser Erweiterung in der Tat die

---

[45] Die Zahl der von der Ministerkonferenz als oberstem Gremium der WTO eingerichteten Ausschüsse erhöht sich damit auf vier (bereits eingerichtet wurden der Ausschuß für Handel und Entwicklung, der Ausschuß für Zahlungsbilanzbeschränkungen sowie der Ausschuß für Haushalt, Finanzen und Verwaltung). Aufgabe dieser Ausschüsse ist es jeweils, einzelne Teilbereiche der Welthandelsordnung zu überwachen und die einschlägigen Regeln weiterzuentwickeln.

[46] Bislang befaßten sich lediglich zwei Arbeitsgruppen des GATT mit einem entsprechend zeitlich befristeten, aber verlängerbaren Mandat mit der Thematik möglicher Wechselwirkungen zwischen Umweltschutz und Handelsliberalisierung: die im Jahre 1989 eingesetzte Working Group on Export of Domestically-Prohibited Goods and other Hazardous Substances sowie die bereits im Jahre 1971 formal eingerichtete Working Group on Environmental Measures and International Trade. Letztere wurde allerdings erst zwanzig Jahre später auf Antrag der EFTA-Staaten und gegen den Widerstand einiger Entwicklungsländer aktiviert, tagt seitdem aber regelmäßig. Zur Entstehung und zum Aufgabenbereich beider Arbeitsgruppen siehe unter anderem GATT 1990, S. 101 f.; *dass.* 1992, S. 97.

Absicht einer grundlegenden Neuausrichtung der Welthandelsordnung zugrundelag oder ob lediglich eine begriffliche Klarstellung der allgemeinen Verpflichtung zur "vollen Erschließung der natürlichen Hilfsquellen" beabsichtigt war.[47] Da die Organe der WTO den in der Präambel niedergelegten zur Beachtung dieser allgemeinen Zielsetzungen bei allen von ihnen zu treffenden Entscheidungen, so zum Beispiel im Rahmen von Streitschlichtungsverfahren, jedoch grundsätzlich verpflichtet sind (vgl. *Beise* 1994, S. 4), ist der Umweltschutz nunmehr auch formal und sprachlich als fester Bestandteil und übergeordnete Zielsetzung sämtlicher Vertragsbestandteile des Regelwerks der Welthandelsordnung anzusehen.

3.1.2. Allgemeine Ausnahmen

Darüber hinaus wurden die bereits erwähnten Ausnahmeregelungen in den Artikeln XX(b) und XX(g) des alten GATT-Abkommens nicht nur unverändert in das Allgemeine Zoll- und Handelsabkommen von 1994 (im folgenden weiterhin als GATT bezeichnet) übernommen, sondern in ähnlicher Form auch in das Allgemeine Abkommen über den Handel mit Dienstleistungen (GATS) und das Übereinkommen über handelsbezogene Aspekte der Rechte des geistigen Eigentums (TRIPs) integriert. Dabei entspricht Art. XIV(b) des GATS wörtlich Art. XX(b) des GATT.

Von grundsätzlicher Bedeutung für die Anwendbarkeit dieser Vorschrift auf Maßnahmen zum Schutz der Umwelt ist überdies noch der im Anhang des GATS angeführte Ministerbeschluß zum Handel mit Dienstleistungen und zur Umwelt, in der die Notwendigkeit einer ausdrücklichen Nennung des Begriffs Umwelt in Art. XIV(b) oder sonstiger "Vorkehrungen ... [zum Schutz der Umwelt; der Verfasser], die über den Inhalt des Artikels XIV Buchstabe b hinausgehen" deutlich in Frage gestellt wird. Begründet wird dies mit dem sachlich voll überzeugenden Argument, "daß Maßnahmen, die zum Schutz der Umwelt erforderlich sind, grundsätzlich den Schutz des Lebens und der Gesundheit von Menschen, Tieren und Pflanzen zum Ziel haben".[48] Obwohl formaljuristisch nur auf das GATS bezogen, dürfte der Beschluß freilich auch die Haltung der Ministerkonferenz bezüglich des Anwendungsbereichs und der Auslegung insbesondere von Art. XX(b) des GATT widerspiegeln.

Gemäß Art. 27(2) des TRIPs ist es den Mitgliedsstaaten der WTO schließlich unter bestimmten Bedingungen erlaubt, Erfindungen den Patentschutz zu grundsätzlich zu verweigern. Erstaunlicherweise wird in diesem Abkommen und in klarem Gegensatz zu den entsprechenden Formulierungen in GATT und GATS die "Vermeidung einer ernsten Schädigung der Umwelt" ausdrücklich als eigenständiger Rechtfertigungsgrund für eine mögliche Einschränkung des Patentschutzes genannt. Art. 27(3)(b), der allerdings vier Jahre nach Inkrafttreten des WTO-Regelwerks über-

---

[47] Vom Wortlaut grundsätzlich gedeckt wären nämlich sowohl die Übernutzung der Umwelt als auch deren nachhaltige Bewirtschaftung.

[48] Gleichwohl wird dem GATS-Rat empfohlen, den neu eingerichteten Ausschuß für Handel und Umwelt auch mit der Prüfung der Wechselwirkungen zwischen Dienstleistungshandel und Umweltschutz zu beauftragen.

prüft werden soll, gestattet es den Mitgliedsstaaten überdies, Patente für "Pflanzen und Tiere, mit Ausnahme von Mikroorganismen, und im wesentlichen biologische Verfahren für die Züchtung von Pflanzen oder Tieren mit Ausnahme von nicht-biologischen und mikrobiologischen Verfahren" zu verweigern. "Vorzusehen" sind jedoch grundsätzlich Schutzmaßnahmen für Pflanzensorten.

3.1.3. Sonstige Umweltbezüge

Zusätzliche Regelungen mit unmittelbarem und mittelbarem Bezug zum Schutz der Umwelt (beziehungsweise des Lebens und der Gesundheit von Menschen, Tieren und Pflanzen) sind noch in vier weiteren Vertragswerken der Welthandelsordnung enthalten, deren Beachtung im Gegensatz zu den Kodizes der Tokio-Runde, aus denen sie mehrheitlich hervorgingen,[49] ebenfalls grundsätzlich für alle Mitgliedsstaaten der WTO verbindlich ist.

3.1.3.1. Übereinkommen über die Landwirtschaft

Von Bedeutung für den hier interessierenden Sachverhalt ist zunächst die, in Ergänzung eines entsprechenden Hinweises in dessen Präambel, gemäß Anhang 2 zum Übereinkommen über die Landwirtschaft weiterhin als WTO-konform erachtete Gewährung nationaler Stützungsmaßnahmen für bäuerliche Betriebe. Dazu gehören insbesondere auch alle direkten oder indirekten Zahlungen in den Bereichen "Forschung in Verbindung mit Umweltprogrammen" (Ziffer 2(a)) und "Infrastrukturdienstleistungen einschließlich ... Wasserversorgungsanlagen, Dämme und Entwässerungsprojekte sowie Infrastrukturarbeiten im Zusammenhang mit Umweltprogrammen" (Ziffer 2(g)) sowie "Zahlungen im Rahmen von Umweltprogrammen" selbst (Ziffer 12). Alleinige Voraussetzung für die WTO-Konformität derartiger Unterstützungsmaßnahmen ist, daß die Finanzierung dieser Maßnahmen ausschließlich aus öffentlichen Haushalten, also nicht durch Transferzahlungen der Nachfrager, erfolgt und sich diese Zahlungen "nicht wie eine Preisstützung für die Erzeuger auswirken" (Ziffer 1(b)).

3.1.3.2. Übereinkommen über Subventionen und Ausgleichsmaßnahmen

Nach Art. 8.2(c) des Übereinkommens über Subventionen und Ausgleichsmaßnahmen sind staatliche Beihilfen zur Erleichterung der Umrüstung oder Anpassung von Produktionsanlagen an neue Umweltschutznormen als zulässig - also als von anderen WTO-Mitgliedsstaaten grundsätzlich nicht anfechtbar - einzustufen, falls es sich

---

[49] Neu im Rahmen der Welthandelsordnung ist lediglich das Agrarabkommen. Die Vereinbarung über Regeln und Verfahren der Streitschlichtung ist demgegenüber als tiefgreifende Reform des zuvor in den Artikeln XXIII und XXIV des alten GATT-Abkommens recht oberflächlich geregelten Ablaufs des Streitbeilegungsmechanismus anzusehen.

dabei um eine einmalige Unterstützungsmaßnahme handelt, die maximal zwanzig Prozent der insgesamt anfallenden Anpassungskosten abdeckt, alle mit der Inbetriebnahme der geförderten Investitionen ansonsten verbundenen Kosten in vollem Umfang von den Unternehmen selbst getragen werden, sämtliche durch die Investition ermöglichte Einsparungen bei den Produktionskosten behördlicherseits bei der Bemessung des genauen Subventionsbetrags angerechnet werden und derartige Beihilfen grundsätzlich diskriminierungsfrei allen sachlich dafür in Frage kommenden Unternehmen gewährt werden.

3.1.3.3. Übereinkommen über technische Handelshemmnisse und Übereinkommen über gesundheitspolizeiliche und pflanzenschutzrechtliche Maßnahmen

Eine Schlüsselrolle für den Fortgang der Debatte über Wechselwirkungen zwischen Umwelt- und Handelspolitik wird in Zukunft schließlich zweifelsohne den einschlägigen Bestimmungen im Übereinkommen über technische Handelshemmnisse sowie im Übereinkommen über die Anwendung gesundheitspolizeilicher und pflanzenschutzrechtlicher Maßnahmen zukommen.[50] Ihnenzufolge ist es zunächst allen Mitgliedsstaaten der WTO grundsätzlich freigestellt, derartige Normen und Standards ihren individuellen Erfordernissen entsprechend einzuführen und auszugestalten. Ausdrücklich untersagt ist ihnen dabei freilich die willkürliche Diskriminierung ausländischer Anbieter wie auch der Versuch, auf diesem Weg den internationalen Handel insgeheim zu beschränken.[51] Um letzteres bereits im Ansatz zu verhindern, wird den Mitgliedsstaaten jedoch ausdrücklich nahegelegt, neben der in jedem Fall obligatorischen Beachtung allgemein anerkannter Risikobewertungsmethoden sowie sämtlicher verfügbarer wissenschaftlicher und/oder technischer Erkenntnisse vor allem die Angleichung nationaler Normen an bereits bestehende internationale Standards voranzutreiben beziehungsweise in den relevanten internationalen Institutionen aktiv an deren Ausarbeitung mitzuwirken.[52] Im Übereinkommen über technische Handelshemmnisse wird sogar ausdrücklich klargestellt, daß technische Vorschriften und Normen, die diesen Vorgaben entsprechen, bis zum Nachweis des Gegenteils nicht als unnötige Behinderung des internationalen Handels anzusehen sind.[53] Analog gelten gesundheitspolizeiliche und pflanzenschutzrechtliche Vorschriften, die "internationalen Normen, Richtlinien oder Empfehlungen entsprechen", automatisch

---

50 Nur in einem der beiden Vertragswerke, dem Übereinkommen über technische Handelshemmnisse, ist der Schutz der Umwelt im Wortlaut ausdrücklich als eigenständige Zielsetzung neben dem Schutz von Leben oder Gesundheit von Menschen, Tieren oder Pflanzen verankert.

51 Vgl. dazu die Artt. 2.1, 2.3 und 5.4 des Übereinkommens über die Anwendung gesundheitspolizeilicher und pflanzenschutzrechtlicher Maßnahmen sowie die Artt. 2.1 und 2.2 des Übereinkommens über technische Handelshemmnisse.

52 Vgl. die Artt. 3 und 5.2 des Übereinkommens über die Anwendung gesundheitspolizeilicher und pflanzenschutzrechtlicher Maßnahmen sowie die Artt. 2.2, 2.4, 2.5 und 2.6 des Übereinkommens über technische Handelshemmnisse.

53 Vgl. Art. 2.5 des Übereinkommens über technische Handelshemmnisse.

als "notwendig" im Sinne von Art. XX(b) des GATT und somit als zulässige Ausnahmen vom Prinzip der Nichtdiskriminierung.[54] Als Alternative zu einer Vorabharmonisierung technischer sowie sanitärer und phytosanitärer Vorschriften wird den Mitgliedsstaaten jedoch grundsätzlich empfohlen, auch die gegenseitige Anerkennung bereits existierender nationaler Regelungen zu prüfen.[55] Besteht im Einzelfall noch keine einschlägige internationale Norm zum Schutz des Lebens und der Gesundheit von Menschen, Tieren und Pflanzen sowie der Umwelt, an der sich ein Mitgliedsstaat orientieren könnte, oder erachtet dieser strengere nationale Vorschriften für erforderlich, müssen bei der Festlegung technischer Standards bestimmte Vorgaben berücksichtigt werden, sofern diese Maßnahme auf Richtung und Volumen der Handelsströme zurückwirken können.[56] Insbesondere sind alle interessierten Parteien von der geplanten Einführung der fraglichen Vorschrift über das WTO-Sekretariat rechtzeitig und in der Sache umfassend in Kenntnis zu setzen. Diese haben dann das Recht, zu der geplanten Maßnahme Stellung zu nehmen und eine Prüfung ihrer Argumente durch das normierende Land zu verlangen. Für als dringlich erachtete Maßnahmen ist im übrigen ein leicht verkürztes Verfahren vorgesehen.[57] Im Gegensatz dazu ist jedem Mitgliedsstaat die vorbeugende, in diesem Fall aber zeitlich befristete Einführung von Maßnahmen mit gesundheitspolizeilicher und pflanzenschutzrechtlicher Zielsetzung selbst dann möglich, falls "das einschlägige wissenschaftliche Beweismaterial", ohne das sich die Notwendigkeit einer besonders strengen sanitären oder phytosanitären Vorschrift normalerweise nicht begründen läßt, dafür (noch) "nicht ausreicht".[58] Von herausragender Bedeutung für die hier interessierende Thematik ist, wie noch zu zeigen sein wird, schließlich die Tatsache, daß beide Übereinkommen den WTO-Mitgliedsstaaten vorschreiben, bei der Prüfung der Gefährlichkeit eines Gutes oder Stoffes vorrangig auf die objektiv meßbaren Produkteigenschaften abzustellen. Unter bestimmten Bedingungen ist dazu allerdings auch die Berücksichtigung der Herstellungsverfahren, -methoden und -techniken erlaubt.[59]

---

[54] Vgl. Art. 3.3 des Übereinkommens über die Anwendung gesundheitspolizeilicher und pflanzenschutzrechtlicher Maßnahmen.

[55] Vgl. Art. 4 des Übereinkommens über die Anwendung gesundheitspolizeilicher und pflanzenschutzrechtlicher Maßnahmen sowie Art. 2.7 des Übereinkommens über technische Handelshemmnisse.

[56] Vgl. Art. 2.9 des Übereinkommens über technische Handelshemmnisse.

[57] Vgl. ebenda, Art. 2.10.

[58] Als Entscheidungsgrundlage kommen die "verfügbaren einschlägigen Angaben ... zuständiger internationaler Organisationen sowie [die] von anderen Mitgliedern angewendeten gesundheitspolizeilichen oder pflanzenschutzrechtlichen Maßnahmen ..." in Frage (vgl. Art. 5.7 des Übereinkommens über die Anwendung gesundheitspolizeilicher und pflanzenschutzrechtlicher Maßnahmen).

[59] Vgl. Art. 5.2 des Übereinkommens über die Anwendung gesundheitspolizeilicher und pflanzenschutzrechtlicher Maßnahmen sowie Art. 2.2 des Übereinkommens über technische Handelshemmnisse.

3.2. Streitschlichtung

Die Dringlichkeit des Umweltschutzes wird von den einzelnen WTO-Mitgliedsstaaten ebenso höchst unterschiedlich beurteilt wie die Wechselwirkungen zwischen Umwelt- und Handelspolitik. Angesichts der also überaus heterogenen Interessenlage - die unter anderem auch eine unmittelbare Folge der divergierenden Entwicklungsniveaus darstellt - hängen die Wahrscheinlichkeit sowie das Ausmaß etwaiger Konflikte zwischen den beiden wirtschaftspolitischen Zielen Umweltschutz und Handelsliberalisierung somit maßgeblich von der Auslegung der oft nur sehr allgemein formulierten Bestimmungen des WTO-Regelwerks durch die mit der Streitschlichtung betrauten Organe ab.

Grundsätzlich wirkt die Existenz allgemein akzeptierter Institutionen oder Mechanismen zur Beilegung handelspolitischer Kontroversen dem Ausbruch offener Handelskonflikte zumindest immer dann tendenziell entgegen, falls beide Klageparteien bereit sind, den letztinstanzlichen Schiedsspruch hinzunehmen und umzusetzen oder wenn das Schiedsgericht dessen Beachtung durch die unterlegene Seite mittels geeigneter Sanktionsmechanismen notfalls auch durch Ausübung von Zwang sicherstellen kann. Selbst wenn diese grundlegenden Funktionsbedingungen für jede effiziente Streitschlichtung gegeben sind, ist die Beilegung von Streitigkeiten im Bereich handelspolitisch relevanter Umweltschutzregeln sowie umweltpolitisch relevanter Handelsregeln gleichwohl durch besondere Schwierigkeiten gekennzeichnet. So setzt eine objektive Beurteilung des Sachverhalts durch das Schiedsgericht auch die genaue Kenntnis der wesentlichen ökologisch-naturwissenschaftlichen Zusammenhänge durch dessen Mitglieder zwingend voraus. Nur auf dieser Grundlage wäre beispielsweise eine Entscheidung über die ökologische Notwendigkeit und Effizienz einer potentiell handelsbeschränkenden Maßnahme im Vergleich zu möglichen Alternativen mit hinreichender Genauigkeit zu treffen. Denkbar wäre die notwendige Einbeziehung der erforderlichen außerökonomischen Fachqualifikationen in das Verfahren grundsätzlich auf zwei Wegen: direkt durch eine entsprechende fachbezogene Auswahl eines oder mehrerer der Schiedsgerichtsmitglieder oder indirekt durch die Anhörung sachverständiger Gutachter, und zwar gleichgültig, ob sie grundsätzlich vorgeschrieben ist oder nur auf Antrag einer Streitpartei erfolgt. Angesichts des nach wie vor nur relativ geringen Wissensstands um ökologische Ursache-Wirkungs-Beziehungen empfiehlt sich freilich der zuletzt genannte Ansatz. Im übrigen sollte auch der Nachweis der Notwendigkeit oder der Verhältnismäßigkeit einer tatsächlich oder nur potentiell den internationalen Handel beeinträchtigenden nationalen Umweltschutzregulierung mit eben dieser Begründung - aber auch wegen der vortrefflichen Eignung derartiger Maßnahmen als verdeckte nichttarifäre Handelshemmnisse und der bereits erwähnten, in aller Regel vernachlässigenswert geringen Kostenmehrbelastung für Unternehmen infolge der Einhaltung von Umweltschutzauflagen - stets der beklagten, das heißt der des Protektionismus beschuldigten Partei abverlangt werden. Um schließlich die Akzeptanz des Schiedsspruchs bei den Streitparteien ebenso wie das Vertrauen der Allgemeinheit in die Unabhängigkeit, Objektivität und Ausgewogenheit des Schiedsgerichts zu erhöhen, empfiehlt es sich, sowohl das Streitschlichtungsverfahren als solches als auch die schriftliche Urteilsbegründung jederzeit der Öffentlichkeit zugänglich zu machen.

Ganz allgemein dürfte die Bedeutung der Streitschlichtung innerhalb der WTO für die Interpretation der einschlägigen Vertragsbestimmungen künftig wegen des in der Uruguay-Runde grundlegend umgestalteten Verfahrens sogar noch deutlich zunehmen. Abgesehen von der Einrichtung einer zentralen Streitbeilegungsinstanz, dem Dispute Settlement Body (DSB), wurden insbesondere die Regelungen für eine Annahme von Schiedsgerichtsentscheiden - ohne die sie rechtlich nicht bindend wären und Vergeltungsmaßnahmen gegen das vertragsbrüchige Land nicht eingeleitet werden dürften - grundlegend verbessert. So wird es dem im Streitschlichtungsverfahren unterlegenen Mitgliedsland im Gegensatz zur Vergangenheit kaum mehr möglich sein, die Annahme von Entscheidungen eines Panels oder auch der gleichfalls neu geschaffenen Berufungsinstanz im DSB durch sein Veto de jure zu verzögern oder gar zu verhindern. War nach den Verfahrensregeln des alten GATT für die Annahme eines Panels-Entscheides durch den GATT-Rat als der ehedem zuständigen Instanz[60] nämlich noch Einstimmigkeit erforderlich, so ist dieses Abstimmungsergebnis nunmehr Voraussetzung für eine Ablehnung.

Um eine sachdienliche Beilegung von handelspolitischen Streitigkeiten zwischen einzelnen Mitgliedsstaaten auch bei komplexen technischen oder anderweitigen Detailproblemen sicherzustellen, steht es einem Panel zudem im übrigen jederzeit frei, von fachlich kompetenten Außenstehenden "zu bestimmten Aspekten der Angelegenheit" Informationen etwa in Gestalt von Sachverständigengutachten einzuholen.[61] Einer Befragung von Umweltschutzexperten durch die Streitschlichtungsorgane zur Erörterung der im Einzelfall relevanten ökologischen Zusammenhänge steht also, freilich vorbehaltlich der ausdrücklichen Zustimmung des Schiedsgerichts, grundsätzlich nichts im Wege. Ohnehin war die Möglichkeit zur Bildung von 'Technical experts groups' zur Information der Panels bereits in Art. 14.10 sowie in den Anhängen 2 und 3 des früheren, im Rahmen der Tokio-Runde getroffenen Übereinkommens über technische Handelshemmnisse verankert.

3.2.1. Umweltbezüge in Panel-Entscheidungen

In erstaunlichem Gegensatz zum hohen Stellenwert, den die Diskussion möglicher Spannungsfelder zwischen Umweltschutz und Handelsliberalisierung in Wissenschaft, Praxis und Politik inzwischen eingenommen hat, steht allerdings die Tatsache, daß in der über vierzigjährigen Geschichte des GATT bis zum heutigen Tage lediglich zehn Panels zur Beilegung von Streitfällen einberufen worden sind, die mittelbar oder unmittelbar im Spannungsfeld von Umweltschutz und Handelspolitik angesiedelt waren. Die Empfehlungen von zwei der eingesetzten Panels wurden bislang allerdings vom GATT-Rat formal (noch) nicht angenommen: nämlich die Entscheidungen gegen die USA in den beiden 'Thunfischfällen' aus den Jahren 1991 und 1994. Diese sind also bislang rechtlich nicht bindend und lassen sich somit auch nicht als Präzedenzfälle für die Auslegung der Vertragsregeln bei späteren Disputen heranziehen. Zudem sind vier

---

60   Diese Aufgabe übernahmen dies beiden Kammern des DSB.

61   Vgl. Art. 13(2) der Vereinbarung über Regeln und Verfahren zur Beilegung von Streitigkeiten.

weitere dieser Panels zum gegenwärtigen Zeitpunkt noch bei der WTO anhängig (vgl. zu den Einzelheiten *Esty* 1994a, S. 269 f.; *o.V.* 1994b, S. 3 f.; *o.V.* 1995b, S. 3).[62]

Bemerkenswert erscheint die überaus geringe Zahl von Streitschlichtungsverfahren insbesondere angesichts der Tatsache, daß den zuständigen Instanzen des GATT beziehungsweise jetzt der WTO bislang bereits mehr als dreihundert nationale Umweltschutzmaßnahmen gemeldet wurden, die nach Einschätzung der Mitgliedsstaaten, die sie eingeführt hatten, durchaus geeignet sind, ihre jeweiligen Handelspartner gegenüber inländischen Anbietern offen oder verdeckt zu diskriminieren (vgl. *Eglin* 1993, S. 312).[63] In keinem dieser Fälle wurde aber von den davon potentiell betroffenen Nationen eine formale Streitbeilegung beantragt. Allerdings führte in einigen Fällen bereits die Androhung eines derartigen Verfahrens zur Rücknahme von vorgeblich umweltpolitisch motivierten Handelsbeschränkungen. Ein Beispiel dafür ist der bereits weiter oben erwähnte und nach kurzer Zeit gescheiterte Versuch Österreichs, eine Sondersteuer auf importierte tropische Hölzer zu erheben, die noch durch eine umfassende Kennzeichnungspflicht hinsichtlich ihrer Herkunft und der Umweltverträglichkeit ihrer Anbaumethoden ergänzt wurde. Erstaunlich ist zudem auch, daß in der Mehrzahl der untersuchten Fälle Konflikte zwischen einzelnen Industrienationen zu lösen waren.

Festzuhalten ist schließlich noch, daß die zuständigen Panels die umstrittenen Umweltschutzmaßnahmen bislang in keinem einzigen Fall als GATT-konform eingestuft haben. Dieses Ergebnis ist allerdings weniger auf den angeblich geringen Stellenwert des Umweltschutzes vor allem im alten GATT-Regelwerk zurückzuführen, wie von Umweltschützern gerne behauptet wird. Wie im folgenden gezeigt werden soll, stellt es im Gegenteil lediglich die logische und vorhersehbare Antwort auf die in jedem einzelnen dieser Fälle kaum verhüllten, eindeutig protektionistischen Zielsetzungen der jeweils beanstandeten Maßnahmen dar.

---

[62] Zwei der Verfahren betreffen Beschwerden der EU gegen die USA. Gegenstand der Auseinandersetzung sind in beiden Fällen bestimmte Steuern, durch die die Hersteller von Pkw zur Verbesserung der Kraftstoffverbrauchsdaten ihrer Produkte veranlaßt werden sollen. Meßgröße ist jeweils eine vorgegebene Mindestfahrleistung je verbrauchter Gallone Treibstoff. Im Falle der sogenannten CAFE-Standards wird verlangt, daß die von einem Hersteller produzierten Typen diese Vorgabe im Durchschnitt erfüllen. Um der fraglichen Steuer zu entgehen, ist es also zulässig, zu hohe Verbrauchswerte eines größeren Wagens durch einen entsprechenden Minderverbrauch eines Kleinwagens auszugleichen. Diese neue Steuer ergänzt die bereits im *Energy Tax Act* aus dem Jahre 1978 verankerte 'Gas guzzler tax', die Gegenstand des zweiten Verfahrens ist. Im Unterschied zu den CAFE-Standards bezieht sich diese Steuer auf den spezifischen Treibstoffverbrauch eines einzelnen Pkw-Typen. Das dritte und vierte Verfahren, das auf Antrag Venezuelas und Brasiliens ebenfalls gegen die USA eingeleitet wurde und nach den neuen WTO-Streitschlichtungsregeln abgewickelt wird, untersucht die GATT-/WTO-Konformität amerikanischer Standards, die vorgeblich aus Gründen eines verbesserten Umweltschutzes die chemische Zusammensetzung von Benzin regulieren. Nach Auffassung Venezuelas benachteiligen die fraglichen Normen ausländische Anbieter insbesondere im Verhältnis zu einem amerikanischen Unternehmen, dessen Benzinimporte aus einer seiner ausländischen Raffineriestandorte angeblich bevorzugt behandelt werden.

[63] Insbesondere handelt es sich um Beschränkungen für gefährliche Güter, Labelling-Vorschriften sowie Verpackungs-, Abfallbeseitigungs- und Abfallverwertungsbestimmungen.

3.2.1.1. Importverbot der USA für kanadischen Thunfisch

Gegenstand dieses ersten einschlägigen Streitfalles (vgl. *GATT* 1983, S. 91 ff.) überhaupt in der Geschichte des GATT aus dem Jahre 1982 war ein umfassendes Importverbot der USA für Thunfisch und Thunfischprodukte aus Kanada. Es wurde verhängt, nachdem neunzehn amerikanische Fischereiboote innerhalb der - von den USA damals noch nicht anerkannten - kanadischen 200-Meilen-Zone aufgebracht und samt ihres Fangs, der ausschließlich aus einer bestimmten Thunfischart bestand, beschlagnahmt worden waren. Während die kanadische Regierung in der Maßnahme eine reine Strafaktion der USA und einen Verstoß gegen das in Art. I des GATT niedergelegte Prinzip der allgemeinen Meistbegünstigung und das in Art. XIII verankerte Diskriminierungsverbot bei der Anwendung mengenmäßiger Beschränkungen der Einfuhr ausländischer Waren erblickte,[64] verteidigten die USA ihr Vorgehen mit dem Argument, das Importverbot erfülle die in Art. XX(g) genannten Voraussetzungen für eine Abkehr vom allgemeinen Prinzip der Nichtdiskriminierung. So handele es sich zum einen bei Thunfisch um einen "erschöpflichen Naturschatz" im Sinne der genannten Vorschrift. Zum anderen sei das Importverbot Teil der umfassenden Bemühungen, die die USA insbesondere im Rahmen entsprechender Empfehlungen der Inter-American Tropical Tuna Commission auf sich nähmen, um einer Überfischung der weltweiten Thunfischbestände entgegenzuwirken. Der Erfolg der bisher eingeleiteten Schutzmaßnahmen sei durch die Beschlagnahme der amerikanischen Boote durch Kanada allerdings spürbar gefährdet worden, da dieser einseitige Schritt geeignet sei, das Interesse und die Bereitschaft anderer Nationen zur Zusammenarbeit in diesem Bereich dauerhaft zu schwächen (vgl. *ebenda*, S. 98 f.). Gleichwohl wurde das Importverbot von den USA aufgehoben, nachdem beide Länder eine vorläufige Einigung über den wechselseitigen Zugang ihrer Fischereiflotten zu den jeweils von der anderen Nation beanspruchten Fanggründen erzielt hatten. Mögliche Maßnahmen zum Schutz der Thunfischbestände standen bei diesen bilateralen Gesprächen allerdings nachweislich überhaupt nicht zur Debatte (vgl. *ebenda*, S. 101).

Das Panel sah das von den USA verhängte Importverbot zunächst vor allem deswegen als Verstoß gegen das Verbot mengenmäßiger Handelsbeschränkungen an, weil es auch Thunfischarten einschloß, deren Fang amerikanischen Fischern ohne jede Einschränkung erlaubt war (vgl. *ebenda*, S. 107). Da die USA schließlich nicht überzeugend darlegen konnten, daß das Einfuhrverbot vorrangig dazu dienen sollte, gleichgerichtete inländische Beschränkungen der Herstellung oder des Verbrauchs von Thunfischprodukten nach außen hin abzusichern, sei diese Maßnahme, so das Panel, auch nicht durch die allgemeine Ausnahmeregelung gemäß Art. XX(g) gedeckt (vgl. *ebenda*, S. 109).

---

[64] Gemäß Art. XI(2)(c)(i) des GATT gilt das generelle Verbot mengenmäßiger Handelsbeschränkungen nicht für die Einfuhr landwirtschaftlicher Erzeugnisse und von Fischereiprodukten, sofern dadurch gleichsam flankierend auch die Produktion oder der Verkauf eines gleichartigen inländischen Ersatzerzeugnisses vermindert werden soll.

3.2.1.2. Importsteuer der USA auf Erdöl und chemische Produkte

Mit dem *Superfund Amendment and Reauthorization Act* von 1986 führten die USA ein umfassendes Maßnahmenpaket für die Sanierung von Lagerstätten für gefährliche Abfallstoffe und die Bekämpfung von Gesundheitsschäden ein, die durch die Herstellung und Verwendung derartiger Substanzen hervorgerufen wurden (vgl. dazu *GATT* 1988, S. 136 ff.). Finanziert werden sollten diese Programme vorrangig durch eine Verbrauchssteuer auf Erdöl sowie auf eine Reihe chemischer und petrochemischer Substanzen inländischer wie ausländischer Herkunft. Der Steuersatz auf importiertes Öl lag dabei um 3,5 Cents je Barrel über dem Betrag, der für eine entsprechende Menge amerikanischen Öls erhoben wurde. Die mit Wirkung vom 1. Januar 1989 vorgesehene Besteuerung importierter chemischer und petrochemischer Produkte entspräche demgegenüber, so die USA, in etwa derjenigen für vergleichbare Produkte amerikanischer Provenienz. Kanada, die EG und Mexiko erachteten beide Maßnahmen der USA allerdings als Verstoß gegen das in Art. III(2) des GATT verankerte Gebot der Gleichstellung ausländischer und inländischer Waren.

Das mit der Streitschlichtung betraute Panel folgte dieser Argumentation und sah den Sachverhalt der unzulässigen Diskriminierung ausländischer Anbieter zumindest für importiertes Erdöl als erwiesen an (vgl. *ebenda*, S. 159). Im Gegensatz dazu stufte das Panel jedoch die auf eingeführte chemische und petrochemische Produkte erhobene Verbrauchssteuer der USA als vergleichbar mit der Belastung gleichartiger Produkte amerikanischer Fertigung ein. Der von den USA vorgenommene Grenzausgleich nach dem Bestimmungslandprinzip war demnach GATT-konform und somit rechtens (vgl. *ebenda*, S. 164). Wie das Panel weiter ausführte, bestehe für ein Mitgliedsland allerdings keinerlei Verpflichtung, einen solchen Grenzausgleich überhaupt oder in vollem Umfang vorzunehmen. Im Umkehrschluß bedeutet diese Feststellung freilich auch, daß ein solcher Grenzausgleich für indirekte Umweltsteuern im Rahmen der Bestimmungen der Welthandelsordnung selbst dann zulässig ist, wenn der Verbrauch der besteuerten Ware im Importland keine oder keine nennenswerten Umweltschäden verursachen sollte (vgl. *ebenda*, S. 161). Die daraus resultierenden Wettbewerbsnachteile für ausländische Anbieter und der Verstoß gegen das Verursacherprinzip wären also durchaus GATT-konform.

3.2.1.3. Exportbeschränkungen Kanadas für unverarbeiteten Fisch

Im Jahre 1978 verbot Kanada die Ausfuhr einiger Lachsarten sowie von Heringen und Heringsrogen in nicht eingedoster, getrockneter, eingefrorener oder in ähnlicher Art und Weise weiterverarbeiteter Form (vgl. dazu *GATT* 1989, S. 98 ff.). Begründet wurde diese Beschränkung des Handels mit Art. XI(2)(b) des GATT, demzufolge ein Exportverbot von einem Mitgliedsstaat verhängt werden darf, wenn es "zur Anwendung von Normen oder Vorschriften über die Sortierung, die Einteilung nach Güteklassen und den Absatz von Waren im internationalen Handel" dient. Nach Ansicht Kanadas wäre es seiner fischverarbeitenden Industrie ohne diese Maßnahme unmöglich gewesen, bestimmte Fischprodukte auf dem Weltmarkt dauerhaft in qualitativ hochwertiger Form anzubieten (vgl. *ebenda*, S. 104). Abgesehen von diesem rein wirtschaftlichen Aspekt ziele das Exportverbot allerdings vorrangig auf die "Erhaltung erschöpflicher Naturschätze" im Sinne von Art. XX(g) ab und sei erforderlich, um die Bestände der genannten Fischarten sowie etwaige Bestandsveränderungen statistisch möglichst genau erfassen zu können. Die USA beurteilten das Exportverbot demgegenüber als unzulässige mengenmäßige Beschränkung nach Art. XI(1).

Das Panel folgte dieser Argumentation. Art. XI(2)(b) sei in diesem Fall schon deswegen nicht anwendbar, weil die kanadische Interpretation des in dieser Bestimmung enthaltenen Begriffs "Normen oder Vorschriften über ... den Absatz von Waren im internationalen Handel" zwangsläufig die Freistellung jedweder Import- oder Exportbeschränkung von den GATT-Regeln nach sich ziehen müsse, falls es zulässig wäre, derartige Maßnahmen gezielt zur Verbesserung der Absatzchancen heimischer Anbieter auf Auslandsmärkten einsetzen zu dürfen (vgl. *ebenda*, S. 112 f.).

Auch auf die Ausnahmeregelung nach Art. XX(g) konnte sich Kanada nach Ansicht des Panels nicht berufen. So bestünde der Zweck dieser Bestimmung eben nicht darin, den Spielraum eines Landes für den Einsatz handelspolitischer Instrumente auszudehnen. Im Gegenteil solle lediglich sichergestellt werden, daß die im Zuge der GATT-Mitgliedschaft eingegangene Verhaltensbindung nationale Anstrengungen zur Erhaltung erschöpflicher Naturschätze nicht völlig verhindert. Beschränkungen des Handels seien demzufolge grundsätzlich nur dann von der Ausnahmeregelung gemäß Art. XX(g) abgedeckt, wenn diese "in erster Linie" auf die Bewahrung der fraglichen Ressource abzielen. Dies setze voraus, daß zugleich die inländische Produktion oder der inländische Konsum eben dieser Ressource vermindert werde und die Beschränkung des Handels lediglich zur Absicherung dieser internen Maßnahmen nach außen hin erforderlich sei (vgl. *ebenda*, S. 114). Erst wenn ein Land bereit ist, sich um eines spezifischen nationalen Umweltschutzzieles willen wirtschaftlich selbst zu schädigen, darf es seinen ausländischen Handelspartnern also ähnliche Nachteile zumuten. Da Kanada zudem auch für eine Vielzahl anderer Fischarten Bestandsstatistiken erhob, ohne für jene Spezies Exportverbote zu verhängen, und inländische Nachfrager die unter das Ausfuhrverbot fallenden Fischarten weiterhin uneingeschränkt erwerben konnten, verneinte das Panel hier auch die Anwendbarkeit von Art. XX(g) (vgl. *ebenda*, S. 115).[65]

3.2.1.4. Einfuhr- und Verkaufsbeschränkungen für ausländische Zigaretten in Thailand

Obwohl kein Umweltproblem im engeren Sinne des Begriffs Gegenstand dieses Verfahrens war, sondern die GATT-Konformität bestimmter Maßnahmen überprüft wurde, die von der thailändischen Regierung zur Bekämpfung der gesundheitsschädlichen Nebenwirkungen des Rauchens ergriffen worden waren, ist eine Diskussion auch

---

65   Obwohl Kanada sich dem Panel-Entscheid beugte, fand dieser Handelskonflikt eine Fortsetzung in einem Streitschlichtungsverfahren nach den Regeln des Kanadisch-amerikanischen Freihandelsabkommens (CUSTA), da Kanada das Exportverbot durch eine Anlandepflicht für sämtliche in kanadischen Gewässern eingeholten Fänge ersetzte. Betroffen von dieser Maßnahme, ohne deren Beachtung unverarbeiteter Fisch nicht ausgeführt werden durfte, war eine noch größere Anzahl von Fischarten. Auch in diesem Folgeverfahren obsiegten die USA (vgl. dazu auch *Baker* 1993, S. 461 ff.).

dieses Falls für die hier interessierende Problematik unverzichtbar. So wurde in diesem Verfahren erstmals über die grundlegenden sachlichen und verfahrenstechnischen Voraussetzungen für die Anwendbarkeit der Ausnahmeregelung nach Art. XX(b) des GATT entschieden (vgl. dazu *GATT* 1991, S. 200 ff.). Wesentliche Aspekte des Panel-Entscheids von der rechtlich verbindlichen Interpretation zentraler Begriffe dieses Artikels bis zur Beurteilung der GATT-Konformität einzelner wirtschaftspolitischer Instrumente durch das Schiedsgremium bestimmen folglich unmittelbar auch den Spielraum nationaler Umweltpolitik.

Zum Sachverhalt: In Thailand bestand seit 1966 ein umfassendes Import- und Exportverbot für Tabak und Tabakprodukte. Unter bestimmten Bedingungen konnte allerdings eine Ausnahmegenehmigung in Form einer Lizenz erteilt werden. Sie wurde jedoch nur ein einziges Mal, nämlich an das staatliche thailändische Tabakmonopol, vergeben, das sein Ausschließlichkeitsrecht zur Einfuhr ausländischer Zigaretten insgesamt aber nur dreimal ausübte. Des weiteren wurden auf in- und ausländische Zigaretten mehrere Verbrauchssteuern erhoben. Die USA als Kläger argumentierten deshalb, daß das weitreichende Importverbot eine mengenmäßige Handelsbeschränkung gemäß Art. XI(1) darstelle, die sich nicht als notwendige gesundheitspolizeiliche Maßnahme nach Art. XX(b) rechtfertigen lasse. Überdies würden importierte Zigaretten in Thailand steuerlich diskriminiert, weswegen auch ein Verstoß gegen die Artt. III(1) und III(2) vorliege. Thailand begründete sein Vorgehen damit, daß die Importbeschränkungen für ausländische Tabakwaren GATT-konform seien, da es sich um landwirtschaftliche Erzeugnisse im Sinne des Artikels XI(2)(c) handele. Angesichts der vielfältigen internen Bemühungen der thailändischen Regierung zur Verminderung des Konsums und der Herstellung von Tabakwaren sei diese Maßnahme außerdem nach Art. XX(b) zulässig, da amerikanische Zigaretten wegen der darin enthaltenen chemischen Zusatzstoffe grundsätzlich noch gesundheitsschädlicher seien als die im Inland produzierten. Schließlich lasse sich auch keine Benachteiligung importierter Tabakwaren bei der Besteuerung feststellen (vgl. *ebenda*, S. 202 f.).

Das GATT-Schiedsgericht sah die Importbeschränkung zunächst als Verstoß gegen Art. XI(1) an. Die Ausnahme nach Art. XI(2)(c) für landwirtschaftliche Erzeugnisse könne zudem lediglich für unverarbeiteten Tabak, jedoch nicht für das höherwertige Produkt Zigaretten in Anspruch genommen werden (vgl. *ebenda*, S. 222).[66] Das Panel versagte der Einfuhrbeschränkung darüber hinaus auch die Rechtfertigung nach Art. XX(b). Sie sei nicht "notwendig", um die angestrebte gesundheitspolitische Zielsetzung zu erreichen, da Thailand auch GATT-konforme - oder zumindest konformere - Maßnahmen zur Verfügung gestanden hätten. Als Beispiele nannte das Panel ein allgemeines Werbeverbot für Tabakwaren, eine gesetzliche Pflicht für die Hersteller zur Offenlegung der Inhaltsstoffe, ein Beimischungsverbot für gesundheitsschädliche Additive in Tabakwaren oder ein Rauchverbot an öffentlichen Plätzen (vgl. *ebenda*, S. 225). Das Angebot ließe sich, so das Panel, zudem durch spürbar höhere Endverbraucherpreise oder eine Verringerung der Zahl der Verkaufsstellen verknappen - Maßnahmen also, die sich gerade wegen des bestehenden und zulässigen staatli-

---

66   Eine ergänzende Bestimmung zu Art. XI(2)(c) definiert landwirtschaftliche Produkte ausdrücklich als "frische Erzeugnisse" im Sinne einer raschen Verderblichkeit.

chen Tabakmonopols mühelos hätten durchsetzen lassen (vgl. *ebenda*, S. 224 f.). Die Befürchtung Thailands, der sich bei Zulassung von Importen verschärfende Wettbewerb auf dem Zigarettenmarkt sei den gesundheitspolitischen Zielsetzungen des Landes abträglich, da er über sinkende Preise und verbesserte Absatzwege gleichsam automatisch nachfragesteigernd wirke, teilte das Panel also nicht (vgl. *ebenda*, S. 208 und S. 225). Keine Einwände erhob das Schiedsgericht allerdings gegen die seiner Auffassung nach nicht-diskriminierende Belastung ausländischer Zigaretten mit Verbrauchssteuern (vgl. *ebenda*, S. 227).

3.2.1.5. Importverbot der USA für Thunfisch

3.2.1.5.1. Erstes Streitschlichtungsverfahren 1991

Der 1972 in Kraft getretene *Marine Mammal Protection Act* (*MMPA*) stellt eines der wichtigsten Tierschutzgesetze der USA dar (vgl. zu diesem Fall *GATT* 1993, S. 155 ff.). Es verbietet die Entnahme von Meeressäugern aus ihrem Lebensraum und deren Einfuhr in die USA. Der Begriff der Entnahme ist außerordentlich weit gefaßt und erstreckt sich dabei auf jede Störung der Tiere in ihrem Lebensraum sowie deren Bejagung, Gefangennahme oder Tötung; untersagt ist auch der Versuch derartiger Handlungen. Ziel dieser Bestimmungen ist es, der Gefährdung der Meeressäugerbestände durch die Hochseefischerei entgegenzuwirken. Neben diesen allgemeinen Vorgaben enthält das Gesetz eine Vielzahl von Spezialvorschriften, dessen wichtigste sich ausschließlich auf den Fang einer bestimmten Thunfischart, dem Gelbflossenthunfisch, innerhalb einer genau abgegrenzten Fangregion im Pazifischen Ozean beziehen, die als ETP bezeichnet wird.[67] Das Gesetz erlaubt es den in diesem Gebiet tätigen amerikanischen Fischern, im Jahr bis zu 20.500 Delphine[68] beim Thunfischfang ungestraft zu verletzen oder zu töten. Diese Ausnahmeregelung soll der Tatsache Rechnung tragen, daß sich in dieser Fangregion - weltweit einmalig - Delphinschulen regelmäßig oberhalb der bejagten Thunfischschwärme aufhalten. Einzelne Delphine fallen dem Thunfischfang gleichsam zwangsläufig in mehr oder weniger großer Zahl zum Opfer. Sollten die amerikanischen Fischer die ihnen gesetzte jährliche Obergrenze frühzeitig überschreiten, droht ihnen die Beschlagnahme der danach eingebrachten Fänge. Weitergehende Strafmaßnahmen sind nicht vorgesehen.

Für ausländische Thunfischfangflotten, die sich innerhalb der ETP betätigen und ihre Fänge in den USA absetzen möchten, gelten abweichende Regelungen. So ist die Einfuhr von Fischen und Fischprodukten in die USA grundsätzlich untersagt, sofern Fangtechniken Anwendung fanden, durch die mehr Meeressäuger verletzt oder getötet wurden als nach amerikanischen Normen erlaubt ist. Des weiteren sieht der *MMPA* ein Importverbot für Gelbflossenthunfisch und daraus hergestellte Thunfischprodukte

---

67 ETP steht für Eastern Tropical Pacific. Diese Zone umfaßt das Gebiet zwischen dem vierzigsten Breitengrad Nord, dem vierzigsten Breitengrad Süd, dem einhundertundsechzigsten Längengrad West sowie der gesamten Küstenlinie des amerikanischen Kontinents, soweit sie sich innerhalb der besagten Grenzlinien befindet.

68 Für zwei Delphinarten gelten innerhalb dieses allgemeinen Limits gesonderte Höchstwerte.

vor, wenn die Fänge mittels eines bestimmten Netztyps - der Ringwade - eingebracht wurden.[69] Davon wäre, im Gegensatz zu den Strafmaßnahmen, die gegen amerikanische Fischer bei Verstößen gegen den *MMPA* verhängt werden können, stets der gesamte Fang beziehungsweise die gesamte Herstellung von Thunfischprodukten betroffen. Von diesem Einfuhrverbot kann allerdings abgesehen werden, wenn das fragliche Land vergleichbare Schutzmaßnahmen für Meeressäugetiere getroffen hat oder die durchschnittliche Zahl von Meeressäugern, die von seiner Fischereiflotte verletzt oder getötet wurden, nur unwesentlich von den entsprechenden amerikanischen Höchstwerten abweicht. Ausländische Schutzmaßnahmen gelten laut *MMPA* immer dann als gleichwertig, wenn sie dieselben Verbotstatbestände enthalten und wenn die bei jedem Einsatz einer Ringwade im Durchschnitt getötete Anzahl von Delphinen den entsprechenden Durchschnittswert der - zumindest nach Auffassung des US-Gesetzgebers stets und ausschließlich mit 'Delphin-sicheren' Netztypen fischenden - amerikanischen Fangflotte um nicht mehr als das 1,25-fache übertrifft. Der Nachweis, daß diese Bedingungen eingehalten wurden, obliegt dem potentiellen Exportland. Um eine Umgehung eines einmal verhängten Importverbots durch Dreieckshandel und Umwegimporte über Drittstaaten zu verhindern, zwingt der *MMPA* außerdem auch alle anderen Länder, die ebenfalls Gelbflossenthunfisch(produkte) in die USA ausführen, dazu, innerhalb einer Frist von sechzig Tagen ihrerseits ein Einfuhrverbot gegen das von den USA mit einem Importverbot belegte Land zu verhängen. Sollte dies verweigert werden, würde auch gegen diese Drittstaaten ein Importverbot verhängt (sogenanntes Sekundärembargo). In Ergänzung zum *MMPA* streben die USA speziell den Schutz von Delphinen auch durch besondere Labelling-Vorschriften an, die im *Dolphin Protection Consumer Information Act* (*DPCIA*) niedergelegt sind. Die Kennzeichnung von Thunfischprodukten beim Verkauf als 'Delphin-sicher gefangen' ist in den USA demzufolge grundsätzlich nur unter der Bedingung statthaft, daß beim Fang keine Treibnetze eingesetzt wurden. Auch dieses Gesetz beinhaltet jedoch eine Sonderregelung für Fänge aus der ETP, für die dieses Prädikat immer dann verwendet werden darf, wenn die vom *MMPA* vorgegebenen Grenzwerte beim Einsatz von Ringwaden eingehalten wurden.[70]

Im Jahre 1990 erzwang nun die Umweltschutzorganisation *Earth Island Institute* auf dem Klageweg ein Einfuhrverbot für Gelbflossenthunfisch und daraus hergestellte Fischprodukte gegen die Länder Ekuador, Mexiko, Panama, Vanatu und Venezuela. Das Gericht folgte damit der Auffassung der Umweltschützer, daß diese Nationen den Vorgaben des *MMPA* zuwidergehandelt hatten. 1991 drohte die zuständige US-Behörde, wiederum nach einem Gerichtsentscheid, auch den Drittstaaten Costa Rica, Frankreich, Italien, Japan und Panama als möglichen 'Blockadebrechern' ein Importverbot für Gelbflossenthunfisch(produkte) an, falls deren **Nichtherkunft** aus den fünf ursprünglich vom Importverbot betroffenen Staaten nicht eindeutig bewiesen würde.

---

69 Mit derartigen Netzen werden die bejagten Fischschwärme eingekreist. Im Gegensatz dazu können Delphine wegen ihres Sonarorientierungssystems normalen Schleppnetzen relativ einfach entgehen. Gleichwohl ist auch beim Einsatz von Ringwaden durch bestimmte Techniken des Netzeinsatzes ein gewisser Schutz der Delphine möglich (vgl. *Boreman* 1992, S. 426).

70 Wie offensichtlich ist, setzt dies voraus, daß zuvor noch kein Importverbot wegen eines Verstoßes gegen den *MMPA* verhängt wurde.

Nach dem Scheitern bilateraler Gespräche mit den USA beantragte Mexiko die Einsetzung eines Streitschlichtungs-Panels, da die von den USA auf Grundlage des *MMPA* verhängten oder angedrohten Handelsbeschränkungen als unzulässig im Sinne der Artt. III, XI und XIII des GATT anzusehen seien. Insbesondere seien amerikanischer und mexikanischer Thunfisch trotz unterschiedlicher Fangtechniken als "gleichartige" Waren einzustufen. Ausländische Anbieter würden zudem dadurch benachteiligt, daß die für sie laut *MMPA* verbindliche maximal zulässige durchschnittliche Delphintötungsrate je Netzwurf von den Behörden der USA jeweils erst nach dem Ablauf einer Fangsaison festgesetzt werden könne, und zwar auf der Grundlage des von den amerikanischen Fischern in eben diesem Zeitraum tatsächlich erreichten Durchschnittswerts. Diskriminierend wirke in diesem Zusammenhang auch der nach Ansicht Mexikos willkürlich den Bedürfnissen der US-Fangflotte und nicht der angeblichen Zielsetzung 'Schutz von Delphinen' angepaßte absolute Höchstwert von 20.500 Delphinen im Jahr, die von amerikanischen Fischern innerhalb der ETP jährlich völlig legal getötet werden dürfen (vgl. *ebenda*, S. 166). Eine spürbare Schlechterstellung ausländischer Anbieter sei schließlich noch bei der Ahndung von Verstößen gegen den *MMPA* zu konstatieren. So stünde es den US-Behörden frei, bei amerikanischen Fischern von einer Bestrafung abzusehen, während sie bei ausländischen Fischern grundsätzlich und ausnahmslos zu einer solchen Sanktion gesetzlich verpflichtet seien (vgl. *ebenda*, S. 168). Die im *DPCIA* festgelegten ETP-spezifischen Voraussetzungen für die Kennzeichnung von dort eingebrachten Thunfischprodukten als 'Delphin-sicher gefangen' stellten nach Einschätzung Mexikos schließlich einen Verstoß gegen die Artt. I und IX dar (vgl. *ebenda*, S. 161).

Die USA bezeichneten demgegenüber ihre Importbeschränkungen als rein interne Maßnahmen gemäß Art. III(4). Sie seien im übrigen auch als GATT-konform im Sinne der Artt. XX(b) und XX(g) anzusehen. Das Importverbot gegenüber Drittstaaten sei außerdem durch Art. XX(d) gedeckt.[71] Die *DPCIA*-Vorschriften wirkten zudem nicht diskriminierend, da sie unterschiedslos für Anbieter aller Nationen - einschließlich der USA selbst - Anwendung fänden, die ihren in der ETP gefangenen Thunfisch in den USA absetzen wollten. Außerdem bestehe keine gesetzliche Verpflichtung, die Kennzeichnung als 'Delphin-sicher gefangen' vorzunehmen, selbst wenn alle Voraussetzungen dafür erfüllt seien (vgl. *ebenda*, S. 161 f. und S. 192).

Mit Ausnahme der Labelling-Vorschriften des *DPCIA*, die unbeanstandet blieben,[72] entschied das Panel in allen strittigen Punkten gegen die USA und folgte dabei auch weitgehend der Argumentation Mexikos. Es wies zunächst darauf hin, daß eine Ungleichbehandlung inländischer und ausländischer Waren - hier also von Thunfischen und Thunfischprodukten - auf der Grundlage unterschiedlicher Herstellungs-

---

71 Gemäß Art. XX(d) sind "Maßnahmen [erlaubt], die zur Anwendung von Gesetzen oder sonstigen Vorschriften erforderlich sind, welche nicht gegen dieses Abkommen verstoßen".

72 Angesichts der laut *MMPA* gesetzlich zulässigen Tötung von maximal 20.500 Delphinen im Jahr durch amerikanische Fischer erscheint dem Verfasser die Erlaubnis, Thunfischprodukte als 'Delphin-sicher gefangen' vermarkten zu dürfen, allerdings eher als staatlich geförderte, gezielte Irreführung der Verbraucher. Schließlich suggeriert diese Bezeichnung doch wohl, daß beim Thunfischfang kein einziger Delphin Schaden nahm.

methoden mit der üblichen Definition des zentralen GATT-Begriffs "gleichartige Waren" nicht vereinbar sei.[73] Er beziehe sich lediglich auf Produkteigenschaften, die objektiv meßbar seien. Das Importverbot verstoße demzufolge ebenfalls gegen Art. XI. Es könne gleichwohl auch nicht mit den Ausnahmevorschriften der Artt. XX(b) und XX(g) gerechtfertigt werden. Zwar lasse der Wortlaut dieser Bestimmungen offen, ob die Anwendung handelspolitischer Maßnahmen auch zum Schutz einer Spezies außerhalb des Hoheitsgebietes eines Landes oder nur innerhalb seiner Grenzen zulässig sei (vgl. *ebenda*, S. 198). Da die von den USA befürwortete breite Auslegung allerdings den multilateralen Charakter der GATT-Handelsordnung nachhaltig gefährden würde, weil sonst jedes Land die Öffnung seiner Märkte für ausländische Waren an die Bedingung knüpfen könnte, daß auch die Hersteller von Importgütern sämtliche interne Regulierungen und Vorschriften einhalten müssen, wurde sie vom Panel - ökonomisch durchaus zu Recht - zurückgewiesen (vgl. *ebenda*, S. 199). Das zu schützende Objekt muß sich also grundsätzlich innerhalb des Hoheitsgebiets eines Landes befinden. Überdies hätten die USA ohnehin vor der Verhängung des Einfuhrstopps nicht alle GATT-konform(er)en Möglichkeiten zum Schutz der Meeressäuger, etwa durch eine Zusammenarbeit auf internationaler Ebene, ausgeschöpft.[74] Da das umstrittene Importverbot der USA schließlich auf einem für ausländische Anbieter im voraus unkalkulierbaren Maßstab - nämlich der durchschnittlichen Delphintötungsrate der amerikanischen Thunfischfangflotte in der abgelaufenen Fangsaison - beruhte, diese also zum Zeitpunkt ihrer eigenen Fangtätigkeit noch gar nicht abschätzen konnten, ob sie amerikanisches Recht zu verletzen drohten, wurde es von Panel weder als "notwendige" Beschränkung des Handels im Sinne von Art. XX(b) noch als Maßnahme, die im Sinne von Art. XX(g) "in erster Linie" auf die Erhaltung der Spezies Delphin ausgerichtet sei, eingestuft (vgl. *ebenda*, S. 199 ff.).[75]

In einer abschließenden Stellungnahme wies das Panel allerdings darauf hin, daß seine Entscheidung keineswegs als Urteil über die Notwendigkeit und sachliche Angemessenheit der mexikanischen und amerikanischen Maßnahmen zum Schutz von Meeressäugetieren zu verstehen sei, sondern lediglich eine Überprüfung eines konkreten Sachverhalts "in the light of the relevant GATT provisions" darstelle (*ebenda*, S. 204.). Es stellte weiterhin klar, daß das Problem einer Nichtvereinbarkeit des Einsatzes handelspolitischer Instrumente zu bestimmten Zwecken des Umweltschutzes mit

---

73 Die *MMPA*-Vorschriften über zulässige Fangmethoden, so das Panel wörtlich, " could not be regarded as being applied to tuna products as such because they would not directly regulate the sale of tuna and could not possibly affect tuna as a product" (*GATT* 1993, S. 195).

74 Im übrigen gelten die in der ETP getöteten Delphinarten keineswegs als vom Aussterben bedroht, weswegen zum Zeitpunkt des Streitschlichtungsverfahren auch keine völkerrechtlich verbindlichen Abkommen zu ihrem Schutz bestanden. Das Importverbot der USA zum Schutz der Delphinpopulationen in der ETP läßt sich folglich auch nicht mit übergeordneten Verpflichtungen des Völkerrechts rechtfertigen, gegen die die Anwendbarkeit der GATT-Vorschriften überhaupt hätten abgewogen werden können oder müssen (vgl. McDorman 1992, S. 463 f.).

75 Das Panel wies auch darauf hin, daß das flankierende Importverbot gegenüber Drittstaaten, mit dem eine Umgehung des ursprünglichen Einfuhrstopps verhindert werden sollte, daher zwangsläufig nicht als GATT-konform nach Art. XX(d) eingestuft werden könne.

den GATT-Regeln von den höchsten GATT-Organen vorzugsweise durch eine entsprechende Ergänzung des GATT-Regelwerks oder die Freistellung eines Landes von bestimmten Vertragspflichten durch Erteilung eines "Waiver" gelöst werden sollte.

3.2.1.5.2. Zweites Streitschlichtungsverfahren 1994

In den USA schlug die Entscheidung des Panels hohe Wellen und wurde nicht nur von Umweltschutzorganisationen überwiegend negativ kommentiert. Scharf kritisiert wurde insbesondere die Weigerung des Panels, einer Nation das Recht zuzugestehen, durch gezielte, einseitig verhängte Beschränkungen des Handels inländischen Umweltschutznormen auch außerhalb seines Territoriums Geltung verschaffen zu dürfen (vgl. etwa *Beyers* 1992, S. 229 ff.; *McDonald* 1993, S. 397 ff.).[76] An dieser ablehnenden Haltung änderte auch die nachträgliche Bekanntgabe der Anzahl der beim Fang von Thunfischen innerhalb der ETP tatsächlich getöteten Delphine wenig. Dieser Meldung zufolge erlegte die US-Flotte im Jahre 1988 bei einer Gesamtfangmenge von 70.000 Tonnen Thunfisch insgesamt 19.000 dieser Tiere. Die mexikanische Fangflotte brachte, allerdings bezogen auf das Jahr 1990, insgesamt 120.000 Tonnen Thunfisch ein, tötete in diesem Zeitraum jedoch lediglich 16.000 Delphine (vgl. *Kwong* 1994, S. 62). Sollten diese Zahlen die realen Verhältnisse trotz aller Erfassungsprobleme hinreichend genau widerspiegeln, hätte die mexikanische Fangflotte ungeachtet des Einsatzes für Delphine nach Ansicht der USA wesentlich gefährlicherer Fangnetze sowohl absolut als auch relativ ein besseres Ergebnis erzielt als ihre amerikanischen Konkurrenten.

Aus Gründen der politischen Opportunität - die NAFTA-Verhandlungen standen kurz vor dem Abschluß - verzichtete Mexiko im September 1991 allerdings darauf, dem GATT-Rat den Panel-Entscheid zur Annahme vorzulegen, um die Ratifizierung des NAFTA-Abkommens im amerikanischen Kongreß und Senat nicht unnötig zu verzögern oder gar zu gefährden (vgl. *Mayer* und *Hoch* 1993, S. 218 f.). Da allerdings mit Frankreich und Italien zwei ihrer Mitgliedsstaaten als von den USA identifizierten möglichen 'Blockadebrechern' ebenfalls von einem Einfuhrverbot der USA bedroht waren, setzten die EU und die Niederlande - letztere stellvertretend für die Niederländischen Antillen - die Einrichtung eines zweiten Streitschlichtungspanels in dieser Angelegenheit durch (vgl. dazu *o.V.* 1994c, S. 6).

Auch in diesem Fall wurde gegen die USA entschieden. Inwieweit die Mitglieder des zweiten Panels bei ihrer Entscheidung der Argumentationslinie ihrer Vorgänger im einzelnen folgten, läßt sich zum gegenwärtigen Zeitpunkt allerdings nicht mit letzter Sicherheit beantworten. Da das GATT nämlich traditionell nur die vom GATT-Rat tatsächlich angenommenen Panel-Entscheide veröffentlicht, sind die Verfahrensunterlagen der Allgemeinheit noch nicht zugänglich - eine Regel, von der im ersten Thunfischfall nur abgewichen wurde, um die Diskussion in den USA zu

---

[76] Einige besonnenere Kommentatoren wiesen in Anspielung auf eine ausgesprochen populäre Fernsehserie in diesem Zusammenhang allerdings auf den Einfluß des "Flipper-Faktors" zur Erklärung des starken Interesses der amerikanischen Öffentlichkeit und Politiker am Schutz von Delphinen hin (vgl. etwa *Boreman* 1992, S. 425).

versachlichen, nachdem Auszüge des Bericht trotz Geheimhaltungspflicht in den amerikanischen Medien veröffentlicht worden waren. Da die von den klagenden Parteien beanstandeten Maßnahmen der USA jedoch auch im zweiten Thunfischfall als nicht GATT-konform eingestuft wurden, dürfte aber gleichwohl eine weitgehende Übereinstimmung bei den Argumenten, mit denen das Schiedsgericht seinen Entscheid begründete, sehr wahrscheinlich sein. Im übrigen strebt die EU die Annahme der Panel-Empfehlungen durch den GATT-Rat an. Sie wird dabei unter anderem von Mexiko unterstützt, das inzwischen überdies erwägt, diesem Gremium nunmehr auch die Annahme des im ersten Thunfischfall ergangenen Panel-Entscheides vorzuschlagen.

3.3. Nationale Umweltpolitik und WTO-Regelwerk

Trotz gewisser Verpflichtungen im Bereich der Handelspolitik wird die nationale Souveränität der Mitgliedsstaaten vom WTO-Regelwerk grundsätzlich und weitestgehend anerkannt. Gleiches galt im übrigen auch schon für dessen Vorgänger, das GATT (vgl. *Petersmann* 1991, S. 207 ff.). Wie die vorstehende Darstellung der hier relevanten Vorschriften und der Ergebnisse der einschlägigen Streitschlichtungsverfahren zeigt, gilt dies ohne nennenswerte Einschränkung auch für die Formulierung und insbesondere für die zur Umsetzung nationaler umweltpolitischer Präferenzen und Zielsetzungen letztlich ergriffenen Maßnahmen, sofern diese

- erstens, der Beseitigung von Umweltschäden oder der Lösung von Umweltproblemen dienen, die durch Aktivitäten innerhalb der Grenzen des eigenen Hoheitsgebietes verursacht wurden, und dabei

- zweitens, jedenfalls, sofern davon im konkreten Einzelfall auch "gleichartige Erzeugnisse" ausländischer Herkunft betroffen sein sollten, die grundlegenden Prinzipien der Nichtdiskriminierung in Gestalt der allgemeinen Meistbegünstigung sowie der Inländerbehandlung und der Transparenz beachtet werden.

Die WTO-Regeln befassen sich folglich nicht mit den Motiven, derentwegen eine Nation Umweltpolitik betreibt, noch fordern sie, daß Umweltpolitik überhaupt betrieben werden sollte. Sie legen vielmehr fest, wie die Umweltpolitik eines Landes auszugestalten ist, wenn dadurch im konkreten Einzelfall die Handelsrechte anderer Mitgliedsstaaten beeinträchtigt werden (könnten) (vgl. *Sorsa* 1992a, S. 6). Grundlegendes Ziel des Regelwerks ist es also ganz allgemein, die Wahrscheinlichkeit negativer Auswirkungen diesbezüglicher nationaler wirtschaftspolitischer Entscheidungen auf den internationalen Handel möglichst bereits im Vorfeld - eben durch die Beachtung der multilateralen WTO-Handelsregeln - zu minimieren. Die Wahlfreiheit eines Landes beim Einsatz des umweltpolitischen Instrumentariums bleibt demnach unangetastet, sofern dabei die genannten Bedingungen beachtet werden. Des weiteren eröffnen die allgemeinen und besonderen Ausnahmeregelungen, die das WTO-Regelwerk enthält, darüber hinaus jedem Mitgliedsstaat zumindest grundsätzlich die Möglichkeit, sich innerhalb gewisser Grenzen von seinen handelspolitischen Verpflichtungen befreien zu lassen, wenn dies nach Auffassung der zuständigen WTO-Organe erforderlich ist, um wichtige Ziele der nationalen Umweltpolitik erreichen zu können.

Auch in diesen Sonderfällen wäre freilich den Grundprinzipien der Nichtdiskriminierung und der Transparenz zu entsprechen. Die bislang außerordentlich strenge Handhabung der einschlägigen Ausnahmeregelungen, also insbesondere der Artt. XX(b) und XX(g) des GATT, ist in diesem Zusammenhang gleichwohl nicht als Geringschätzung oder gar als Mißachtung legitimer umweltpolitischer Anstrengungen eines Mitgliedslandes durch die GATT- beziehungsweise WTO-Organe zu interpretieren. Vielmehr ist diese Zurückhaltung ausdrücklich als Betonung ihres Charakters als absolute Ausnahmen von den Grundprinzipien der Handelsordnung in eng begrenzten Sonderfällen, die ohne diesen drastischen Schritt gar nicht bewältigt werden könnten, zu verstehen. Sie ist somit sowohl bei ökologischer wie bei ökonomischer Betrachtungsweise durchaus gerechtfertigt - dies zeigen insbesondere die bereits ergangenen Panel-Entscheidungen -, zumal das WTO-Regelwerk jedem Mitgliedsland schon auf der Grundlage der allgemeinen Bestimmungen einen beträchtlichen Spielraum in der Umweltpolitik zugesteht, wie im folgenden beispielhaft dargelegt werden soll.

So hat jedes Mitgliedsland der WTO zunächst grundsätzlich das Recht und die Freiheit, die Produktionsprozesse im Inland ansässiger Unternehmen in beliebiger Form zu regulieren, also etwa den Einsatz bestimmter umweltschädlicher Substanzen grundsätzlich zu verbieten, ihn mengenmäßig genau zu begrenzen beziehungsweise zu besteuern - aber auch dazu, auf derartige Eingriffe ganz und gar zu verzichten. Entsprechendes gilt selbstverständlich auch für Maßnahmen zur Verminderung oder Beseitigung von Schadstoffemissionen in die einzelnen Umweltmedien durch entsprechende Grenzwerte (vgl. *Reiterer* 1993, S. 297).

Alle genannten internen Maßnahmen sind - wie im übrigen sämtliche direkten Steuern oder die Ausstattung eines Landes mit Infrastruktur- oder Humankapital auch - im Sinne des WTO-Regelwerks gleichsam als natürliche Bestandteile der komparativen Kostenvor- oder -nachteile eines Landes anzusehen, da sie keinerlei Rechtsverbindlichkeit für Anbieter außerhalb des Hoheitsgebiets des fraglichen Staates besitzen, sofern diese keine eigenen Produktionsstätten vor Ort unterhalten. Aufgrund des rein nationalen Charakters dieser Art der Umweltpolitik scheidet die Anwendung der WTO-Regeln mithin aus (vgl. *Sorsa* 1992a, S. 9). Die einzige für den hier interessierenden Sachverhalt wichtige Ausnahme findet sich im Bereich der staatlichen Beihilfen. So sind nach dem einschlägigen Subventionsübereinkommen der Welthandelsordnung Finanzhilfen der öffentlichen Hand für die Umstellung umweltschädlicher Produktionsverfahren grundsätzlich zulässig. Übersteigt die Subvention allerdings ein Fünftel der Kosten der förderungsfähigen Maßnahme, gilt dies wie gesagt als Wettbewerbsverzerrung, die das Ausland im Rahmen der Bestimmungen des Übereinkommens mit Ausgleichszöllen beantworten darf.

Auch bei Maßnahmen zum Schutz der Umwelt, die am Verbrauch von Endprodukten und den dabei entstehenden ökologischen Folgelasten ansetzen, steht es jedem Mitgliedsstaat der WTO grundsätzlich frei, das gewünschte nationale Schutzniveau selbst zu bestimmen. Um aber eine versteckte Bevorzugung der heimischen Anbieter auf Kosten ihrer ausländischen Wettbewerber im direkten Konkurrenzkampf auf dem Inlandsmarkt zu verhindern, sind beim Einsatz des umweltpolitischen Instrumentariums in diesem Bereich nunmehr die WTO-Grundprinzipien der Gleichbehandlung und der Transparenz zwingend zu beachten. Zulässig sind (vgl. *Petersmann* 1991, S. 208; *Reiterer* 1993, S. 297), auf eben dieser Basis, insbesondere

- Verbrauchssteuern aller Art - dabei kann auch die Menge der in einer Ware enthaltenen umweltschädigenden oder gesundheitsgefährdenden Substanzen als Bemessungsgrundlage dienen -,

- ein generelles Werbeverbot für umweltgefährdende Produkte,

- die Vorgabe von Grenzwerten zur Begrenzung oder Verminderung des Ausstoßes bestimmter Schadstoffe (zum Beispiel bei Kraftfahrzeugen) oder ihrer Konzentration in Produkten (möglich ist auch der Grenzwert Null),

- die Einführung einer allgemeinen Katalysatorpflicht für Pkw,

- die steuerliche Begünstigung umweltfreundlicher Produkte,

- ein allgemeines Verkaufsverbot (im Gegensatz zu Beschränkungen, die einseitig auf die Importseite ausgerichtet, und die demzufolge mit den WTO-Regeln nicht vereinbar sind) sowie

- die Belastung "gleichartiger Erzeugnisse" ausländischer Herkunft mit inländischen Abgaben an der Grenze bei der Einfuhr, eine Vorgehensweise, die im übrigen auch gemäß Art. II(2)(a) des GATT ausdrücklich vom Grundsatz der Zollbindung ausgenommen ist.

Nicht unwesentlich erweitert wird der Anwendungsbereich inländischer Umweltschutzbestimmungen auf Importgüter auch durch einige Regelungen, die im Übereinkommen über technische Handelshemmnisse enthalten sind. Von Bedeutung ist insbesondere die dort verankerte Definition des zentralen Begriffs "gleichartige Erzeugnisse", derzufolge auch der Produktionsprozeß ein zulässiges Kriterium für die Abgrenzung von Waren untereinander darstellt, sofern von ihm die objektiven Eigenschaften eines Gutes beeinflußt werden. Sollte dies der Fall sein, besteht für das importierende Land die Möglichkeit, die Einhaltung der nationalen Prozeßstandards auch vom ausländischen Hersteller der Ware als Voraussetzung für deren Vermarktung im Inland zu verlangen.[77] Ein wichtiges praktisches Beispiel wären etwa Vorschriften, die bestimmte Substanzen als Inhaltsstoffe von Verpackungsmaterialien verbieten oder einen Mindestanteil für die Nutzung wiederverwerteter Stoffe in der Verpackung vorgeben (vgl. *Rege* 1994, S. 131 f.) - was allerdings implizieren würde, daß auch die Verpackung grundsätzlich als Bestandteil eines Erzeugnisses angesehen werden sollte. Auf der Hand liegt außerdem das sehr große protektionistische Mißbrauchspotential eines solchen Ansatzes.

Bei der Vergabe von Ökolabels sind ebenfalls die Vorschriften des Übereinkommens über technische Handelshemmnisse anzuwenden und einzuhalten, wenn es sich um die staatlich zwingend vorgeschriebene Kenntlichmachung der Inhaltsstoffe

---

[77] Vergleichbare Regeln enthält, wie weiter oben bereits erläutert wurde, auch das Übereinkommen über die Anwendung gesundheitspolizeilicher und pflanzenschutzrechtlicher Maßnahmen.

eines Produkts handelt. Sie gelten überdies auch für alle Ökolabels, mit denen staatliche oder vom Staat anerkannte unabhängige Stellen beabsichtigen, die besondere Umweltverträglichkeit bestimmter Güter im Vergleich zu Konkurrenzprodukten herauszustellen, um dem umweltbewußten Verbraucher auf diese Weise eine entsprechende Entscheidungshilfe beim Einkauf zu geben (vgl. *ebenda*, S. 136 ff.).

3.4. Grenzüberschreitende Umweltprobleme und WTO-Regelwerk

Die Einwirkungsmöglichkeiten jeder rein nationalen Umweltpolitik auf negative Externalitäten, die ihren Ursprung außerhalb des eigenen Hoheitsgebietes haben, dort allerdings gleichwohl Umweltschäden - beispielsweise in Gestalt von Schadstoffimmissionen wie 'Saurem Regen' - verursachen, sind infolge der bestehenden Souveränitätsrechte anderer Völker naturgemäß relativ eng begrenzt.[78] Ebenso wäre ein nationaler Alleingang zum Schutz der für den Umweltschutz relevanten Weltkollektivgüter, wie bereits erwähnt wurde, schon aufgrund des Free-rider-Problems und wegen des damit verbundenen hohen Ressourcenaufwands, der dann ausnahmslos von den im Inland ansässigen Wirtschaftssubjekten aufgebracht werden müßte, für die meisten Länder ökonomisch kaum verkraftbar, zumal er in ökologischer Hinsicht in den meisten Fällen ohnehin lediglich geringe Durchschlagskraft besäße (vgl. Abschnitt 2.3.1.4.1). Zudem verstärkt auch der internationale Austausch von Gütern und Dienstleistungen, wie ebenfalls bereits dargelegt wurde, unter Umständen bestehende, also (noch) nicht (vollständig) internalisierte negative Externalitäten.

Welchen Beitrag zur Lösung grenzüberschreitender oder globaler Umweltprobleme vermag das Regelwerk der Welthandelsordnung in seiner jetzigen Form konkret zu leisten? Hinter dieser Frage verbergen sich im einzelnen die folgenden Sachverhalte:

- Welche Möglichkeiten läßt das Regelwerk der WTO einem Mitgliedsland, die Internalisierung grenzüberschreitender negativer externer Effekte in deren Ursprungsland voranzutreiben, um so

    a. tatsächliche oder vermutete direkte Umweltschäden innerhalb seines eigenen Hoheitsgebietes zu verhindern oder zu vermindern oder

    b. einer tatsächlichen oder vermuteten Gefährdung oder Zerstörung von Weltkollektivgütern unilateral, das heißt nicht auf Grundlage eines einschlägigen völkerrechtlich anerkannten Umweltschutzabkommens, entgegenzuwirken.

- Inwieweit steht schließlich das Vertragswerk der Anwendung der Bestimmungen bestehender internationaler Umweltschutzabkommen, die im Grunde

---

[78] Zu unterscheiden sind in diesem Zusammenhang das Überlieger-Unterlieger-Problem, bei dem eine eindeutige Trennung von Verursacher und Geschädigtem der fraglichen grenzüberschreitenden Externalität möglich ist, sowie Fälle, in denen Nachbarstaaten zugleich Verursacher und Geschädigte einer bestimmten grenzüberschreitenden Externalität sind (vgl. dazu etwa *Mähler* 1990, S. 81).

genommen ihrerseits häufig selbst völlig eigenständige Handelsabkommen darstellen, entgegen?

3.4.1. Abwehr grenzüberschreitend wirkender Umweltbelastungen durch Importbeschränkungen des betroffenen Landes

Eine Gefährdung der Umwelt eines Landes sowie des Lebens und der Gesundheit seiner Bewohner durch Schadstoffe ausländischen Ursprungs ist nicht nur in denjenigen Fällen denkbar, in denen entsprechende Emissionen in die Umweltmedien Luft und Wasser aufgrund klimatischer, geographischer oder geologischer Gegebenheiten zu Immissionen auch außerhalb des Hoheitsgebietes des eigentlichen Verursacherstaates führen. Möglich ist überdies die Einfuhr gefährlicher Substanzen beim Handel mit Gift- und Sondermüll sowie als Inhaltsstoffe von Importwaren.

Zumindest das zuletzt genannte Problem ist freilich durch die konsequente Anwendung des bereits diskutierten WTO-konformen Instrumentariums nationaler Umweltpolitik (vgl. Abschnitt 3.3) bei Beachtung des Nichtdiskriminierungs- und Transparenzgebots ohne größere Schwierigkeiten lösbar.[79] Ergänzend steht dem betroffenen Staat, sollten diese Maßnahmen gegebenenfalls noch nicht ausreichen, auch offen, weitergehende Schritte auf der Grundlage der einschlägigen Sonderbestimmungen der eigens für derartige Situationen geschaffenen Ausnahmeklauseln des GATT (Art. XX(b)), des GATS (Art. XIV(b)) und des TRIPs (Art. 27(2)) zu unternehmen. Das Übereinkommen über die Anwendung gesundheitspolizeilicher und pflanzenschutzrechtlicher Maßnahmen legitimiert unter bestimmten Bedingungen schließlich noch den prophylaktischen Einsatz handelspolitischer Instrumente, so lange Unsicherheit über das tatsächliche Gefährdungspotential der davon erfaßten Importwaren besteht.

Unwahrscheinlich ist allerdings die Konformität einer einseitig verhängten mengenmäßigen Einfuhrbeschränkung oder sogar eines völligen Importstopps mit den WTO-Regeln, wenn es sich um Produkte handelt, die beispielsweise infolge der Verwendung bestimmter Pflanzenschutz- oder Düngemittel Rückstände verbotener Giftstoffe enthalten oder eine zu hohe Giftstoffkonzentration aufweisen, sofern im Inland nicht, obwohl eigentlich naheliegend, ein allgemeines Herstellungsverbot für die dafür verantwortlichen Pestizide verhängt wurde, sondern dort lediglich deren Verkauf und Anwendung untersagt wurden, diese Substanzen jedoch weiterhin legal exportiert werden dürfen. Ebensowenig dürfte auch der Einsatz des handelspolitischen Instrumentariums als Immissionsschutzmaßnahme selbst bei strikter Beachtung der Voraussetzungen des Art. XX(b) des GATT auch dann nicht als letzter Ausweg zulässig sein, wenn das Verursacherland einer grenzüberschreitenden negativen Externalität eine Verhandlungslösung - etwa über Möglichkeiten eines Technologietransfers oder der Bereitstellung finanzieller Mittel für die Umrüstung der für die Emissionen ver-

---

[79] Die Abwicklung des internationalen Handels mit Giftmüll und bestimmten gefährlichen Substanzen ist allerdings auch Gegenstand spezieller internationaler Abkommen wie des bereits kurz erwähnten Basler Übereinkommens von 1989 und der Konvention von Bamako aus den Jahre 1991 (vgl. dazu genauer Abschnitt 3.4.3.4).

antwortlichen Produktionsstätten - abgelehnt oder deren Scheitern bewußt provoziert hat (was nachträglich zu beurteilen freilich einem neutralen Streitschlichtungspanel obliegen müßte).[80]

3.4.2. Unilaterale Handelsbeschränkungen zum Schutz von Weltkollektivgütern ohne völkerrechtliche Grundlage

Unabhängig von ihrer oft geringen ökonomischen und ökologischen Rationalität sind Handelsschranken, die von einem Land einseitig und ohne völkerrechtliche Grundlage zum Schutz und Erhalt von Weltkollektivgütern eingeführt wurden, durchaus vereinbar mit dem WTO-Regelwerk, sofern die üblichen und bereits mehrfach genannten Prinzipien der Welthandelsordnung Anwendung finden. Entscheidende Voraussetzung für die WTO-Konformität derartiger Maßnahmen ist folglich eine entsprechende Beschränkung der Produktion oder des Konsums gleichartiger, also aktuell oder potentiell konkurrierender Waren inländischer Herkunft, sei es durch eine Besteuerung des Verbrauchs oder sogar durch ein absolutes Produktions- oder Verkaufsverbot im In- und Ausland.

3.4.3. Internationale Umweltschutzabkommen und WTO-Regelwerk

Das Übereinkommen über den internationalen Handel mit gefährdeten Arten freilebender Tiere und Pflanzen vom 3. März 1973, im folgenden kurz CITES genannt, das Montrealer Protokoll vom 16. September 1987 über Stoffe, die zu einem Abbau der Ozonschicht führen als Ergänzung und zur Konkretisierung des Wiener Übereinkommens zum Schutz der Ozonschicht vom 22. März 1985 sowie das Basler Übereinkommen über die Kontrolle der grenzüberschreitenden Verbringung gefährlicher Abfallstoffe und ihrer Entsorgung stellen, wie bereits weiter oben erwähnt wurde, die in der politischen Praxis bislang wohl wichtigsten Bemühungen dar, die Lösung drängender internationaler Umweltprobleme mit den Mitteln des Völkerrechts voranzutreiben. Den Unterzeichnerstaaten dieser Abkommen ist es ausdrücklich erlaubt, sich auch handelspolitischer Instrumente zu bedienen, wenn dies erforderlich ist, um die jeweiligen Vertragsziele zu erreichen. Die CITES stellt sogar ein reines Handelsabkommen für Tier- und Pflanzenarten dar, die einem internationalem Konsens folgend als bedroht eingestuft werden.[81] Entsprechend ist das Verhältnis dieser Abkommen - sowie einer durchaus nicht unbedeutenden Anzahl weiterer, allerdings

---

[80] Dies gilt nicht nur für Maßnahmen gegen die Ware, bei deren Produktion die fragliche Externalität entsteht. Nicht erlaubt wäre naturgemäß auch die Einführung von Importbeschränkungen für die Produkte, deren Herstellung die grenzüberschreitenden Emissionen verursachte, geschweige denn unilaterale Sanktionen gegen unverbundene, also gegen ganz andere Waren.

[81] Zu diesem Zweck werden in regelmäßigen Abständen Konferenzen der Vertragsstaaten abgehalten, auf denen der aktuelle Bedrohungsgrad der im CITES erfaßten Tier- und Pflanzenarten überprüft und über die Aufnahme weiterer Spezies in das Abkommen entschieden wird.

meist regionaler Übereinkommen im Bereich des grenzüberschreitenden Umweltschutzes, die ebenfalls Handelsbestimmungen enthalten[82] - zum WTO-Regelwerk höchst umstritten. So steht nach Ansicht einiger Kommentatoren das Regelwerk der Welthandelsordnung fundamentalen Anliegen des internationalen Umweltschutzes, die Gegenstand der genannten Abkommen sind, entgegen, da es den Einsatz handelspolitischer Instrumente, ohne die die Durchsetzung der ökologischen Zielsetzungen der CITES, des Montrealer Protokolls und des Basler Übereinkommens in der Praxis angeblich nicht möglich sei, behindere oder unter Umständen sogar verbiete (vgl. *Daly* und *Goodland* 1994a, S. 488 ff.). Auf die eher grundsätzlich angelegte juristische Diskussion über den Stellenwert der einzelnen Vertragswerke und Übereinkommen im Völkerrecht und damit die Frage nach ihrer absoluten Vorrangigkeit oder Nachrangigkeit im Fall eines Konflikts zum WTO-Regelwerk soll an dieser Stelle freilich nicht eingegangen werden (vgl. dazu *Housman* und *Zaelke* 1992, S. 602 ff.). Vielmehr ist im folgenden neben der speziellen Frage der Vereinbarkeit der in den drei Abkommen vorgesehenen handelspolitischen Maßnahmen mit den Bestimmungen der Welthandelsordnung in ihrer jetzigen Form zu erörtern, welche allgemeinen ökonomischen Gesichtspunkte bei der Prüfung dieses Sachverhalts zu berücksichtigen sind.

3.4.3.1. Allgemeine Voraussetzungen für die Vereinbarkeit spezieller Handelsregeln in internationalen Umweltabkommen mit dem WTO-Regelwerk

Die Frage, ob oder inwieweit die in einigen internationalen Umweltschutzabkommen enthaltenen Handelsregeln mit dem Regelwerk der Welthandelsordnung vereinbar sind, mußte in der Praxis bislang noch nicht entschieden werden (vgl. *Petersmann* 1993, S. 75). Aus dieser Tatsache läßt sich zumindest der Schluß ableiten, daß die Notwendigkeit derartiger handelspolitischer Drohmittel und Sanktionsmöglichkeiten für die Durchsetzung der Vertragsbestimmungen und das Erreichen der jeweiligen umweltpolitischen Zielsetzungen von einem breiten Konsens der Staatengemeinschaft allgemein anerkannt und im Wortsinne klaglos hingenommen wird. Gleichwohl lassen sich künftige Konflikte zwischen WTO-Regeln und internationalen Umweltschutzabkommen mit eigenen Handelsregeln nicht grundsätzlich ausschließen.[83] So sehen viele Umweltabkommen den Einsatz von Handelssanktionen vornehmlich gegen Nichtunterzeichnerstaaten, nicht aber im Innenverhältnis der Unterzeichnerstaaten vor. Spannungen könnten sich demzufolge immer dann ergeben, wenn davon ein Mitgliedsland der WTO betroffen wäre, das dem fraglichen Umweltabkommen nicht beigetreten ist und daher sein Recht auf Nichtdiskriminierung verletzt sieht.

---

82 Ein Beispiel wäre die bereits kurz erwähnte, bislang jedoch nicht ratifizierte Bamako Konvention vom 29. Januar 1991, die als Ergänzung des Basler Übereinkommens anzusehen ist.

83 Vgl. zum folgenden unter anderen: *Cameron, Mjolo-Thamage* und *Robinson* 1992, S. 478 ff.; *Lawrence* 1990, S. 36 ff.; *Rublack* 1994, S. 90 ff.; *Schoenbaum* 1992, S. 717 ff.; *Sorsa* 1992b, S. 128 ff.

Allerdings ließe sich die Wahrscheinlichkeit eines derartigen Konflikts durch die konsequente Anerkennung der Grundprinzipien der Welthandelsordnung als Leitschnur bei der Ausgestaltung der spezifischen Handelsregeln internationaler Umweltschutzabkommen und durch eine Art Selbstbindung der Vertragsparteien, sich ausschließlich der bereits mehrfach angeführten WTO-konformen handelspolitischen Instrumente zu bedienen, spürbar vermindern. Über eine Freistellung der Unterzeichnerstaaten des Umweltabkommens - sofern dessen Handelsregeln sich auf den Austausch von Waren beziehen - von den Bestimmungen des GATT-Vertrags durch einen entsprechenden "Waiver" nach Art. XXV(5) oder durch Ergänzung des WTO-Regelwerks nach dem Vorbild des weiter unten noch ausführlich zu diskutierenden Artikels 104 des NAFTA-Vertrags (vgl. Abschnitt 4.2.1.2) ließe sich eine solche Auseinandersetzung zumindest im juristischen Sinne sogar grundsätzlich verhindern.

Angesichts der, bereits in Abschnitt 2.3.1.4.1 diskutierten, oft nur geringen Leistungsfähigkeit der Handelspolitik bei der Internalisierung externer Effekte ist die von vielen Umweltschutzorganisationen vorgebrachte Forderung nach einem generellen Vorrang der Handelsregeln internationaler Umweltschutzabkommen vor den gegebenenfalls konkurrierenden WTO-Bestimmungen allerdings abzulehnen. Zudem ist nicht das Vorhandensein des WTO-Regelwerks in seiner jetzigen Ausgestaltung als alleinige Ursache derartiger Konflikte anzusehen. Dies gilt insbesondere immer dann, wenn den Unterzeichnerstaaten eines internationalen Umweltschutzabkommens lediglich die Anwendung solcher handelspolitischer Instrumente erlaubt ist, die den Vorgaben der Welthandelsordnung zuwiderlaufen, obwohl sich die Vertragsziele durch den Einsatz anderer, mit dem WTO-Regelwerk vereinbarer Maßnahmen ebenfalls ohne Abstriche erreichen ließen. Abschließend soll deshalb geprüft werden, welche Schlußfolgerungen sich aus diesen Überlegungen für das Verhältnis der in der CITES, dem Basler Übereinkommen sowie dem Montrealer Protokoll enthaltenen Handelsregeln zu den Bestimmungen des WTO-Regelwerks ableiten lassen. Die unabhängig davon grundsätzlich bestehende Möglichkeit, die Unterzeichnerstaaten dieser Abkommen durch einen entsprechenden "Waiver" zumindest von den GATT-Regeln freizustellen, soll in diesem Zusammenhang allerdings unberücksichtigt bleiben.

3.4.3.2. Handelsregeln der CITES und WTO-Regelwerk

Ihrem - von den 130 Unterzeichnerstaaten sowie zahlreichen NGO im Rahmen regelmäßig abgehaltener Verhandlungsrunden per Mehrheitsentscheid und somit durchaus subjektiv und normativ festgesetzten - jeweiligen Bedrohungsgrad entsprechend (vgl. *Burns* 1990, S. 207 ff.) werden die von der CITES erfaßten Tier- und Pflanzenarten[84] einer von drei Listen im Anhang dieses Abkommens zugeordnet. Auf der Grundlage dieser Klassifikation werden dann die konkreten handelspolitischen Maßnahmen bestimmt, welche die Vertragsparteien zum Schutz einer bestimmten Spezies ergreifen müssen. Sie sind in unveränderter Form auch dann anzuwenden,

---

[84] Die Bestimmungen der CITES erstrecken sich grundsätzlich auf lebende oder tote Exemplare der zu schützenden Spezies, auf "einen ohne weiteres erkennbaren Teil" davon sowie auf ein "ohne weiteres erkennbares Erzeugnis", das daraus hergestellt wurde.

wenn das Herkunfts- oder das Bestimmungsland nicht zu den Unterzeichnerstaaten der CITES gehören sollte (vgl. Art. X der CITES). Darüber hinausgehende handelspolitische Sanktionen gegen Nichtunterzeichnerstaaten sieht das Abkommen ebenfalls nicht vor.

Die Ausfuhr eines Exemplars einer der am stärksten gefährdeten Arten - sie sind in Anhang I zum CITES aufgeführt - aus ihrem jeweiligen Herkunftsland ist nur bei Vorlage einer zuvor erteilten Exportgenehmigung erlaubt, deren Ausstellung an folgende Bedingungen geknüpft ist (vgl. Art. III):

- die Vorlage einer Unbedenklichkeitserklärung der zuständigen wissenschaftlichen Behörde des Herkunftslandes, nach der die Ausfuhr die Überlebenschancen der Spezies nicht zu beeinträchtigen droht,

- eine Bestätigung der zuständigen Vollzugsbehörde des Herkunftslandes über den legalen Erwerb des Exemplars und dessen artgerechten Versand sowie über das Vorliegen einer Einfuhrgenehmigung. Diese darf von den Behörden des Importlandes nur erteilt werden, wenn die Einfuhr nicht zu Zwecken erfolgt, die das Überleben der Spezies gefährden, wenn der Empfänger zu einer artgerechten Haltung befähigt ist und wenn sichergestellt ist, daß das Exemplar im Bestimmungsland nicht in erster Linie gewerblich genutzt wird. Vergleichbare Bestimmungen gelten für eine Wiederausfuhr aus dem Importland und eine Einfuhr auf dem Seeweg.

Für den Handel mit den in Anhang II aufgelisteten Arten, deren Bestände gegenwärtig nicht bedroht sind, nach Auffassung der CITES-Unterzeichnerstaaten allerdings durch einen völlig unregulierten Handel stark gefährdet würden, gelten nahezu dieselben Bestimmungen Allerdings ist in diesem Fall keine Vorlage einer Einfuhrgenehmigung erforderlich. Stattdessen erfassen die wissenschaftlichen Behörden der beiden beteiligten Staaten die Zahl der erteilten Ausfuhrgenehmigungen und der tatsächlich exportierten Exemplare dieser Arten. Werden dabei ihrer Ansicht nach bestimmte kritische Werte überschritten, ohne daß die verbliebenen Bestände allerdings die Schwellenwerte erreichen, die eine Einstufung der fraglichen Art in Anhang I begründen könnten, haben diese das Recht, die zuständige Vollzugsbehörde über Möglichkeiten in Kenntnis zu setzen, mittels derer sich die Ausfuhrmengen zurückführen liessen (vgl. Art. IV).

In Anhang III werden schließlich diejenigen Tier- und Pflanzenarten erfaßt, für deren Schutz auf nationaler Ebene Vorkehrungen getroffen wurden, deren Einhaltung sich jedoch nur durch eine Zusammenarbeit mit anderen Staaten kontrollieren läßt. Auch in diesem Fall ist die Ausfuhr genehmigungspflichtig (vgl. Art. V). Das Recht zur Einfuhr eines Exemplars dieser Spezies in einen CITES-Vertragsstaat ist grundsätzlich an die Vorlage eines Ursprungszeugnisses gebunden oder, sofern es direkt aus einem Land importiert wird, in dem diese Art gesetzlich geschützt ist, nur zulässig, wenn eine offizielle Ausfuhrgenehmigung vorliegt.

Welches Konfliktpotential besteht nun zwischen den Handelsregeln der CITES und den Bestimmungen der Welthandelsordnung? Die Pflicht zur Beibringung einer Ausfuhrgenehmigung ist zunächst zweifelsohne als Verstoß gegen Art. XI(1) des GATT anzusehen. Ebensowenig zu bezweifeln ist allerdings, daß die Voraussetzungen für die Anwendung zumindest einer der beiden Ausnahmeregelungen nach Art. XX(b) oder XX(g) in aller Regel erfüllt sein dürften, wenn im Herkunftsland entsprechende Artenschutzmaßnahmen ergriffen wurden. Da eine Einfuhrgenehmigung für Arten, die in Anhang I der CITES aufgelistet sind, und die wiederum Voraussetzung für die Ausstellung der erforderlichen Ausfuhrerlaubnis ist, nach den CITES-Bestimmungen nur erteilt werden darf, wenn sichergestellt ist, daß im Zielland die nicht gewerbsmäßige Nutzung der importierten Exemplare der betroffenen Spezies überwiegt, könnten sich allerdings Probleme ergeben, falls der Verkauf der fraglichen Arten oder deren kommerzielle Nutzung im Einfuhrland grundsätzlich zulässig ist (vgl. *Cameron*, *Mjolo-Thamage* und *Robinson* 1992, S. 482 f.). Offensichtlich läge in diesen Fall eine unerlaubte Diskriminierung vor, die sich aber durch ein entsprechendes Verbot beseitigen ließe. Als strittig könnte sich, folgt man der Logik des Panelentscheids im Thunfischfall des Jahres 1991 (vgl. Abschnitt 3.2.1.5), unter Umständen auch die Vereinbarkeit der nach den CITES-Vorschriften für die Ausfuhr erforderlichen vorherigen Beibringung einer Einfuhrgenehmigung mit den Artikeln XX(b) und XX(g) erweisen, wenn es sich dabei um eine Maßnahme zum Schutz einer Spezies handelt, deren Bestände sich ausschließlich außerhalb des Hoheitsgebietes des Importlandes befinden. Als unzulässig verworfen wurde damals, wie erwähnt, jedoch vor allem die fehlende völkerrechtliche Grundlage des amerikanischen Importverbots. Das Entstehen solcher Konflikte ist also unwahrscheinlich, zumal die Vorlage einer Importgenehmigung eindeutig als eine flankierende Maßnahme - und noch dazu unter anderen - anzusehen ist. Unproblematisch ist schließlich auch die Anwendung der CITES-Handelsregeln gegenüber Nichtunterzeichnerstaaten wegen ihres ausdrücklich nicht diskriminierenden Charakters. Nicht vereinbar mit den WTO-Bestimmungen wäre allerdings die Verweigerung einer Einfuhrgenehmigung bei Tier- oder Pflanzenprodukten auf der Grundlage der im Einzelfall angewendeten Herstellungsverfahren.

3.4.3.3. Handelsregeln des Basler Übereinkommens und WTO-Regelwerk

Das Basler Übereinkommen, das bislang von 97 Staaten ratifiziert wurde, dient dem Schutz der Bevölkerung eines Landes und seiner Umwelt vor Gefahren, die sich aus dem grenzüberschreitenden Transport und der (unsachgemäßen) Lagerung bestimmter Abfälle[85] ausländischer Herkunft ergeben können. Insbesondere soll die Verbringung von Gift- und Sondermüll aus den Industrienationen in Entwicklungsländer verhindert werden. Erlaubt ist die Ausfuhr der vom Übereinkommen erfaßten gefährlichen und sonstigen Abfallstoffe ohnehin nur bei fehlenden inländischen Deponiekapazitäten oder zum Zweck der Wiederverwertung (vgl. Art. 4(9)). Jeder Vertragspartei steht jedoch grundsätzlich das Recht zu, die Einfuhr der besagten Abfälle nach vorheriger Ankündigung zu verbieten. Alle übrigen Unterzeichnerstaaten sind dann ihrerseits verpflichtet, ein entsprechendes Ausfuhrverbot zu verhängen. Abfallexporte sind im übrigen auch zu untersagen, wenn das Bestimmungsland des Mülls der Einfuhr oder ein Transitland der Durchfuhr nicht ausdrücklich und in schriftlicher Form zugestimmt hat (vgl. Art. 4(1) und Art. 6(1)-(3)). Des weiteren ist

---

[85] Sie sind in den Anhängen I und II des Übereinkommens aufgeführt.

es jedem Mitgliedsland erlaubt, ein Export- oder Importverbot für Abfallstoffe zu verhängen, sofern Zweifel an einer umweltverträglichen Behandlung bestehen (vgl. Art. 4(2)(e) und Art. 4(2)(g)). Die Ausfuhr darf also auch dann verweigert werden, wenn eine Einfuhrgenehmigung des Bestimmungslandes vorliegt. Schließlich ist den Vertragsparteien grundsätzlich jede Art des Handels von Abfallstoffen - ausgenommen ist die bloße Durchfuhr (vgl. Art. 10) - mit Nichtunterzeichnerstaaten untersagt (vgl. Art. 4(5)).

Kompliziert wird die Überprüfung der Vereinbarkeit dieser Handelsregeln mit den Bestimmungen des WTO-Regelwerks zunächst durch ein Abgrenzungs- und Definitionsproblem. Zu klären ist nämlich, welche der Abfallstoffe, die Gegenstand des Basler Übereinkommens sind, überhaupt als Waren im Sinne von Art. I des GATT anzusehen sind. Zu bejahen ist dies lediglich für diejenigen Abfallstoffe, deren Export oder Import zu Zwecken der Wiederverwertung erfolgt. In allen anderen Fällen ist demgegenüber der Dienstleistungscharakter des Müllhandels offensichtlich, also beim Transportvorgang einschließlich der Verladearbeiten und vor allem bei der Endlagerung als letztlich entscheidender Produktionsstufe.

Handelsbeschränkungen für Abfallstoffe, die der Wiederverwertung zugeführt werden sollen, verstoßen gegen Art. XI des GATT und lassen sich nur rechtfertigen, sofern sie "notwendig" im Sinne von Art. XX(b) sind. Unter Beachtung der üblichen Voraussetzungen dürfte dies zumindest für Importe potentiell gesundheitsschädigender Abfallstoffe aus anderen Unterzeichnerstaaten des Basler Übereinkommens unbestritten der Fall und somit mit dem WTO-Regelwerk rechtlich vereinbar sein.

Demgegenüber ist die WTO-Konformität des absoluten Importverbots für gleichartige Abfallstoffe aus Nichtunterzeichnerstaaten höchst ungewiß. Gleiches gilt ganz generell für die im Übereinkommen vorgesehenen Ausfuhrbeschränkungen oder Exportverbote, da durch diese Maßnahmen einseitig in Souveränitätsrechte anderer Staaten eingegriffen wird (vgl. *McDonald* 1993 S. 154). Diese Problem dürfte sich allerdings nur stellen, falls davon Nichtunterzeichnerstaaten des Basler Übereinkommens betroffen wären.

Auch beim Handel mit Dienstleistungen ist stets das Prinzip der Meistbegünstigung zu beachten.[86] Allerdings beschränkt sich die Anwendbarkeit der GATS-Regeln auf diejenigen Dienstleistungen, die in den jeweiligen länderspezifischen Konzessionslisten aufgeführt sind. Sollten die Endlagerung von Abfallstoffen und/oder die Entladetätigkeiten nach dem Transportvorgang im Einzelfall nicht dazu zählen, so könnte dieses Land bei der Einhaltung der Vorschriften des Basler Übereinkommens grundsätzlich gar nicht gegen das WTO-Regelwerk verstoßen. Ein (juristischer) Konflikt wäre in diesem Fall also nicht gegeben. Unterliegen diese Dienstleistungen allerdings den Bestimmungen des GATS, bestünde die Möglichkeit einer Ausnahmeregelung nach Art. XIV(b). Da er wörtlich mit Art. XX(b) des GATT übereinstimmt, gelten die im letzten Absatz gezogenen Schlußfolgerungen unverändert auch hier.

---

86 Vgl. Art. II des GATS. - Davon ausgenommen ist derzeit allerdings noch der Seeverkehr, der noch Gegenstand gesonderter Verhandlungen ist.

3.4.3.4. Handelsregeln des Montrealer Protokolls und WTO-Regelwerk

Ziel des von 150 Nationen ratifizierten Montrealer Protokolls ist es, die Produktion und den Verbrauch chemischer Substanzen und Verbindungen, die zu einem Abbau der Ozonschicht beitragen, in den Unterzeichnerstaaten stufenweise zu vermindern (vgl. dazu bei *Gallagher* 1992, 267 ff.). Im Gegensatz zur CITES und dem Basler Übereinkommen werden die in Art. 4 des Protokolls verankerten Handelsbeschränkungen allerdings ausschließlich gegen Nichtunterzeichnerstaaten, also grundsätzlich nicht im Innenverhältnis der Vertragsstaaten eingesetzt. Verboten ist, von einigen Sonderregeln und Übergangsvorschriften einmal abgesehen, bis jetzt nur die Ein- oder Ausfuhr der in den Anhängen zum Protokoll genannten Substanzen selbst. Geprüft wird allerdings auch ein entsprechendes Verbot oder zumindest eine Beschränkung des Handels mit Waren, die diese Substanzen enthalten, sowie mit Produkten, bei deren Herstellung diese Substanzen benutzt wurden. In beiden Fällen steht den Unterzeichnerstaaten jedoch ein Einspruchsrecht zu, das sie von jeder Pflicht zur Durchführung dieser Maßnahmen grundsätzlich entbände. Die Vertragsparteien sollen des weiteren "nach besten Kräften bestrebt sein, der Ausfuhr von Technologie zur Herstellung und Verwendung geregelter Stoffe" in Nichtunterzeichnerstaaten "entgegenzuwirken". Ausnahmen von diesen Verbotsregeln sind nur möglich, wenn ein Nichtunterzeichnerstaat den Vertragsparteien den Beweis erbringen kann, daß die entscheidenden Bestimmungen des Protokolls auf seinem Gebiet beachtet werden.

In der Literatur wird die Vereinbarkeit der bestehenden Handelsregeln des Protokolls sowie insbesondere der geplanten Einfuhrbeschränkungen bei Waren auf der Grundlage des Produktionsprozesses unterschiedlich beurteilt (vgl. *Lang* 1993, S. 366 f.). Unbestreitbar ist zunächst die spürbare Diskriminierung der Nichtunterzeichnerstaaten, die einen klaren Verstoß gegen das Prinzip der Meistbegünstigung darstellt. Gleichwohl dürften angesichts der inzwischen allgemein anerkannten schädlichen Auswirkungen eines Abbaus der Ozonschicht sowie der im Protokoll festgelegten spürbaren Beschränkungen von Produktion und Verbrauch in den Vertragsstaaten selbst die meisten der vorgesehenen Maßnahmen durch die Ausnahmeregelungen der Artt. XX(b) oder XX(g) gedeckt sein. Überdies steht es den Unterzeichnerstaaten in gewissen Fällen offen, die Zielsetzungen des Abkommens gegenüber Drittstaaten auch durch den Einsatz WTO-konformer Instrumente durchzusetzen. Als Beispiel seien die Produkte genannt, deren Einfuhr von den Vertragsparteien untersagt oder beschränkt werden kann, weil sie Substanzen enthalten, die die Ozonschicht gefährden. Denkbar wäre die Einführung einer entsprechenden Verbrauchssteuer oder eines absoluten Produktions- und Verkaufsverbots. Grundsätzlich unvereinbar mit dem Regelwerk der Welthandelsordnung wären allerdings die beabsichtigten Maßnahmen gegen Waren, bei deren Herstellung die im Protokoll genannten Substanzen verwendet oder freigesetzt würden, die aber nicht selbst Bestandteil dieser Produkte sind.

3.5. Schlußbetrachtung: notwendige Reformen des WTO-Regelwerks

"GATT-legality is not necessarily a good indicator of the economic soundness of any given trade policy" (*Varangis*, *Braga* und *Takeuchi* 1993, S. 348). Diese treffende Feststellung läßt sich ohne jede Einschränkung auch auf den hier interessierenden Sachverhalt übertragen. So folgt aus der Tatsache, daß eine beliebige umweltpolitische Maßnahme mit den Bestimmungen des WTO-Regelwerks im juristischen Sinne vereinbar ist, noch lange nicht - und schon gar nicht zwangsläufig -, daß es ökonomisch wie ökologisch sinnvoll und effizient wäre, sie auch tatsächlich einzusetzen. Zurückzuführen ist dies natürlich auf den Kompromißcharakter des internationalen Handelsrechts im Spannungsfeld zwischen der grundsätzlich angestrebten Liberalisierung des Marktzugangs und der Internalisierung externer Effekte auf der einen sowie dem Beharren auf einzelstaatlichen Souveränitätsrechten auf der anderen Seite. Dem Ziel des Umweltschutzes - und damit zwangsläufig auch dem Erreichen einer höheren Umweltqualität zumindest in den von Umweltbelastungen betroffenen Mitgliedsstaaten - läuft das bestehende Regelwerk der Welthandelsordnung mit seinen zahlreichen Ausnahme- und Sonderregelungen folglich immer dann entgegen, wenn es den Einsatz wirtschaftspolitischer Instrumente, die negative Externalitäten verursachen oder verstärken, begünstigt oder sogar verbindlich vorschreibt, oder im umgekehrten Fall die Umsetzung ökonomisch wie ökologisch effizienter Internalisierungsstrategien be- oder verhindert.

3.5.1. Nationale Umweltpolitik und WTO-Regelwerk

Im Bereich der nationalen Umweltpolitik läßt das WTO-Regelwerk, wie weiter oben ausführlich dargelegt wurde, die Wahl-, Entscheidungs- und Handlungsfreiheit der Mitgliedsstaaten bei der Formulierung ihrer umweltpolitischen Zielsetzungen und Prioritäten sowie bei deren Umsetzung größtenteils unberührt. Wie bereits gesagt wurde, bedeutet dies zunächst, daß von den WTO-Bestimmungen kein unmittelbarer Zwang ausgeht, negative externe Effekte überhaupt zu internalisieren. Solange diese allerdings weder grenzüberschreitende Immissionen nach sich ziehen noch zu einer Schädigung von Weltkollektivgütern beitragen, die Kosten dieser Umweltschäden also ausschließlich Inländern aufgebürdet werden, wäre es ökonomisch völlig verfehlt, deren Internalisierung durch handelspolitische Maßnahmen des Auslands - insbesondere durch Ausgleichszölle - erzwingen zu wollen. Das pauschale Argument, derartiges 'ökologische Dumping' und damit ein 'unfairer' Wettbewerbsvorteil der dort ansässigen Unternehmen müsse auf diese Weise ausgeglichen werden (vgl. für viele *Arden-Clarke* 1992, S. 7; *Komoroski* 1988, S. 205) - , vermag mithin nicht zu überzeugen.[87]

Obwohl die WTO-Regeln Beschränkungen des Handels zu Zwecken des Umweltschutzes völlig zu recht lediglich in Ausnahmefällen erlauben, ist dennoch unbestreitbar, daß sie den Einsatz ökonomisch wie ökologisch ähnlich ineffizienter Instrumente in einigen Bereichen spürbar begünstigen. Das erste wichtige Beispiel hierfür sind die innerhalb gewisser Grenzen grundsätzlich zulässigen staatlichen Beihilfen für die Beseitigung von Umweltschäden der industriellen Produktion sowie in der Landwirtschaft (ein besonderes Problem stellt in diesem Zusammenhang im übrigen auch die WTO-konforme Subventionierung von Bewässerungseinrichtungen als Bestandteil

---

[87] Die geringe ökonomische Überzeugungskraft dieses Arguments wurde bereits in Abschnitt 2.3.1.4.1 offengelegt. Vgl. dazu außerdem auch Abschnitt 3.5.5.

der Infrastruktur dar). Hier wird das Gemeinlastprinzip über das ökonomisch wesentlich sinnvollere Verursacher- beziehungsweise Nutzerprinzip gestellt. Abgesehen von den Verzerrungen des Wettbewerbs und den praktischen Schwierigkeiten, die sich bei der Abgrenzung derartiger Unterstützungsleistungen des Staates von normalen Subventionen zwangsläufig ergeben, sind vor allem die hinlänglich bekannten und ökonomisch wie ökologisch höchst bedenklichen Anreiz- und Umverteilungswirkungen zu kritisieren, die damit untrennbar verbunden sind. Besondere Bedeutung kommt in diesem Zusammenhang der durch das Gemeinlastprinzip begünstigten, mit einer marktwirtschaftlichen Ordnung jedoch unvereinbaren Trennung von Handlung und Haftung und den unvermeidlichen Ankündigungs- und Mitnahmeeffekten zu. Wegen des Rent-seeking-Phänomens steht sogar zu befürchten, daß die Möglichkeit, staatliche Beihilfen zu erhalten, viele Unternehmen zunächst einmal zu einer gezielten Ausweitung derjenigen umweltschädigenden Aktivitäten veranlassen wird, die durch deren Gewährung eigentlich beseitigt werden sollten.

Zu bemängeln ist auch die offensichtliche Bevorzugung von Produktnormen und -standards als Instrumente der Umweltpolitik gegenüber der ordnungspolitisch überlegenen weil wettbewerbskonformeren und effizienteren Besteuerung der Umweltnutzung, die in den Bestimmungen der beiden Übereinkommen über technische Handelshemmnisse beziehungsweise über die Anwendung gesundheitspolizeilicher und pflanzenschutzrechtlicher Maßnahmen überdeutlich zutage tritt. Erschwerend kommt hinzu, daß den Mitgliedsstaaten der WTO die Übernahme der bereits bestehenden internationalen Standards nahegelegt wird. Als Alternative zu dieser Spielart der Vorabharmonisierung, die den unterschiedlichen natürlichen Gegebenheiten und Präferenzen nicht angemessen Rechnung tragen kann und entsprechende Fehlallokationen nach sich zöge, ist zwar auch die Anwendung des Ursprungslandprinzips und damit die wechselseitige Anerkennung nationaler Standards durch die Handelspartner erlaubt. Trotz seiner unbestrittenen wettbewerbs- und ordnungspolitischen Vorzüge dürften diesem Ansatz in der Praxis gleichwohl nur geringe Durchsetzungschancen beschieden sein, verhindert er doch grundsätzlich die mißbräuchliche, politisch gleichwohl vielfach höchst verlockende Anwendung von Umweltschutznormen als nichttarifäre Handelshemmnisse.

Hinzuweisen ist schließlich auf das Problem einer möglichen Doppelbelastung von Waren mit Umweltabgaben, wie sie sich unter Umständen in Folge des nach den WTO-Regeln zulässigen Grenzausgleichs bei Verbrauchssteuern nach dem Bestimmungslandprinzip einstellen kann. Diese Situation wird sich immer dann ergeben, wenn das Herkunftsland nur die Produktion des fraglichen Gutes mit einer (direkten) Verschmutzungsabgabe belegt - die als rein interne Maßnahme nicht erstattungsfähig ist -, während das Bestimmungsland ausnahmslos den Konsum (indirekt) besteuert und in beiden Ländern das erzielte Steueraufkommen ausschließlich dazu verwendet wird, die Beseitigung der Umweltschäden der Herstellung und des Verbrauchs zu finanzieren. Gerade in stark exportorientierten Wirtschaftszweigen, die umweltintensiv produzieren, dürfte sich aus diesem Grund allerdings Widerstand gegen eine Internalisierung lokaler Umweltschäden durch direkte Umweltabgaben regen, obwohl dies bei Beachtung des Verursacherprinzips ökonomisch wie ökologisch sachlich geboten wäre. Nur so könnten nämlich die ausländischen Nachfrager an den volkswirtschaftlichen Kosten beteiligt werden, die ihr Konsum während der Produktionsphase der fraglichen Güter am Herstellungsort entstehen läßt. Die am Bestimmungslandprinzip der Besteuerung ausgerichtete Regelung des Grenzausgleichs im WTO-Vertragswerk wirkt dem jedoch unter Umständen entgegen.

3.5.2. Grenzüberschreitende Umweltprobleme und WTO-Regelwerk

Das Regelwerk der Welthandelsordnung gestattet den Mitgliedsstaaten nicht, Waren ausländischer Herkunft wegen andersartiger Herstellungsmethoden zu diskriminieren, selbst wenn diese im Inland verboten sind. Thunfisch ist eben gleich Thunfisch, unabhängig von der Fangtechnik. Dieses ökonomisch an sich ausgesprochen sinnvolle Prinzip stößt allerdings immer dann an seine Grenzen, wenn Produktionsprozesse, nicht aber der Verbrauch der damit hergestellten Endprodukte, auch in anderen Ländern zu gravierenden Umweltbelastungen führen. Zwar ist es grundsätzlich möglich, den Verursacherstaat völkerrechtlich für derartige Umweltschäden haftbar zu machen (vgl. mit Beispielen *Petersmann* 1993, S. 44 ff.). Allerdings dürfte der Nachweis der Schädigung selbst in der Realität - insbesondere bei der Immission von Luftschadstoffen - ungleich einfacher zu erbringen sein als die Ermittlung seines Verursachers. Gleiches gilt für Produktionsprozesse, durch die Stoffe freigesetzt werden, die Weltkollektivgüter schädigen oder gar zerstören. Sofern diese Substanzen nicht auch in den jeweiligen Endprodukten enthalten sind, wäre nach den WTO-Regeln jeder Versuch, die Einfuhr dieser Güter zu beschränken, unzulässig. Freilich sollte nicht übersehen werden, daß auch in diesen Fällen handelspolitische Instrumente, wie schon weiter oben dargelegt, ohnehin nur als letztes Mittel und ausschließlich auf einer verbindlichen völkerrechtlichen Grundlage eingesetzt werden sollten, nachdem alle anderen Versuche, eine Internalisierung herbeizuführen, ausgeschöpft worden sind.

Ein gesondertes Problem des internationalen Umweltschutzes stellt schließlich die Bewahrung der größtenteils noch unerforschten Artenvielfalt vor allem in den tropischen Regenwäldern dar, die durch deren Abholzung ebenfalls gefährdet ist. Eine nicht unwesentliche Bedeutung kommt dabei, wie weiter oben dargelegt wurde, der ökonomisch wie ethisch höchst umstrittenen Frage nach der Patentfähigkeit von Lebensformen und biologischen Abläufen zu (vgl. *Lerch* 1994, S. 293 ff.; *O'Connor* 1992, S. 11). Das in Art. 27(3) des TRIPs-Abkommens festgelegte Recht eines Landes, Pflanzen und Tiere sowie biologischen Verfahren für deren Züchtung den Patentschutz zu verweigern, dürfte somit die ökonomischen Anreize für eine Bewahrung der Regenwälder tendenziell schwächen. Ungleich bedenklicher wirkt sich in diesem Zusammenhang freilich die auch nach Abschluß der Uruguay-Runde fortdauernde - weil weitgehend WTO-konforme - massive Subventionierung landwirtschaftlicher Betriebe aus, die, wie an anderer Stelle näher ausgeführt wurde, ohne Zweifel als die Hauptursache der Abholzung angesehen werden muß.

3.5.3. Streitschlichtung

Wie bereits dargelegt wurde, hat jedes WTO-Schiedsgericht zwar grundsätzlich die Möglichkeit, außenstehende Fachleute anderer Spezialisierungen zur Klärung schwieriger Detailprobleme und Sachfragen heranzuziehen. Eine Verpflichtung, dies zu tun, besteht allerdings nicht. Deswegen ist nicht auszuschließen, daß die Panel-Mitglieder in manchen komplexen Fällen nicht über alle für eine sachdienliche Entscheidungsfindung notwendigen Informationen verfügen. Den Streitparteien sollte deshalb das Recht eingeräumt werden, vom Panel oder der Berufungsinstanz eine Anhörung von Umweltschutzexperten verlangen zu dürfen.

3.5.4. WTO-konformer Protektionismus und Umweltschutz

Die Notwendigkeit, zumindest die dringlichsten lokalen Umweltschäden zu beseitigen oder wenigstens zu mildern, wird inzwischen auch von den Regierenden der meisten Entwicklungsländer anerkannt, obgleich der Einleitung geeigneter Maßnahmen oft genug fehlendes technisches Wissen sowie die Knappheit der für diese Zwecke verfügbaren finanziellen Ressourcen entgegensteht. Die in der Uruguay-Runde vorangetriebene Öffnung der Märkte der Industrienationen für Produkte und - wenngleich in wesentlich geringerem Ausmaß - Dienstleistungen aus Entwicklungs- und Schwellenländern sowie insbesondere der erreichte Teilabbau der Zolleskalation[88] - also des Zusammenhangs zwischen Zollsatz und Verarbeitungsgrad - und damit auch der Rate der effektiven Protektion ist daher auch aus Gründen des Umweltschutzes ausdrücklich zu begrüßen.[89] Begründen läßt sich dies zum einen damit, daß das wesentlich erweiterte Vertragswerk den in erster Linie im GATT-Abkommen geregelten Export von Umweltschutztechnologien sowie den Transfer von entsprechendem Human- (GATS und TRIPs) und Sachkapital (GATT und TRIMs) in unterentwickelte Volkswirtschaften erleichtern wird. Die angesichts der vereinbarten Handelsliberalisierung absehbare Zunahme der Volkseinkommen dieser Länder steigert wiederum tendenziell die Nachfrage nach dem superioren Gut 'Umweltqualität' und stellt zugleich mehr finanzielle Mittel für den Abbau bestehender und die Verhinderung neuer Umweltlasten bereit. Zum anderen dürften von den in der Uruguay-Runde erreichten Fortschritten bei der Öffnung der Märkte der Industrienationen für Importe von Waren höherer Verarbeitungsstufen aus den Staaten der Dritten Welt in vielen

---

[88] Rohstoffe werden vom Importland demnach mit vergleichsweise geringen, Fertigprodukte mit entsprechend höheren Zollsätzen belegt. Die Existenz der Zolleskalation bestätigt im übrigen auch die These, daß protektionistische Maßnahmen vorrangig der Beschränkung des intraindustriellen Handels dienen, komplementäre Formen der internationalen Arbeitsteilung dagegen wesentlich weniger behindert werden.

[89] Bedeutsam ist hier neben der allgemeinen Zollsenkung für Industriegüter und der Verabschiedung eines Übereinkommens über die (etwas strengere) Auslegung der Antidumpingregeln vor allem die stufenweise Eingliederung der Landwirtschaft in das Regelwerk, die beabsichtigte schrittweise Abschaffung des Multifaserabkommens bis zum 30. Juni 2005 sowie die Zollsenkung für Tropenfrüchte. Ceteris paribus erhöhen letztere wenigstens tendenziell den ökonomischen Wert der Tropenwaldnutzung im Verhältnis zu wirtschaftlichen Betätigungen, die dessen Rodung bedingen (vgl. *GATT 1994*).

Entwicklungsländern Impulse für eine gewisse Diversifizierung ihrer Produktionsstrukturen ausgehen. Dadurch würde sich aber auch deren teilweise zu beobachtende wirtschaftliche Abhängigkeit von den Deviseneinlösen vermindern, die sie mit dem ihnen wegen des zunehmenden Protektionismus der Industrienationen bei Fertigprodukten und Dienstleistungen als letzte Alternative verbliebenen Export von Rohstoffen und landwirtschaftlichen Produkten erzielen (müssen). Ceteris paribus dämpft dies aber auch die Anreize für eine Übernutzung der im Inland verfügbaren natürlichen Ressourcen.

Übersehen werden sollte allerdings nicht, daß es in der Uruguay-Runde lediglich gelang, einen (kleinen) Teil der Handelsschranken abzubauen, mit denen sowohl die Industrienationen als auch die Entwicklungsländer, letztere teilweise durch Mißbrauch ihrer Sonderrechte in der WTO, den internationalen Austausch von Gütern und Dienstleistungen behindern. Ökonomisch und ökologisch fragwürdig ist insbesondere die von den WTO-Regeln kaum gebremste massive staatliche Subventionierung der Hochseefischerei (vgl. Abschnitt 2.4.2) sowie vor allem der Land- und Forstwirtschaft namentlich in Europa, Nordamerika und Japan, einschließlich der nahezu vollständigen Abschottung des Agrarsektors gegenüber Drittstaaten. Sie muß nachweislich als Ursache zahlreicher und schwerwiegender Umweltschäden von lokalem wie globalem Ausmaß angesehen werden.[90] Völlig ausgenommen vom WTO-Regelwerk ist schließlich auch der stark umweltbelastende und ebenfalls durch Überkapazitäten und umfangreiche staatliche Beihilfen gekennzeichnete Zivilluftverkehr.

3.5.5. Reformvorschläge

Wie gezeigt werden konnte, beschränkt das WTO-Regelwerk die umweltpolitische Souveränität nur in sehr geringem Umfang. Überdies ließen sich die meisten der vorstehend genannten Kritikpunkte durch Fortschritte bei der Liberalisierung des internationalen Handels mit Gütern und Dienstleistungen, vor allem aber durch eine spürbare Ausweitung der mit dem WTO-Regelwerk grundsätzlich unvereinbaren Beihilfeformen und Subventionstatbestände zumindest abschwächen, wenn nicht gar vollständig beseitigen.[91] Angesichts der bekannten politischen Widerstände ist allerdings auf absehbare Zeit nicht ernsthaft mit entsprechenden Vorstößen zu rechnen, zumal die Uruguay-Runde eben erst ihren Abschluß gefunden hat. Nicht übersehen werden sollte also, daß die Nichtanwendung der Grundprinzipien der Welthandelsordnung, aber auch die in den Bestimmungen dieses Vertragswerks enthaltenen Legalausnahmen vom Freihandelspostulat als unmittelbare Ursache zahlreicher Umweltprobleme angesehen werden müssen.

---

[90] Beispiele sind die Überdüngung und die Erosion von Anauböden, die Verseuchung des Grundwassers durch Pestizide und Gülle sowie die Freisetzung von Treibhausgasen (vgl. ausführlich dazu *Deutscher Bundestag* 1994; *Ministry of Agriculture and Fisheries* (New Zealand) 1993; *Ward* 1993, S. 248 ff.).

[91] Die Streitschlichtung könnte, wie bereits erwähnt, durch eine Pflicht zur Anhörung externer Fachleute auf Antrag einer der beiden Streitparteien ergänzt werden.

Unstreitig ist allerdings andererseits, daß das Regelwerk der WTO in seiner jetzigen Ausprägung das Erreichen einiger allgemein anerkannter Zielsetzungen im Bereich des internationalen Umweltschutzes durchaus erschweren kann. Wie gezeigt wurde, ist dies immer dann der Fall, wenn bestimmte Produktionsprozesse auch in den Nachbarländern oder sogar in Drittstaaten zu einer unerwünschten Belastung der Umwelt führen oder die Weltkollektivgüter in bedenklicher - soll heißen: möglicherweise irreversibler - Weise schädigen und sämtlich marktkonforme(re)n Versuche, diese negativen Externalitäten zu internalisieren, am Widerstand der Verursacherstaaten gescheitert sind. Dieser offenkundige Mangel des WTO-Regelwerks läßt sich nun grundsätzlich auf mehrere Arten beheben (vgl. dazu auch *Kulessa* 1992, S. 304 ff.; *McDonald* 1993, S. 462 ff.; *Schoenbaum* 1992, S. 726).

Denkbar wäre zunächst die Einbeziehung der Herstellungsmethoden bei der Festlegung "gleichartiger Waren" im Sinne der Artt. I und III des GATT-Vertrages, selbst wenn diese keinen Einfluß auf die objektiven Eigenschaften eines Gutes haben. Für das jeweilige Importland bestünde demnach die Möglichkeit, umweltschädigend produzierten ausländischen Waren das Recht auf Meistbegünstigung sowie auf Inländerbehandlung zu verweigern.

Empfohlen wurde des weiteren auch eine Neudefinition des Dumping- oder des Subventionsbegriffs, derzufolge das Unterschreiten bestimmter Mindeststandards in der Umweltpolitik den Tatbestand einer unzulässigen staatlichen Beihilfe oder des 'ökologischen Dumpings' erfüllen würde. Andere Nationen hätten demzufolge das Recht, Ausgleichszölle zu erheben und sonstige handelspolitische Gegenmaßnahmen zu ergreifen, um Schaden von ihren Volkswirtschaften oder den Weltkollektivgütern abzuwenden. Einige Autoren sind sogar der Auffassung, daß ökologisches Dumping in bestimmten Fällen bereits heute gegen den Art. VI des GATT verstoßen könnte und den dadurch nachweislich geschädigten Staat zur Einleitung von Gegenmaßnahmen berechtigt (vgl. etwa *Altmann* 1992, S. 213).

Allerdings sollte schon wegen des damit unausweichlich verbundenen Mißbrauchspotentials keiner der beiden vorstehenden Ansätze verwirklicht werden. Zum einen sprechen für national unterschiedliche Umweltschutznormen und -präferenzen, wie weiter oben ausführlich dargelegt wurde (vgl. Abschnitt 2.3.1.4), auch handfeste und in jeder Hinsicht überzeugende ökologische Argumente. Sollte zum anderen eine diskriminierende Behandlung ausländischer Waren auf der Grundlage ihres Herstellungsprozesses erlaubt werden, wäre angesichts der großen Zahl weiterer vorgeblicher Subventions- und Dumpingtatbestände, die wie bereits erwähnt meist nur auf dem Glauben eines Landes an die moralische Überlegenheit der eigenen Wertvorstellungen beruhen oder Partikularinteressen widerspiegeln, der Zerfall der Welthandelsordnung und entsprechend ein noch stärkeres Vordringen neoprotektionistischer Bestrebungen kaum noch abzuwenden.

Vorgeschlagen wurde alternativ auch die Einfügung einer Sonderregelung zugunsten internationaler Umweltschutzabkommen in den Ausnahmekatalog des Art. XX des GATT, des Art. XIV des GATS sowie des Art. 27(2) des TRIPs. Die Möglichkeit einer Freistellung der Unterzeichnerstaaten derartiger Übereinkommen von ihren WTO-Verpflichtungen ist allerdings nicht nur aufgrund der mangelhaften ökologischen und ökonomischen Effizienz handelspolitischer Maßnahmen bedenklich. Dagegen spricht auch, daß dies den Mitgliedsstaaten durchaus Anreize geben könnte, unter dem Deckmantel des Umweltschutzes eine Vielzahl derartiger Übereinkommen auf regionaler Ebene abzuschließen, die in Wirklichkeit rein protektionistischen Zwecken dienen.

Die vierte Möglichkeit wäre eine Ministerentscheidung oder -erklärung, derzufolge die Ausnahmeregelungen der Artt. XX(b) und XX(g) des GATT sowie von Art. XIV(b) des GATS einem Land unter genau spezifizierten Bedingungen den Einsatz ausgewählter handelspolitischer Instrumente auch zur Bekämpfung von Umweltschäden außerhalb des eigenen Hoheitsgebiets gestatten würden. Diese Erlaubnis könnte etwa erteilt werden, wenn der Staat, der die negative Externalität verursacht hat, Verhandlungen über Möglichkeiten einer Internalisierung grundsätzlich ablehnt oder deren Scheitern provoziert hat, beziehungsweise wenn allgemein anerkannt wird, daß dies erforderlich ist, um die Vorgaben eines völkerrechtlich verbindlichen internationalen Umweltabkommens zum Schutz von Weltkollektivgütern erfüllen zu können. Problematisch an diesem Vorschlag ist, daß er den absoluten Ausnahmecharakter der genannten Vorschriften zumindest relativiert, ohne gleichzeitig die Wahrscheinlichkeit von Streitschlichtungsverfahren zu vermindern. Denn selbst wenn die Kriterien für eine extraterritoriale Anwendung dieser Artikel durch eine entsprechende Ministerentscheidung festgelegt würden, bliebe deren Auslegung zunächst den einzelnen Mitgliedsstaaten selbst vorbehalten.

Diesem Mangel könnte jedoch zumindest beim Handel mit Waren durch die Erteilung eines entsprechenden "Waiver" nach Art. XXV(5) des GATT-Abkommens abgeholfen werden. In diesem Fall obläge die Zustimmung zu einer Freistellung einer Mehrheit der Mitgliedsstaaten der WTO, die nur bei einem breiten internationalen Konsens über die Angemessenheit der fraglichen umweltpolitischen Zielsetzung zu erreichen wäre. Damit ließe sich zugleich sicherstellen, daß ausschließlich Maßnahmen eingesetzt würden, die den internationalen Handel am wenigsten zu verzerren oder zu beschränken drohen. Obwohl die Möglichkeit der zeitlichen Befristung der "Waiver" ebenso wie deren - ausdrücklich so gewollten - Einzelfallcharakter kritisiert werden, weil dadurch angeblich langfristig angelegte Schutzmaßnahmen erschwert würden, ist dieser Ansatz allen anderen Reformvorschlägen aus den genannten Gründen eindeutig vorzuziehen.

4. NAFTA, Nachhaltigkeit und Umweltschutz: Zielkonflikt oder Zielharmonie?

Die Nordamerikanische Freihandelszone, die Mexiko, Kanada und die USA seit dem 1. Januar 1994 bilden, ist mit mehr als 370 Millionen Einwohnern und einem internen jährlichen Sozialprodukt von derzeit mehr als 6,5 Billionen US-Dollar der ökonomisch bedeutendste aller jemals errichteten Integrationsräume. Allerdings ragt sie nicht nur aufgrund ihrer schieren Größe - gemessen an den üblichen Indikatoren übertrifft sie auch die Europäischen Union in nahezu allen Bereichen an wirtschaftlichem Gewicht (lediglich der Welthandelsanteil der EU-Staaten liegt über dem der NAFTA-Mitgliedsstaaten) -, aus der inzwischen schon zahlenmäßig kaum mehr erfaßbaren Fülle regionaler Wirtschaftsblöcke heraus. Zum einen wurde durch die

Einbeziehung des Entwicklungslandes Mexiko in das Nordamerikanische Freihandelsabkommen (NAFTA) die bislang einzige Nord-Süd-Integration der jüngeren Wirtschaftsgeschichte verwirklicht, die über ein reines Präferenzsystem hinausgeht. Zum anderen versuchten Umweltschutz- und sonstige Nichtregierungsorganisationen während der Verhandlungen erstmals gezielt, Einfluß auf den Inhalt des Abkommens und damit auf die internationale Handelsdiplomatie zu nehmen (vgl. *Sánchez* 1994, S. 95). Wie sehr diese Bestrebungen von Erfolg gekrönt waren, läßt sich an der Vielzahl von Verhaltensbindungen für die Regierungen der Mitgliedsstaaten ablesen, die das NAFTA selbst, aber auch das es in einzelnen Teilbereichen ergänzende Nebenabkommen zum Schutz der Umwelt enthalten. Nach Ansicht seiner Befürworter kommt dem NAFTA als dem ihrer Auffassung nach bislang am stärksten der Bewahrung der natürlichen Lebensgrundlagen verpflichteten Handelsabkommen der Wirtschaftsgeschichte (vgl. *Reilly* 1993, S. 182) daher eine wichtige Vorbildfunktion für alle künftigen regionalen Integrationsvorhaben zu.[92]

Von großer praktischer Bedeutung dürften die einschlägigen Bestimmungen des NAFTA angesichts der prominenten Stellung der USA in der WTO allerdings auch für die Weiterentwicklung des Regelwerks der Welthandelsordnung im Rahmen weiterer Handelsrunden sein. Dies deutete beispielsweise der amerikanische Vizepräsident *Gore* anläßlich der Abschlußkonferenz der Uruguay-Runde 1994 in Marrakesch bereits in einer Rede an (vgl. *Esty* 1994b, S. 75; *Wilkinson* 1994, S. 395). Gleiches gilt freilich auch für die Erweiterung bereits bestehender regionaler Integrationsräume höherer Ordnung, denen Länder einer niedrigeren Entwicklungsstufe beitreten möchten; ein konkretes Beispiel wäre die Osterweiterung der EU um Staaten des ehemaligen COMECON. Im folgenden ist daher zu untersuchen, ob, und wenn ja inwieweit, das NAFTA einschließlich seiner umweltpolitisch relevanten Nebenabkommen in der Tat - insbesondere im Vergleich zum WTO-Regelwerk - neuartige Lösungsansätze zur Vermeidung und Beilegung möglicher Zielkonflikte zwischen dem Schutz der Umwelt und der Liberalisierung von Außenhandel und Direktinvestitionen enthält, die ökonomisch wie ökologisch zu überzeugen vermögen.

4.1. Exkurs: die Entstehungsgeschichte des NAFTA

4.1.1. Das Hauptabkommen

Im Sommer des Jahres 1990 schlug der damalige mexikanische Präsident *Salinas* seinem amerikanischen Amtskollegen *Bush* die Aufnahme von Verhandlungen über ein bilaterales Freihandelsabkommen nach dem Muster des bereits seit dem 1. Januar 1989 bestehenden Kanadisch-amerikanischen Freihandelsabkommens (CUSTA) vor. Nur wenig später, am 25. September 1990, unterrichtete Präsident *Bush* den amerikanischen Kongreß formal von seiner Entscheidung, diesem Gesuch entsprechen zu

---

[92] Im Vergleich zu anderen Freihandelszonen weist der nordamerikanische Integrationsraum eine weitere wichtige Besonderheit auf. Zusätzlich zu üblichen konstitutiven Elementen einer Freihandelszone, also etwa Vereinbarungen zur internen Marktöffnung und Ursprungsregeln, enthält das NAFTA nämlich erstmals auch eine Reihe von Bestimmungen über Direktinvestitionen sowie zum Schutz geistiger Eigentumsrechte.

wollen.⁹³ Demgegenüber entschloß sich die kanadische Regierung erst nach einigem Zögern zur Teilnahme an den Verhandlungen, was sich insbesondere auf die Tatsache zurückführen ließ, daß Kanada nur in geringem Maße Handelsbeziehungen zu Mexiko unterhielt - und unterhält. So exportierte Kanada 1992 Waren und Dienstleistungen mit einem Gesamtwert von lediglich 771 Millionen kanadischen Dollar nach Mexiko. Die Einfuhren aus Mexiko beliefen sich auf 2,8 Milliarden kanadische Dollar. Zum Vergleich: Die Exporte der USA nach Mexiko erreichten im selben Jahr bei Importen von 42,6 Milliarden ein Volumen von umgerechnet 48,6 Milliarden kanadischen Dollar (vgl. *Government of Canada* 1993, S. 3). Als ausschlaggebend für den Entschluß der kanadischen Regierung, sich dennoch den NAFTA-Verhandlungen anzuschließen, erwies sich letztlich die Befürchtung, daß ein bilaterales Freihandelsabkommen zwischen den USA und Mexiko eine Diskriminierung kanadischer Anbieter auf dem amerikanischen Markt nach sich ziehen könnte (vgl. *Wonnacott* 1991, S. 80).

Am 5. Februar 1991 wurde die Öffentlichkeit der drei beteiligten Länder von dem bevorstehenden Beginn der Verhandlungen über das Nordamerikanische Freihandelsabkommen unterrichtet (vgl. *Truell* 1991, S. A7). Genau vierzehn Monate nach Aufnahme der trilateralen Gespräche am 12. Juni 1991 wurden die Verhandlungen am 12. August 1992 offiziell für beendet erklärt. Die drei Staats- und Regierungschefs unterzeichneten das Dokument schließlich am 17. Dezember 1992.

4.1.2. Der 'Parallel track' und die NAFTA-Nebenabkommen

4.1.2.1. Die *Bush*-Administration

Das geplante Freihandelsabkommen stieß von Anfang an auf den heftigen Widerstand einer informellen Koalition, die sich aus den wichtigsten amerikanischen Gewerkschaften und Umweltschutzorganisationen zusammensetzte (vgl. *Baker Fox* 1995, S. 55 ff.). Die Befürchtungen der Arbeitnehmervertreter, das NAFTA zöge eine Verlagerung von Produktionsstätten von amerikanischen Unternehmen in das südliche Nachbarland nach sich und bewirke ein spürbares Absinken der Reallöhne ihrer Mitglieder, gewannen dabei in breiten Schichten der US-Bevölkerung durch die von den Umweltschützern verbreitete These vom angeblichen 'Pollution haven' Mexiko, dessen behauptete Existenz die ökonomischen Anreize für eine Verlagerung von Produktionsstätten noch deutlich verstärke, sogar an Überzeugungskraft. Die Umwelt-

---

[93] Nicht nur aufgrund ihrer traditionell sehr engen wirtschaftlichen Verflechtung durch eine hochgradig komplementäre Arbeitsteilung - Mexiko ist nach Kanada, aber vor Japan und der Bundesrepublik der wichtigste Handelspartner der USA, die USA sind der mit Abstand bedeutendste Exportmarkt Mexikos - wiesen die wirtschaftspolitischen Zielsetzungen der USA und Mexikos ein hohes Maß an Übereinstimmung auf. Neben der wechselseitigen Marktöffnung und der Festschreibung der umfassenden marktorientierten Wirtschaftsreformen in Mexiko in den achtziger Jahren sahen die USA das NAFTA allerdings auch als wirksames Mittel gegen die zunehmende illegale Einwanderung an ihrer Südgrenze sowie als notwendiges Gegengewicht zu der von ihnen verstärkt als bedrohlich empfundenen Bildung von Handelsblöcken in Europa und Asien an (vgl. unter anderen *Aguilar* 1993, S. 12 ff.; *Holbein* 1992, S. 23 f.; *Kehoe* 1993, S. 120; *Krugman* 1993, S. 13 ff.; *Langhammer* 1992, S. 20 f.; *Weintraub* 1991, S. 58 ff.).

schutzorganisationen verstanden es in diesem Zusammenhang insbesondere geschickt, der amerikanischen Öffentlichkeit den im September 1991 ergangenen Schiedsspruch des GATT-Panels im ersten Thunfischfall, in dem Mexiko gegen die USA obsiegte, als Symbol für die angebliche Unvereinbarkeit von Handelsliberalisierung und Umweltschutz zu 'verkaufen' (vgl. *Audley* 1993, S. 257). Einen prominenten Fürsprecher fanden die NAFTA-Gegner schließlich in der Person des parteiunabhängigen und ausserordentlich populistisch agierenden damaligen Präsidentschaftskandidaten *Ross Perot*. Er prägte das geflügelte Wort vom "Giant sucking sound", der die massive Verlagerung von amerikanischen Arbeitsplätzen nach Mexiko begleiten werde, sollte das NAFTA ratifiziert werden.

Die Bestrebungen beider Gruppen, das Zustandekommen des NAFTA politisch zu verhindern, zumindest aber dessen Inhalt in ihrem Sinne zu beeinflussen, konzentrierten sich zunächst darauf, den Kongreß zur Ablehnung der sogenannten 'Fast-track authority' zu bewegen, deren Verlängerung über den 1. Juni 1991 hinaus Präsident *Bush* am 1. März des nämlichen Jahres für die NAFTA-Verhandlungen und den Abschluß der Uruguay-Runde des GATT beantragt hatte. Die 1974 erlassene 'Fast-track authority' - die zum damaligen Zeitpunkt im übrigen rechtlich im *Omnibus Trade and Competitiveness Act of 1988* verankert war -, die dem Präsidenten auf dessen Antrag hin vom Kongreß für einen bestimmten Zeitraum erteilt werden kann, dient nämlich dem Zweck, die Ratifizierung von Handelsabkommen durch den Kongreß zu beschleunigen und die Einflußnahme von Interessengruppen auf den Vertragsinhalt zu begrenzen (ausführlich zum Verfahren vgl. *Kaempfer* und *Marks* 1993, S. 725 f.), indem der Kongreß bei Anwendung der 'Fast-track'-Regeln der Möglichkeit beraubt ist, von der Regierung punktuelle Nachbesserungen der Vertragsinhalte und somit Nachverhandlungen zu verlangen. Der fragliche Vertragsentwurf muß von den Abgeordneten und Senatoren folglich entweder en bloc ratifiziert oder als Ganzes verworfen werden. Dem ökologisch-gewerkschaftlichen Zweckbündnis gelang es in der Folgezeit sehr rasch, sich die Unterstützung zahlreicher einflußreicher Senatoren und Kongreßabgeordneter beider im Kongreß vertretenen Parteien zu sichern. Um seine Chancen bei der für November 1992 anberaumten Präsidentschaftswahlen zu wahren, teilte Präsident *Bush* am 1. Mai 1991 dem Kongreß mit, sich einer Aushöhlung amerikanischer Umweltschutz- und Arbeitnehmerinteressen durch das geplante Freihandelsabkommen widersetzen zu wollen. Konkret verpflichtete er sich (vgl. *Office of the President* (United States) 1991),

- zu verhindern, daß das NAFTA "existing U.S. pesticide, energy conservation, toxic waste, [and] health and safety standards" schwächen oder eine laschere Kontrolle dieser Vorschriften von seiten der zuständigen amerikanischen Überwachungsbehörden nach sich ziehen werde;

- dafür zu sorgen, daß jedes Mitgliedsland der NAFTA weiterhin souverän in der Wahl seiner Mittel sein werde, um die Einhaltung der genannten Standards und Regulierungen zu überprüfen, solange diese nicht-diskriminierend angewendet werden; unangetastet bleibe auch das in den USA praktizierte Verfahren bei der Festlegung neuer Standards mit den drei Pfeilern wissenschaftliche Begründung, Anhörung der Öffentlichkeit und nicht-diskriminierende Ausgestaltung;

- das Recht der USA zu wahren, "to limit trade in items or products controlled by international treaties" [gemeint sind internationale Umweltschutzabkommen wie das Montrealer Protokoll oder die CITES; der Verfasser], wenn diese Abkommen von den USA ratifiziert wurden; gleiches gelte für Importwaren, die gegen bestehende amerikanische Umweltschutznormen sowie sanitäre und phytosanitäre Standards verstoßen;

- die wissenschaftlich-technische Zusammenarbeit mit Mexiko in den beiden Bereichen Umweltschutz und Gesundheitspolitik mit dem Ziel zu intensivieren, die einschlägigen Standards beider Länder auf möglichst hohem Niveau zu vereinheitlichen.

Um dies zu erreichen, kündigte er einen umfassenden Aktionsplan an, den er mittels einer zweigleisigen Verhandlungsstrategie zu verwirklichen beabsichtigte. *Bushs* Ansatz sah zum einen vor, die angesprochenen Problembereiche zum Teil durch entsprechende Schutzklauseln im NAFTA-Text selbst zu entschärfen. Vorrangig aber sollten sie, wie insbesondere die außerordentlich starke Umweltbelastung entlang der 1.933 Meilen langen amerikanisch-mexikanischen Grenze, außerhalb ("parallel") der eigentlichen Handelsgespräche im Rahmen gesonderter zwischenstaatlicher Kooperationsvereinbarungen einer für die USA befriedigenden Lösung zugeführt werden (vgl. *Magraw* 1994, S. 17; *Office of the President* (United States) 1992). Dabei sollte auch auf die zahlreichen bereits bestehenden bilateralen Umweltschutzvereinbarungen wie vor allem das 1983 geschlossene La Paz-Abkommen aufgebaut werden. Das wichtigste praktische Ergebnis in diesem Bereich stellt der im Februar 1992 - also nur wenige Monate vor dem offiziellen Abschluß der Verhandlungen zum NAFTA-Hauptabkommen - in Kraft getretene Integrated Environmental Plan for the Mexico-U.S. Border Area (IBEP) dar.[94] Des weiteren wurde der United States Trade Representative (USTR) von der *Bush*-Regierung mit der Erstellung einer umfassenden Studie über die möglichen Auswirkungen des geplanten Freihandelsabkommens auf die Umweltqualität in den USA und Mexiko beauftragt, deren Empfehlungen der amerikanischen Delegation als Leitschnur während der NAFTA-Verhandlungen dienen sollten. Die Endfassung des Berichts, in den auch die Ergebnisse von sechs öffentlichen Anhörungen einflossen, die der USTR im August und September 1991 veranstaltet hatte, wurde Anfang 1992 veröffentlicht (vgl. *United States Trade Representative's Office* 1992).[95] Überdies hatte *Bush* versucht, den Widerstand der Um-

---

[94] Der eigentliche Anstoß zu diesem Abkommen geht jedoch nicht auf den Aktionsplan vom 1. Mai 1991, sondern auf ein gemeinsames Kommuniqué der Präsidenten *Bush* und *Salinas* vom 27. November 1990 zurück (vgl. *Gregory* 1992, S. 102). - Allerdings ist der IBEP nicht als NAFTA-Nebenabkommen anzusehen, da er als vertragliche Vereinbarung der beiden nationalen Umweltbehörden im Gegensatz zum NAFTA und dessen Nebenabkommen kein völkerrechtlich verbindliches zwischenstaatliches Vertragswerk darstellt (vgl. *Montez* 1993, S. 426 f.).

[95] Der Nachfolger von *Bush*, *Bill Clinton*, stellte kurz vor der endgültigen Abstimmung im Kongreß über die Ratifizierung des NAFTA einen Folgebericht vor. Darin wurden die ökologischen Auswirkungen des gesamten Vertragswerks einschließlich der Nebenabkommen diskutiert und aufgezeigt, wie die zahlreichen Empfehlungen des ersten Berichts von der Regierung *Clinton* umgesetzt worden waren (vgl. *United States Trade Representative's Office* 1993).

weltschutzorganisationen gegen das geplante NAFTA auch dadurch abzuschwächen, indem er Vertreter ausgewählter Umweltgruppen in beratender Funktion formal in die amerikanische Verhandlungsdelegation, zu der von Anfang an auch hochrangige Beamte der höchsten amerikanischen Umweltbehörde EPA zählten, einband (vgl. *Gregory* 1992, S. 106 f.; *Office of the President* (United States) 1992, S. 115). Schließlich propagierte er die Einrichtung eines Joint Committee for the Protection and Improvement of the Environment, durch das die Zusammenarbeit der USA und Mexikos in Umweltfragen verbessert werden sollte, sowie der trinationalen North American Commission on the Environment (NACE). Deren Aufgabe sollte es insbesondere sein, "[to] work on environmental issues of common concern, including those related to the NAFTA," und den Mitgliedsstaaten dazu konkrete Lösungsvorschläge zu unterbreiten.[96]

Obwohl das Maßnahmenpaket *Bushs* den Widerstand der überwiegenden Mehrzahl der Umweltschutzorganisationen nicht zu brechen vermochte, obsiegte er bei der Abstimmung über die Verlängerung der 'Fast-track authority' im Repräsentantenhaus am 23. Mai 1991 nichtsdestotrotz mit einer relativ deutlichen Mehrheit von 231 zu 192 der abgegebenen Stimmen. Sein Verhandlungsmandat wurde dabei bis zum 1. Juni 1993 befristet (vgl. *Feeley* und *Knier* 1992, S. 262).

Das Scheitern ihrer Bemühungen, den Kongreß zur Ablehnung der von Präsident *Bush* beantragten 'Fast-track authority' für die NAFTA-Verhandlungen zu bewegen, löste im Lager der Umweltschutzorganisationen unterschiedliche Reaktionen aus. Um die NAFTA-Verhandlungen zu verzögern, versuchten die Organisationen *Public Citizen*, *Sierra Club* und *Friends of the Earth* die Regierung mit einer Klage zu zwingen, ein Environmental Impact Statement (EIS), also eine offizielle Umweltverträglichkeitsprüfung, über das NAFTA vorzulegen (vgl. *Reath* 1993, S. 1 und S. 4).[97] Sie wurde vom zuständigen Richter zwei Jahre später, im Juli 1993, zunächst positiv beschieden, von der Berufungsinstanz jedoch wieder aufgehoben. Daneben begannen die führenden Umweltschutzorganisationen der USA, Kanadas und Mexikos, in mehreren Diskussionspapieren ihre Bedenken gegen das NAFTA zu spezifizieren und eigene Vorschläge zu deren Lösung in die öffentliche Diskussion zu bringen (vgl. *National Wildlife Federation and Pollution Probe* 1992; *Natural Resources Defence Council* 1992). Trotz unterschiedlicher Auffassungen in einzelnen Detailfragen for-

---

[96] Die Gründung der NACE, deren Einrichtung im übrigen eine amerikanische Umweltschutzorganisation vorgeschlagen hatte, wurde am 17. September 1992 von den Umweltministern der drei Länder formal beschlossen, aber nicht mehr vollzogen. An die Stelle der NACE trat vielmehr die (North American) Commission on Environmental Cooperation (CEC beziehungsweise NACEC), deren Einrichtung im NAFTA-Umweltnebabkommen vereinbart wurde (vgl. *Winham* 1994, S. 31).

[97] Der *National Environmental Policy Act* aus dem Jahre 1970 verpflichtet die amerikanischen Bundesbehörden zur Erstellung eines EIS für jede "recommendation or report on proposals for legislation and other major Federal actions significantly affecting the quality of the human environment". Ein EIS dient jedoch lediglich als Entscheidungshilfe sowie zur Information der Öffentlichkeit. Der negativen Beurteilung eines Projekts folgt also nicht automatisch ein Baustopp. Erst das Versäumnis der zuständigen staatlichen Bauträger, überhaupt ein EIS zu erstellen, könnte ein öffentliches Investitionsvorhaben aus formalen Gründen vor Gericht zu Fall bringen.

derten sie von den NAFTA-Parteien ganz allgemein (vgl. *Audley* 1993, S. 258; *Sánchez* 1994, S. 99 f.),

- die NAFTA-Handelsregeln grundsätzlich dem ökologischen Oberziel einer nachhaltigen Entwicklung unterzuordnen,

- durch die Erhebung von Ökosteuern und Ökozöllen sowie gegebenenfalls die Ausgabe von Anleihen genügend Finanzmittel für Infrastruktur- und Umweltschutzmaßnahmen sowie die NACE bereitzustellen,

- die Öffentlichkeit in beratender Funktion bei Fragen der Verwaltung des NAFTA, insbesondere bei der Streitschlichtung, und an den Entscheidungsprozessen innerhalb der NACE zu beteiligen und sie durch die Entsendung von Vertretern auch in alle Entscheidungsprozesse aktiv einzubeziehen,

- Verstöße gegen bestehende Umweltgesetze durch verbesserte Klagemöglichkeiten und Handelssanktionen gegen einzelne Länder oder Unternehmen zu ahnden,

- die Aushandlung eines Zusatzabkommens zu den NAFTA-Kapiteln sieben und neun (technische sowie sanitäre und phytosanitäre Normen und Standards), um eine einheitliche Auslegung unbestimmter Begriffe in den Vertragsstaaten sicherzustellen und das Recht der Mitgliedsstaaten festzuschreiben, individuell auch strengere nationale Regulierungen erlassen zu können, die grundsätzlich nicht als nicht-tarifäre Handelshemmnisse eingestuft (und entsprechend sanktioniert) werden dürften,

- der NACE genügend Ressourcen zu Verfügung zu stellen, um unabhängig von Regierungseinflüssen jährliche Umweltberichte zu erarbeiten und sie solchermassen zu bevollmächtigen, daß sie ihre Empfehlungen danach in den NAFTA-Mitgliedsstaaten auch tatsächlich umsetzen könnte,

- bestimmten internationalen Umweltschutzabkommen im Konfliktfall grundsätzlich Vorrang vor anderslautenden Handelsregeln im NAFTA zu geben, sowie schließlich noch

- die Gründung der sogenannten Border Environmental Commission, um durch Dezentralisierung der Entscheidungsbefugnisse die Umweltprobleme an der amerikanisch-mexikanischen Grenze effizienter lösen zu können.

Als Reaktion auf diese Vorschläge sah sich die Regierung *Bush* veranlaßt, ergänzend zu den in ihrem auf dem "Parallel track" vorangetriebenen Aktionsplan vorgesehenen Maßnahmen in den Verhandlungen verstärkt auf die Aufnahme von Umweltschutzbestimmungen in das NAFTA-Hauptabkommen zu drängen, was ihr, wie noch zu zeigen sein wird, auch gelang.

4.1.2.2. Die *Clinton*-Administration

In einer Wahlkampfrede am 4. Oktober 1992 an der North Carolina State University erklärte der Präsidentschaftskandidat der Demokratischen Partei, *Bill Clinton*, daß er das NAFTA zwar grundsätzlich wegen der zu erwartenden Handelsschaffung und der damit einhergehenden Wohlfahrtssteigerungen in allen drei Ländern befürwortete. Gleichwohl bedürfe es zumindest der Ergänzung durch umfassende Nebenabkommen, um die Umwelt in den drei beteiligten Nationen sowie den amerikanischen Arbeitsmarkt wirksam vor negativen Folgewirkungen der im NAFTA-Hauptabkommen bereits vereinbarten Handelsliberalisierung mit Mexiko zu schützen (vgl. *Globermann* 1993, S. 294). Die auf Drängen von Präsident *Bush* bereits im NAFTA-Hauptabkommen verankerten einschlägigen Schutzklauseln und die auf dem 'Parallel track' vereinbarten bilateralen Kooperationsvorhaben - mit denen einige zentrale Forderungen der Umweltschützer und der Gewerkschaften erfüllt worden waren - seien freilich von der Sache her noch als völlig unzureichend einzustufen. Darüber hinaus propagierte *Clinton*, in enger Anlehnung an entsprechende Vorschläge der Umweltschutzorganisationen, als Gegenentwurf zur NACE noch die Einrichtung eines Environmental Protection Committee, dessen vorrangige Aufgabe in der Beseitigung der Gewässerverschmutzung entlang der Grenze zu Mexiko bestehen sollte. Des weiteren sollte diese Institution auch die Regierungen der NAFTA-Mitgliedsstaaten dazu zwingen können, die bestehenden nationalen Umweltgesetze tatsächlich zu vollziehen und etwaige Verstöße gegen die Bestimmungen rigoros zu ahnden. Damit bestätigte *Clinton* indirekt die wiederholt von Umweltschützern gegen die Regierung von Mexiko erhobenen Vorwürfe des ökologischen und sozialen Dumpings, das von den politisch Verantwortlichen zumindest geduldet wenn nicht sogar bewußt gefördert werde, um die Attraktivität des Landes als Industriestandort bei ausländischen Investoren zu erhöhen.

Die nach dem Wahlsieg *Clintons* anberaumten Verhandlungen über die drei NAFTA-Nebenabkommen wurden offiziell am 17. März 1993 aufgenommen.[98] Wegen anhaltender Meinungsunterschiede zwischen den Parteien konnten sie nach zahlreichen Unterbrechungen erst am 12. August 1993 zum Abschluß gebracht werden (vgl. *o.V.* 1993b, S. 11). Ohnehin gelang es der Regierung *Clinton* nur mit Mühe, von Kanada und Mexiko die erforderliche Zustimmung zu erneuten Gesprächen zu erhalten. Die amerikanische Delegation wollte mit dem Umweltnebenabkommen folgende Ziele erreichen (vgl. *Kantor* 1993, S. 275 ff.; *Winham* 1994 S. 30 ff.):[99]

- eine verbindliche Vereinbarung über Maßnahmen zur Beseitigung der besonders schwerwiegend eingestuften Umweltbelastungen im amerikanisch-mexikanischen Grenzgebiet;

---

[98] Im einzelnen handelt es sich um das North American Agreement On Environmental Cooperation, das North American Agreement On Labor Cooperation und das wesentlich kürzere Understanding Between The Parties To The North American Free Trade Agreement Concerning Chapter Eight - Emergency Action.

[99] Noch während des Präsidentschaftswahlkampfs sprach sich *Clinton* sogar dafür aus, der NACE umfassende eigenständige Vollzugs- und Sanktionsrechte den drei NAFTA-Mitgliedsstaaten gegenüber einzuräumen (vgl. *Montez* 1993, S. 435).

- eine verbesserte Überwachung der Einhaltung bestehender Umweltschutzgesetze in den NAFTA-Mitgliedsstaaten;

- die Festschreibung des Rechts eines Mitgliedsstaates, die Nichteinhaltung nationaler Umweltgesetze eines anderen mit der Aussetzung eines "appropriate level of benefits under NAFTA" sanktionieren zu dürfen;

- die Einrichtung einer unabhängigen trinationalen Kommission nach dem Muster der NACE, jedoch mit deutlich weiter reichenden Vollmachten. So strebte die amerikanische Regierung insbesondere an, nicht nur staatlichen Instanzen, sondern auch privaten Organisationen das Recht einzuräumen, bei der Kommission Beschwerde über eine vermutete Nichteinhaltung von Umweltschutzgesetzen in einem der beiden anderen Mitgliedsländer vorzubringen. Außerdem sollte die Kommission in einem solchen Fall das Recht erhalten, auf der Grundlage unabhängiger eigener Untersuchungen und Ermittlungen auch selbsttätig die Eröffnung eines offiziellen Streitschlichtungsverfahrens verlangen zu können.

Insbesondere die Forderung der USA nach handelspolitischen Sanktionen für den Fall, daß ein Mitgliedsland des NAFTA Verstöße gegen die eigenen Umweltgesetze wiederholt nicht ahnden sollte, wurde von Kanada und Mexiko aufgrund ihres höheren Öffnungsgrades im Vergleich zu den USA mit Nachdruck als diskriminierend abgelehnt und verzögerte mehrfach den Abschluß der Verhandlungen. Hochgradig umstritten waren daneben auch die Befugnisse der propagierten gemeinsamen Umweltkommission (vgl. *Maggs* und *Ryan* 1994, S. 1A und S. 10A).

Wie bereits die Verhandlungen über das Hauptabkommen wurden auch die Gespräche über die NAFTA-Nebenabkommen von kritischen bis ablehnenden Einwendungen einiger Umweltorganisationen begleitet. Allerdings gelang es *Clinton* durch seinen wahltaktisch motivierten Vorstoß, das NAFTA nicht ohne flankierende Nebenabkommen akzeptieren zu wollen,[100] und durch die von der amerikanischen Delegation auf diesem Weg letztlich erreichten Ergänzungen, das vormals relativ geschlossen auftretende Bündnis verschiedenster Umweltschutzorganisationen politisch zu spalten. Erstmals befürwortete eine Reihe mitgliederstarker Ökogruppen[101] nunmehr öffentlich den Abschluß des NAFTA und bot dem Präsidenten ausdrücklich

---

100 Er bekräftigte seine Entschlossenheit nochmals unmittelbar vor der Abstimmung im Kongreß über die Ratifizierung des NAFTA-Pakets durch Erlaß eines Statement of Administrative Action. Darin verpflichtet sich die *Clinton*-Regierung zur Aufkündigung des NAFTA, sollten sich Kanada oder Mexiko aus dem Umweltnebenabkommen zurückziehen (vgl. *Winham* 1994, S. 39).

101 Die Ratifizierung des NAFTA wurde nach dem Zustandekommen des Umweltnebenabkommens von der *National Wildlife Federation*, *Conservation International*, dem *Natural Resources Defence Council*, der *World Wildlife Federation*, der *National Audubon Society* und dem *Environmental Defence Fund* befürwortet. Weiterhin abgelehnt wurde es demgegenüber von *Public Citizen*, dem *Sierra Club*, *Friends of the Earth*, dem *Earth Island Institute*, der *Public Interest Research Group*, dem *Rainforests Action Network*, *Greenpeace*, der *American Society for the Prevention of Cruelty to Animals* und der *American Humane Society* (vgl. *Schneider* 1993, S. A1 und S. A10).

ihre Unterstützung für das anstehende Ratifizierungsverfahren in beiden Häusern des Kongresses an. Das NAFTA-Paket - bestehend aus dem Haupt- und den drei trilateralen Nebenabkommen - wurde in den USA in den beiden Abstimmungen vom 17. November 1993 im Repräsentantenhaus (mit der knappen Mehrheit von 234 Ja- zu 200 Nein-Stimmen) und 20. November 1993 im Senat (mit der unerwartet deutlichen Mehrheit von 61 Ja- zu 38 Nein-Stimmen) gebilligt.[102] Es konnte damit wie geplant zum 1. Januar 1994 in Kraft treten.

Abgerundet wird das NAFTA-Vertragspaket schließlich durch ein weiteres, allerdings nur bilaterales Abkommen zwischen den USA und Mexiko,[103] mit dem Mitte November 1993, also nach erfolgter Ratifizierung des NAFTA-Vertragswerks im amerikanischen Kongreß,[104] nachträglich noch die Einrichtung der Border Environment Cooperation Commission (BECC) sowie der North American Development Bank (NADBANK) - einer regionalen Entwicklungsbank - besiegelt wurde, um so speziell die Belastung der Umwelt entlang der mehr als dreitausend Kilometer langen gemeinsamen amerikanisch-mexikanischen Grenze spürbar zu vermindern.

4.1.3. Einseitige umweltpolitische Vorleistungen Mexikos

Eine Darstellung der politökonomischen Prozesse, die das Ergebnis der NAFTA-Verhandlungen entscheidend mitprägten, wäre unvollständig ohne eine kurze Würdigung der umweltpolitischen Maßnahmen, die von der mexikanischen Regierung in diesem Zeitraum, zum überwiegenden Teil jedoch bereits zuvor, einseitig ergriffen worden waren. Dahinter verbarg sich durchaus auch die Absicht, den zweifelhaften Ruf als 'Pollution haven' zu korrigieren, den das Land bei amerikanischen Umweltschutzorganisationen und Politikern genoß, um so genügend Goodwill für die Ratifizierung des NAFTA-Vertragswerks im US-Kongreß aufzubauen. Allen unbestreitbaren Fortschritten in der mexikanischen Umweltpolitik zum Trotz verstärkte sich das ökologische Negativimage Mexikos in der amerikanischen Öffentlichkeit jedoch erneut nach der Bekanntgabe des Entscheids des GATT-Panels im ersten Thunfischfall 1991, der während der NAFTA-Verhandlungen publik wurde.

Der Schutz der Gesundheit, der Umwelt und die Bewahrung der natürlichen Ressourcen gehören zu den Grundrechten der mexikanischen Bevölkerung und sind in der Verfassung des Landes verankert. Wichtigste rechtliche Grundlage der praktischen

---

102 Bei der Abstimmung im Repräsentantenhaus befürworteten allerdings nur knapp vierzig Prozent der Abgeordneten aus *Clinton*s eigener Partei, den Demokraten, jedoch 75 Prozent aller darin vertretenen Republikaner das NAFTA. (vgl. *o.V.* 1993c, S. 50).

103 Der volle Titel des Abkommens lautet: Agreement Between the Government of the United States Of America And The Government Of The United Mexican States Concerning The Establishment Of A Border Environment Cooperation Commission And A North American Development Bank.

104 Das Versprechen *Clinton*s, dieses dritte Abkommen abzuschließen, war ein Zugeständnis an die noch unentschlossenen Parlamentarier aus den süd- und südwestlichen Bundesstaaten der USA, von deren Stimmen die Ratifizierung des NAFTA durch den Kongreß abhing (vgl. *o.V.* 1993c, S. 49).

mexikanischen Umweltpolitik ist das am 1. März 1988 in Kraft getretene *Ley General Del Equilibrio Ecológico Y La Proteccion Al Ambiente*, dessen Bestimmungen sehr eng an das amerikanische Umweltrecht angelehnt sind, dieses jedoch an Strenge zumindest auf dem Papier oft noch übertreffen (vgl. *Kublicki* 1994, S. 78 ff.; *Rodarte* 1992, S. 79 ff.; *Runge* 1994, S. 63 f.). Beispielsweise verpflichtet das Gesetz anders als in den USA nicht nur die öffentliche Hand, sondern auch private Investoren zur Erstellung eines EIS für potentiell die Umwelt beeinträchtigende Bauvorhaben. Zudem entscheiden die Ergebnisse des EIS in Mexiko - im Gegensatz zu den USA, wo ihm, wie bereits erwähnt, lediglich formale Bedeutung zukommt -, darüber, ob ein Investitionsprojekt von den Behörden genehmigt oder abgelehnt wird. Daneben ist es seit 1991 auch den untergeordneten Gebietskörperschaften Mexikos erlaubt, in ihrem Zuständigkeitsbereich eigene Umweltschutzregulierungen einzuführen. Zuständig für die Umsetzung der Umweltpolitik, die Koordination der Umweltschutzmaßnahmen der Gebietskörperschaften und die Verhängung von Sanktionen bei Nichtbeachtung des *Ley General* war zunächst das Secretario de Desarollo Urbano Y Ecología (SEDUE), an dessen Stelle 1992 das Secretaria de Desarollo Social (SEDESOL) und 1994 das Secretaria de Medio Ambiente, Recursos Naturales Y Pesca (SEMARNAP) trat. Nachgewiesene Verstöße gegen das *Ley General* können außerordentlich streng bestraft werden. Gestaffelt nach Art und Schwere des Vergehens darf die SEDESOL Geldbußen verhängen sowie befristete oder unbefristete Betriebsstillegungen verfügen. Daneben drohen den Verantwortlichen schließlich noch Gefängnisstrafen bis zu neun Jahren.

Allerdings begründeten die amerikanischen Umweltschutzorganisationen ihren anhaltenden Widerstand gegen das NAFTA, wie gesagt, weniger mit inhaltlichen Mängeln der mexikanischen Umweltgesetze, sondern vielmehr mit der in der Vergangenheit unbestritten lückenhaften Anwendung und Durchsetzung der Bestimmungen durch die Behörden. Gleichwohl waren und sind in diesem Bereich deutliche Fortschritte unverkennbar. So wurde der Haushalt des SEDUE/SEDESOL/SEMARNAP von sechs Millionen US-Dollar im Jahr 1989 auf 77 Millionen US-Dollar 1993 aufgestockt, und die Zahl der dort beschäftigten Inspektoren nahm in diesem Zeitraum von 700 auf 1.200 zu. Entsprechend wurden auch die behördlichen Kontrollen in den Unternehmen selbst erheblich ausgeweitet und die ermittelten Rechtsbrüche hart sanktioniert.[105] Als eindeutiges politisches Signal an die amerikanische Öffentlichkeit anzusehen war dabei insbesondere die Schließung einer der größten Raffinerien der staatlichen Ölgesellschaft PEMEX nahe Mexiko-Stadt wegen anhaltender Verstöße gegen bestehende Luftreinhaltungsvorschriften am 18. April 1991 (vgl. *Gonzalez-Baz* 1992, S. 239). Sie führte zur Freisetzung von 5.000 Arbeitskräften und verminderte die Raffineriekapazität des Landes um sieben Prozent. Schließlich verstärkte die Regierung Mexikos ihre Anstrengungen auch im Bereich der internationalen Umweltpolitik. So orientierte sich das Land von Anfang an bewußt an den strengeren, für In-

---

105 Zum Vergleich: Der amerikanischen Umweltbehörde EPA stehen derzeit fünf Milliarden US-Dollar im Jahr zur Verfügung. Allerdings erreichen die jährlichen Gesamtaufwendungen Mexikos für den Umweltschutz, etwa 2,5 Mrd. US-Dollar, mit einem Prozent des Bruttosozialprodukts weltweit den höchsten Wert für ein Entwicklungsland. Mit diesem Prozentsatz übertrifft Mexiko im übrigen auch einige westliche Industrienationen, so zum Beispiel Frankreich (vgl. *o.V.* 1993d, S. 47; *Organ* und *Williams* 1994, S. 64).

dustrienationen geltenden Vorgaben des Montrealer Protokolls - das Mexiko im übrigen als erstes Land weltweit ratifizierte - und nicht an den wesentlich großzügigeren und durch deutlich längere Übergangszeiten und Implementierungsfristen gekennzeichneten Regelungen für Entwicklungsländer. Überdies trat das Land 1991 dem CITES bei (vgl. *Alonzo* 1992, S. 95.)

4.2. Unmittelbare und mittelbare Umweltbezüge im NAFTA

4.2.1. Das Hauptabkommen

Das NAFTA-Hauptabkommen gliedert sich in acht Teile mit insgesamt 22 Kapiteln.[106] Hinzu kommen zahlreiche Anhänge, die eine Reihe länderspezifischer Sonderregelungen und Ausnahmebestimmungen sowie die Zollnomenklaturen der drei Mitgliedsstaaten enthalten. Handelspolitisch relevante Regelungen, in denen der Schutz der Umwelt ausdrücklich und wörtlich verankert ist, finden sich abgesehen von der Präambel noch in

- Teil eins (allgemeiner Teil), Kapitel eins (allgemeine Zielsetzungen des Abkommens),

- Teil zwei (Warenhandel), Kapitel sieben (Landwirtschaft sowie sanitäre und phytosanitäre Bestimmungen),

- Teil drei (technische Handelshemmnisse), Kapitel neun (Normen und Standards),

- Teil fünf (Investitionen und Handel mit Dienstleistungen), Kapitel elf (Investitionen),

- Teil sechs (Schutz geistiger Eigentumsrechte),

- Teil sieben (administrative und institutionelle Bestimmungen), Kapitel zwanzig (Streitschlichtung) und

- Teil acht (sonstige Bestimmungen), Kapitel einundzwanzig (allgemeine Ausnahmen).

Sie sollen im folgenden ausführlich gewürdigt werden. Wie bereits bei der ökonomischen Analyse der einschlägigen Bestimmungen des WTO-Regelwerks sind darüber hinaus auch noch diejenigen Vorschriften des NAFTA zu diskutieren, die zwar formal ausdrücklich anderen Zielsetzungen als dem Schutz der Umwelt dienen, die materiell jedoch nichtsdestotrotz mittelbare oder unmittelbare Rückwirkungen auf die Umweltqualität in den Mitgliedsstaaten zeitigen werden.

---

[106] Das NAFTA-Hauptabkommen ist abgedruckt in: International Legal Materials (1993), Jg. 32, S. 289-456 sowie S. 605-799. - Alle Übersetzungen von Vertragsbestandteilen wurden vom Verfasser vorgenommen.

4.2.1.1. Präambel

In der Präambel des NAFTA bekunden die Regierungen der USA, Kanadas und Mexikos ihre Entschlossenheit, mit dem Abkommen fünfzehn, naturgemäß sehr allgemein formulierte politische Oberziele zu verwirklichen, die sich keineswegs auf den Bereich der Handelspolitik oder der allgemeinen Wirtschaftspolitik beschränken. So soll das NAFTA auch dazu dienen, die "besonderen Bande der Freundschaft und der Zusammenarbeit" zwischen den drei beteiligten Nationen zu stärken und die "grundlegenden Rechte der Arbeitnehmer zu schützen, zu erweitern und durchzusetzen". Gleichwohl überwiegen die rein ökonomischen Zielsetzungen des NAFTA ganz deutlich. So soll das Abkommen ganz generell und auf der Grundlage der im GATT und sonstigen internationalen Verträgen niedergelegten Rechte und Pflichten der NAFTA-Mitgliedsstaaten

- einen positiven Beitrag zu einer harmonischen Entwicklung und Ausweitung des Welthandels leisten,

- bestehende Handelsverzerrungen abbauen,

- inhaltlich eindeutige und für alle Beteiligten vorteilhafte Handelsregeln gewährleisten,

- verläßliche Rahmenbedingungen für unternehmerische Planungen und Investitionsvorhaben schaffen,

- Anreize für Innovationen geben sowie den Austausch von Waren und Dienstleistungen unter Wahrung geistiger Eigentumsrechte fördern,

- die Wettbewerbsfähigkeit der in den Mitgliedsstaaten ansässigen Firmen auf den Weltmärkten steigern helfen sowie schließlich

- für mehr Beschäftigungsmöglichkeiten, bessere Arbeitsbedingungen und einen höheren Lebensstandard sorgen.

Für die hier interessierende Fragestellung von entscheidender Bedeutung ist jedoch die Tatsache, daß die soeben genannten grundlegenden ökonomischen Zielsetzungen des NAFTA jeweils nur in einer Art und Weise verwirklicht werden sollen, die mit dem Schutz der Umwelt und dem Erhalt der natürlichen Lebensgrundlagen vereinbar ist. Des weiteren verpflichtet die Präambel die Unterzeichnerstaaten zur Förderung einer nachhaltigen Entwicklung sowie zum Auf- und Ausbau der nationalen Umweltgesetzgebung und deren möglichst effektiven Vollzug. Bereits aus der Präambel des NAFTA läßt sich mithin ein per se Vorrang des Umweltschutzes - ungeachtet der ökonomischen wie ökologischen Effizienz der im Einzelfall eingesetzten Mittel - vor dem Abbau von Handelsschranken und Beschränkungen für ausländische Direktinvestitionen ableiten. Wie bereits in den vorstehenden Abschnitten dieser Abhandlung ausführlich dargelegt wurde, ist eine solchermaßen pauschale Hierarchiebildung auch umweltpolitisch höchst problematisch, da gerade eine liberale Außenhandelsordnung keineswegs im Widerspruch zu ökologischen Zielsetzungen stehen muß, sondern im Gegenteil durch den Abbau der zahlreichen noch bestehenden und erst durch Handelshemmnisse verursachten negativen Externalitäten regelmäßig einen wesentlichen Beitrag zu einer Verbesserung der nationalen und globalen Umweltqualität zu leisten vermag.

4.2.1.2. Allgemeiner Teil

Das Verhältnis von nationaler und internationaler Umweltpolitik und den NAFTA-Handelsregeln wird erstmals im allgemeinen Teil des Abkommens in den Artikeln 103 mit 105 näher präzisiert. Konkret legen diese Artikel fest, wann im Fall einer Kollision unterschiedlicher Rechtsnormen dem NAFTA-Regelwerk Vorrang gebührt beziehungsweise anderslautende Regelungen bestimmter völkerrechtlicher Übereinkommen grundsätzlich Priorität genießen sollen.

Festzuhalten ist zunächst, daß die Bestimmungen des NAFTA, sofern im Einzelfall nichts anderes vereinbart wurde, gemäß Art. 103(2) stets sämtlichen Rechten und Pflichten vorgehen, die den NAFTA-Unterzeichnerstaaten aus deren gleichzeitiger Mitgliedschaft im GATT und allen anderen internationalen Abkommen erwachsen würden. Daß in dieser bewußt allgemein gehaltenen Vorschrift lediglich das GATT ausdrücklich angeführt wird, ist nicht nur als politisches Signal an die Adresse derjenigen Umweltschutzorganisationen zu verstehen, die sowohl dem aus ihrer Sicht ökologisch bedenklichen GATT-Abkommen - insbesondere nach Bekanntwerden des Panel-Entscheids im ersten Thunfischfall 1991 - als auch den NAFTA-Verhandlungen ablehnend gegenüberstanden. Art. 103(2) eröffnet den NAFTA-Mitgliedsstaaten überdies die Möglichkeit, selektiv Schiedssprüche künftiger oder tagender GATT-Panel, gerade auch bei vorgeblichen oder tatsächlichen Konflikten zwischen Umwelt- und Handelspolitik, im Innenverhältnis für unanwendbar zu erklären. Praktische Bedeutung erlangen könnte diese Regelung etwa für den in Kürze zu erwartenden Schiedsspruch eines WTO-Panels über die GATT-Konformität der amerikanischen CAFE-Standards, in denen Höchstwerte für den durchschnittlichen Benzinverbrauch von Pkw festgelegt sind. Beim Überschreiten dieser Werte ist eine Neuzulassung dieses Typen in den USA nicht möglich. Annex 300-A.3 des NAFTA sieht nämlich vor, die Einhaltung dieses Standards unter bestimmten Voraussetzungen und nach einer gewissen Übergangsfrist auch für alle in den USA angebotenen Automobile ausländischer Herkunft verbindlich vorzuschreiben.

In klarem Gegensatz dazu - und zum WTO-Regelwerk - genießen jedoch die speziellen Handelsregeln von bislang fünf internationalen Umweltschutzabkommen grundsätzlich Vorrang vor allen anderslautenden NAFTA-Bestimmungen (vgl. Art. 104(1)). Im einzelnen sind dies die CITES, das Montrealer Protokoll, das Basler Übereinkommen, das Agreement Between the Government of Canada and the Government of the United States of America Concerning the Transboundary Movement of Hazardous Waste von 1986 sowie das im folgenden kurz als La Paz-Abkommen bezeichnete Agreement Between the United States of America and the United Mexican States on Cooperation for the Protection and Improvement of the Environment in the Border Area aus dem Jahre 1983 (vgl. Art. 104(1)(a)-(d) sowie den ergänzenden Annex 104.1). Art. 104(2) gibt den NAFTA-Parteien überdies das Recht, diese Liste durch einfache schriftliche Vereinbarung gegebenenfalls um weitere internationale Umweltschutzabkommen zu ergänzen. Dem Wortlaut des hier einschlägigen

Art. 104(2) ist jedoch nicht zu entnehmen, ob hierfür Einstimmigkeit erforderlich ist oder aber ob ein Entscheid mit einfacher Mehrheit genügt. Allerdings sind die NAFTA-Mitgliedsstaaten gehalten, sofern sie die Zielsetzungen der angeführten Übereinkommen auch mit anderen, "equally effective and reasonably available" wirtschaftspolitischen Instrumenten als dem darin propagierten Einsatz von Import- und/oder Exportbeschränkungen erreichen könnten, sich stets derjenigen Maßnahme zu bedienen, die am ehesten mit den NAFTA-Bestimmungen vereinbar ist.

Von Umweltschutzorganisationen wurde diese wichtige Einschränkung wiederholt kritisiert. Nicht nur angesichts der meist geringen ökologischen Effizienz von Handelsbeschränkungen ist sie gleichwohl auch umweltpolitisch sachlich wohl begründbar. Hinzu kommt, daß der mißbräuchliche, also der rein protektionistisch motivierte Einsatz der Handelsregeln internationaler Umweltabkommen durch deren Unterzeichnerstaaten - auch und gerade gegenüber Drittstaaten außerhalb der Nordamerikanischen Freihandelszone - auf diese Weise zumindest tendenziell erschwert wird. Nichtsdestotrotz bleibt der durch diese Nebenbedingung praktisch kaum eingeschränkte grundsätzliche Vorrang der in den genannten Umweltabkommen enthaltenen Handelsregeln vor der im NAFTA vereinbarten Handelsliberalisierung trotz der damit verbundenen ökonomischen wie ökologischen Nachteile bestehen.

4.2.1.3. Sanitäre und phytosanitäre Bestimmungen

Die in Kapitel sieben, Abschnitt B des NAFTA niedergelegten Regelungen finden Anwendung auf alle sanitären und phytosanitären Maßnahmen der Mitgliedsstaaten, die sich mittelbar oder unmittelbar störend auf die Handelsbeziehungen der NAFTA-Mitgliedsstaaten untereinander auswirken können.[107] Bezugnehmend auf die in der Präambel sowie in Art. 102 des Abkommens verankerte allgemeingültige Zielsetzung, noch bestehende Beeinträchtigungen des grenzüberschreitenden Austauschs von Waren schrittweise zu vermindern, sind sie als allgemeine Richtlinien zu verstehen, die von den NAFTA-Parteien bei der Entwicklung, der Festsetzung und dem Vollzug sanitärer oder phytosanitärer Maßnahmen zu beachten sind (vgl. Art. 709). Sie gelten uneingeschränkt auch für sämtliche nicht-regierungsamtlichen Einrichtungen, sollte diesen die Umsetzung dieser Maßnahmen im Einzelfall gegebenenfalls übertragen worden sein (vgl. Art. 711).

Ausdrücklich verneint wird zunächst die Anwendbarkeit der ansonsten für den gesamten Warenhandel innerhalb des NAFTA-Raums nahezu uneingeschränkt gültigen Prinzipien der Inländerbehandlung für "gleichartige Waren" (Art. 301(1)) im Sinne der Definition des unverändert in das NAFTA Art. III des GATT und des generellen Verbots nicht-tarifärer Einfuhr- und Ausfuhrbeschränkungen mit Ausnahme der nach

---

[107] Als sanitäre und phytosanitäre Maßnahme im Sinne des NAFTA gilt dabei jede Regelung, die ein Mitgliedsstaat zu dem Zweck erläßt oder beibehält "[to] (a) protect animal or plant life or health in its territory from risks arising from the introduction, establishment or spread of a pest or disease, (b) protect human or animal life or health in its territory from risks arising from the presence of an additive, contaminant, toxin or disease-causing organism in a food, beverage or foodstuff" (vgl. Art. 724).

Art. XI des GATT-Abkommens ausdrücklich zulässigen Handelshemmnisse (vgl. Art. 309) auf sanitäre und phytosanitäre Bestimmungen (vgl. Art. 710). Gleiches gilt für die Ausnahmeregelung nach Art. XX(b) des GATT, die leicht modifiziert - der Schutz der Umwelt wird in der NAFTA-Version nunmehr explizit - das heißt: wörtlich - als eigenständiger Rechtfertigungsgrund für Abweichungen von den Grundprinzipien der Welthandelsordnung auf der Grundlage von Art. XX(b) genannt - in Gestalt des Art. 2101(1) ebenfalls in das NAFTA Eingang fand. Auch diese Passi des Abkommens spiegeln mithin deutlich den Willen der Vertragsparteien wider, etwaige Konflikte zwischen der Liberalisierung des Handels und Zielen und Mitteln des nationalen Umweltschutzes nicht unbedingt auf der Grundlage der einschlägigen Bestimmungen des WTO-Regelwerks lösen zu wollen.[108]

Grundsätzlich gesteht das NAFTA den Mitgliedsstaaten das Recht zu, jedwede sanitäre und phytosanitäre Maßnahme zu ergreifen, die sie für notwendig erachten. Es ist ihnen dabei ausdrücklich erlaubt, bereits bestehende Standards, Empfehlungen oder sonstige Richtlinien internationaler Gremien an Strenge noch zu übertreffen (vgl. Art. 712(1)). Die Festlegung des im Einzelfall als notwendig erachteten Schutzniveaus obliegt ausschließlich dem jeweiligen Mitgliedsstaat selbst (vgl. Art. 712(2)), der entsprechend auch das Recht hat, die Einfuhr von Waren aus den anderen NAFTA-Mitgliedsstaaten, die die im Inland gültigen Standards verfehlen, zu unterbinden. Zumindest verbal klar erkannt wurde von den Vertragsparteien allerdings auch das sanitären wie phytosanitären Bestimmungen stets inhärente protektionistische Potential. Um dessen Entfaltung möglichst durchgreifend zu unterbinden, sind die Mitgliedsstaaten verpflichtet, derartige Maßnahmen ganz generell nicht vorsätzlich mit dem Ziel zu ergreifen oder beizubehalten, den Handel zwischen den Vertragsstaaten insgeheim zu beschränken (vgl. Art. 712(6)),[109] sowie bei deren Ausgestaltung stets

- wissenschaftliche Prinzipien anzuwenden und, soweit erforderlich, regional unterschiedliche geographische Gegebenheiten zu beachten sowie eine den Umständen des Einzelfalls angemessene Risikoabschätzung vorzunehmen (vgl. Art. 712(3)),

- die fragliche Maßnahme wieder zurückzunehmen, sollte deren wissenschaftliche Begründung oder Rechtfertigung hinfällig oder widerlegt werden,

---

[108] Eine weitere in der Praxis nicht unbedeutende Sonderregelung gilt nach Art. 310(2) allerdings für die nachgeordneten Gebietskörperschaften der NAFTA-Unterzeichnerstaaten. Für sie ist Inländerbehandlung zu interpretieren als "treatment no less favorable than the most favorable treatment accorded by such state or province to any **like, directly competitive or substitutable goods, as the case may be, of the Party of which it forms a part**" (Hervorhebung durch den Verfasser). Für ausländische Anbieter stellt sich somit mitunter das Problem unterschiedlicher Normen für Ausfuhren in ein und dasselbe Land.

[109] Die in Art. 712 angeführten allgemeinen Anforderungen werden in Art. 715(3)(a) erneut aufgegriffen und genauer spezifiziert. Demzufolge sollten die NAFTA-Parteien bei der Festlegung eines angemessenen Schutzniveaus auch "the objective of minimizing negative trade effects" beachten. Eine ausdrückliche Verpflichtung, dies zu tun, besteht für sie also nicht. Art. 715((1)(a) gemäß sind für die Risikoabschätzung Techniken und Methoden in Betracht zu ziehen, die von einschlägig ausgewiesenen internationalen oder nordamerikanischen Organisationen entwickelt wurden.

- nicht willkürlich oder ohne sachlich gerechtfertigten Grund zwischen inländischen und ausländischen Waren sowie zwischen Importgütern unterschiedlicher Herkunftsländer zu diskriminieren, sofern dort die gleichen oder ähnliche Bedingungen herrschen (vgl. Art. 712(4)), sowie schließlich

- sicherzustellen, daß die fragliche Maßnahme keine unnötige Behinderung des Handels darstellt, indem sie von den zuständigen nationalen Behörden nur in dem zum Erreichen des Schutzzwecks erforderlichen Umfang angewendet wird (vgl. Art. 712(5)).

Den Handel verzerrende Differenzen zwischen den bestehenden einzelstaatlichen sanitären und phytosanitären Normen sollen von den NAFTA-Mitgliedsstaaten vielmehr vorrangig durch die schrittweise Angleichung der nationalen Vorschriften auf möglichst hohem Niveau beseitigt werden. Die angestrebte Harmonisierung soll zum einen dadurch erreicht werden, daß das normsetzende Land die Übernahme bereits bestehender oder geplanter sanitärer oder phytosanitärer Normen der anderen Mitgliedsstaaten erwägen sollte (vgl. Art. 714(4)).[110] Zum anderen sollen von den Mitgliedsstaaten internationale Standards, Richtlinien oder Empfehlungen beachtet werden (vgl. Art. 713(1)),[111] deren Anwendung allerdings zu unterbleiben hat, wenn dadurch im Einzelfall das bisherige Schutzniveau in einem Mitgliedsstaat unterschritten würde (vgl. Art. 713(1) sowie Art. 714(1)). Entsprechen die nationalen Normen demgegenüber bereits internationalen Empfehlungen oder Standards, gelten sie automatisch als vereinbar mit den Vorgaben des Artikels 712; sie sind von den anderen NAFTA-Parteien demzufolge grundsätzlich nicht als verdeckte oder sachlich nicht begründete Beschränkung des Handels anfechtbar (vgl. Art. 713(2)). Andererseits gelten davon abweichende, also strengere, einzelstaatliche Normen nicht "for that reason alone" als unvereinbar mit den Bestimmungen des NAFTA über sanitäre und phytosanitäre Maßnahmen, also nicht zwangsläufig als nicht-tarifäre Handelshemmnisse (vgl. ebenda sowie Art. 712(1)). Die davon betroffene Partei kann allerdings vom normsetzenden Land eine schriftliche Begründung für eine solche Abweichung verlangen (vgl. Art. 713(4)). Da im NAFTA-Abkommen nicht näher präzisiert wird, welche zusätzlichen Gründe in Zweifelsfällen als sachlich angemessene Rechtfertigung anzusehen sind, dürfte ein Verstoß gegen die Vertragsregeln freilich nur vorliegen, falls die in den Artikeln 712 und 715 festgelegten allgemeinen Verfahrensregeln vom normsetzenden Land nicht (vollständig) beachtet wurden.

Ökonomisch bedenklich, weil protektionistischen Bestrebungen angesichts des nicht immer vorhandenen (natur-)wissenschaftlichen Konsenses unnötigerweise Vorschub leistend, ist allerdings die Tatsache, daß die Beweispflicht in diesen Fällen - im

---

110 Wie deutlich erkennbar ist, zielt diese Bestimmung eindeutig auf Mexiko ab, dessen Regulierungsdichte im Umweltschutz von den anderen NAFTA-Mitgliedsstaaten in einigen Bereichen noch immer als unzureichend erachtet wird.

111 Überdies werden die Unterzeichnerstaaten zur aktiven Mitgliedschaft in den einschlägigen internationalen Gremien angehalten - "with a view to promoting the development and periodic review of international standards, guidelines and recommendations" (Art. 713(5)).

Gegensatz zu den einschlägigen Regularien des WTO-Regelwerks! - stets bei der klagenden Partei liegt, also dem jeweiligen Exportland, das die fragliche sanitäre oder phytosanitäre Maßnahme des Importlandes für sachlich unbegründet oder zu streng erachtet und sie entsprechend als nicht-tarifäres Handelshemmnis ansieht (vgl. Art. 723(6)).

Nur geringfügig relativiert wird diese Vorgabe durch die dem Importland im Gegenzug auferlegte Pflicht, bestehende sanitäre oder phytosanitäre Normen und Standards des Exportlands bis zum Beweis des Gegenteils als gleichwertig zu den eigenen Bestimmungen anzuerkennen (vgl. Art. 714(2)(a)). Dies gilt nämlich nur, falls es wiederum dem Exportland in Zweifelsfällen gelänge, "[to provide] to the importing Party scientific evidence or other information, in accordance with risk assessment methodologies agreed on by those parties, to demonstrate objectively ... that the exporting Party's measure achieves the importing Party's appropriate level of protection" (ebenda). Das Importland hat also das Recht, "where it has a scientific basis", der sanitären oder phytosanitären Norm des Exportlands die Gleichwertigkeit einseitig abzusprechen (vgl. Art. 714(2)(b)). Dem betroffenen Land müssen lediglich auf Anfrage die Gründe für die Nichtanerkennung schriftlich mitgeteilt werden (vgl. Art. 714(2)(c)). Diesem stünde es dann frei, die Eröffnung eines förmlichen Streitschlichtungsverfahrens zu beantragen.

Des weiteren ist es jedem Mitgliedsstaat erlaubt, sanitäre oder phytosanitäre Maßnahmen auch in Form von Übergangsregelungen zu ergreifen, sofern die erforderliche Risikoabschätzung mangels hinreichender wissenschaftlicher Erkenntnisse oder sonstiger entscheidungsrelevanter Informationen nicht mit der notwendigen Genauigkeit getroffen werden kann. Die Risikoabschätzung ist in diesen Fällen jedoch zu wiederholen, sobald die Informationslücke geschlossen werden konnte. Die fragliche Maßnahme wäre dann gegebenenfalls zu revidieren oder ganz abzuschaffen (vgl. Art. 715(4)).

Detailliert geregelt ist auch, welche Grundsätze die zuständigen Behörden des Importlands zu beachten haben, wenn es daran geht zu überprüfen, ob die aus den anderen NAFTA-Mitgliedsstaaten eingeführten Waren die einschlägigen inländischen Normen ebenfalls erfüllen. Neben der Pflicht zur Inländerbehandlung in allen Einzelschritten des Verfahrens einschließlich der Bemessung anfallender Gebühren und zur schnellstmöglichen Abfertigung (vgl. unter anderem Art. 717(1)(a)) - die normalerweise übliche Dauer des Verfahrens ist zu veröffentlichen oder dem Antragssteller auf dessen Anfrage hin mitzuteilen (vgl. Art. 717(1)(b)) - ist dem Antragsteller das Ergebnis der Überprüfung in einer Form zu übermitteln, die es ihm erlaubt, die für die Beseitigung der festgestellten Mängel notwendigen Maßnahmen zu ergreifen (vgl. Art. 717(1)(c)(ii)).

Ökonomisch ebenso zu begrüßen sind die umfassenden Informations- und Auskunftspflichten, die das NAFTA den jeweils obersten Gebietskörperschaften[112]

---

[112] Für sanitäre und phytosanitäre Maßnahmen untergeordneter Gebietskörperschaften gelten demgegenüber jedoch eindeutig weniger strenge Vorgaben. Insbesondere muß deren Bekanntgabe lediglich "at an early appropriate stage" erfolgen (vgl. dazu Art. 718(2)).

jedes Mitgliedsstaates vor und während der Einführung neuer oder der Modifikation bestehender sanitärer und phytosanitärer Maßnahmen auferlegt. Zunächst muß der vollständige Text des einschlägigen Gesetzes oder der Verordnung wenigstens sechzig Tage vor dem Inkrafttreten oder der Änderung einer sanitären oder phytosanitären Maßnahme in verständlicher Form veröffentlicht werden (vgl. Art. 718(1)(a)). Interessierte Parteien haben Anspruch auf eine Kopie des Textes, in dem, sofern dies möglich beziehungsweise überhaupt der Fall ist, außerdem auch wesentliche Abweichungen von internationalen Standards oder Empfehlungen kenntlich zu machen sind (vgl. Art. 718(1)(c)). Verankert ist ebenfalls das Recht jedweder interessierten Partei einschließlich der staatlichen Organe der übrigen Mitgliedsländer, die Textvorlage schriftlich zu kommentieren und deren Inhalt mit der zuständigen Instanz zu diskutieren. Die in diesen Gesprächen gewonnenen Erkenntnisse sollten dann im weiteren Verlauf des Verfahrens berücksichtigt werden (vgl. Art. 718(1)(d)).

In dringenden Fällen ist es jeder normsetzenden Vertragspartei aber erlaubt, das Verfahren zu verkürzen. Gleichwohl bleibt auch dann die Pflicht zur Information der anderen Mitgliedsstaaten über den Sachverhalt und deren Recht zur Stellungnahme unverändert bestehen (vgl. Art. 718(3)(a)-(c)). Mit der Durchführung der Notifikationspflichten der jeweils obersten Gebietskörperschaften hat jedes Land eine Regierungsbehörde zu betrauen. Sollten die diesbezüglichen Zuständigkeiten auf mehrere Einrichtungen aufgesplittet werden, sind die anderen Mitgliedsstaaten ausführlich über die konkrete Kompetenzverteilung zu unterrichten (vgl. Art. 718(5)). Bis zu welchem Zeitpunkt die Einrichtung dieser Stellen vollzogen sein muß, läßt das Abkommen allerdings offen.

Als vorbildlich und innovativ muß in diesem Zusammenhang ebenfalls die vertraglich vereinbarte Einrichtung eines sogenannten "Inquiry points" in allen NAFTA-Mitgliedsstaaten gelten. Diese zentralen Auskunftsstellen haben die Aufgabe, alle sachbezogenen Anfragen seitens interessierter Parteien oder der anderen Mitgliedsstaaten zu beantworten und diesen vollen Zugang zu sämtlichen einschlägigen Dokumenten zu gewähren (vgl. Art. 719). Gleiches gilt für die in Art. 720 geregelte Zusammenarbeit der Vertragsparteien in allen technischen Angelegenheiten. Angestrebt wird dadurch die Optimierung der sanitären und phytosanitären Maßnahmen eines in diesem Bereich weniger fortschrittlichen NAFTA-Mitgliedslandes, einschließlich der Verbesserung der Rahmenbedingungen, die für deren (Weiter-)Entwicklung und Vollzug unverzichtbar sind. Ausdrücklich erwähnt werden in diesem Zusammenhang beispielsweise sachbezogene Forschungsaktivitäten, effektive Fertigungstechniken in den betroffenen Sektoren und eine leistungsfähige staatliche Infrastruktur einschließlich der nationalen Regulierungsbehörden. Als Beispiele für mögliche Formen der technischen Zusammenarbeit nennt das Abkommen die Gewährung zweckgebundener Kredite oder Zuschüsse sowie Transferzahlungen, um dem so bedachten Mitgliedsstaat den Erwerb des notwendigen Human- und Sachkapitals zu ermöglichen (vgl. Art. 720(1)). Schließlich unterliegt jeder Mitgliedsstaat, der beabsichtigt, bestehende sanitäre oder phytosanitäre Bestimmungen zu modifizieren oder neue Maßnahmen dieser Art zu ergreifen, wiederum auf ein entsprechendes Ersuchen einer anderen Vertragspartei hin, einer umfassenden Konsultationspflicht (vgl. dazu genauer Art. 720(2)(b)).

Als letzte Neuerung sieht das NAFTA schließlich noch die Einrichtung eines Committee on Sanitary and Phytosanitary Measures vor, das sich aus einschlägig ausgewiesenen Entscheidungsträgern der drei NAFTA-Mitgliedsstaaten zusammensetzt (vgl. Art. 722(1)). Dieses Gremium ist damit betraut, die Durchführung der zuvor genannten Vertragsbestimmungen sowie Konsultationen zur Klärung von in diesem Zusammenhang relevanten Sachfragen zu erleichtern (vgl. Art. 722(2)). Zur Wahrnehmung seiner Aufgaben ist es befugt, den fachlichen Beistand kompetenter Experten(gruppen) ebenso in Anspruch zu nehmen wie auf sachdienliche Informationen internationaler und in Nordamerika ansässiger "Standardizing organizations" zurückzugreifen sowie Arbeitsgruppen einzurichten und deren Mandat festzulegen. Schließlich hat das Committee der Free Trade Commission (FTC) - der obersten NAFTA-Institution, die sich aus Vertretern der Mitgliedsstaaten im Ministerrang zusammensetzt - jährlich über den Stand der Umsetzung der NAFTA-Bestimmungen über sanitäre und phytosanitäre Maßnahmen zu berichten (vgl. Art. 722(3)(a)-(c) und (e)).[113]

4.2.1.4. Technische Normen und Standards

Als technische Normen und Standards im Sinne des NAFTA gelten alle derartigen Regulierungen, die geeignet sind, den Handel der Mitgliedsstaaten untereinander direkt oder indirekt zu beeinträchtigen und die nicht als sanitäre oder phytosanitäre Maßnahmen gemäß der Generaldefinition von Art. 724 des NAFTA eingestuft werden können (vgl. Art. 901(1)). Die im folgenden zu diskutierenden Vorgaben sind überdies auch grundsätzlich nicht auf diejenigen technischen Spezifikationen anwendbar, die im Zuge des öffentlichen Auftragswesens - etwa im Zuge von Ausschreibungsverfahren - vorgegeben werden (vgl. Art. 901(2)); diese sind in Kapitel zehn des NAFTA enthalten und sehen insbesondere das Gebot der Inländerbehandlung und der Nichtdiskriminierung vor (vgl. Art. 1003).[114]

Von Bedeutung ist zunächst, daß die Vorgaben des Art. 105, demzufolge die Regierungen der Mitgliedsstaaten grundsätzlich verpflichtet sind sicherzustellen, daß auch die ihnen jeweils nachgeordneten Gebietskörperschaften die NAFTA-Vorschriften beachten, in dieser strengen und rechtlich verbindlichen Form nicht für die Bestimmungen über technische Handelshemmnisse gelten (vgl. Art. 902(1)). Sie haben lediglich den Versuch zu unternehmen, die unteren Gebietskörperschaften und "Non-

---

113 Aufgaben, Vollmachten und Struktur der FTC sind in den Art. 2001 und 2002 geregelt. Sie werden im folgenden allerdings nur dann näher erläutert, wenn dies für die Fragestellung relevant ist.

114 Gemäß Art. 1007 ist es den Mitgliedsstaaten bei der Vergabe öffentlicher Aufträge des weiteren untersagt, durch Festlegung technischer Spezifikationen unnötige Handelshemmnisse zu errichten. Sofern sachlich vertretbar, ist diesen zudem eine funktionale Leistungsbeschreibung - also die Vorgabe konkreter Outputkriterien - zugrunde zu legen. Schließlich haben die mit der Auftragsvergabe betrauten öffentlichen Stellen die technischen Spezifikationen "neutral" - das heißt ohne Bezug auf bestehende Markennamen und Patente oder besondere Bezugsquellen, Produzenten oder Lieferanten - festzulegen und dabei keine Personen beratend hinzuzuziehen, die ein kommerzielles Eigeninteresse am Ausgang des Vergabeverfahrens haben könnten.

governmental standardizing organizations" zur Einhaltung der Handelsregeln zu bewegen (vgl. Art. 902(2)). Unangetastet bleiben auch die Rechte und Pflichten der NAFTA-Unterzeichnerstaaten, die sich aus deren Mitgliedschaft im GATT - insbesondere also aus den GATT-Regeln über technische Handelshemmnisse - und sonstigen internationalen Übereinkünften einschließlich internationaler Umweltabkommen ergeben (vgl. Art. 902(2)).

Analog zu den Bestimmungen über sanitäre und phytosanitäre Maßnahmen genießt jede NAFTA-Partei zunächst das Recht, jedwede Art von technischen Normen und Standards autonom und souverän festzulegen. Dies schließt nicht nur Maßnahmen "relating to safety, the protection of human, animal or plant life or health, the environment or consumers" ein, sondern erstreckt sich auch auf den Erlaß sämtlicher Durchführungsbestimmungen, die für deren Implementierung oder Vollzug erforderlich sind. Ausdrücklich bekräftigt wird auch die Zulässigkeit von Importbeschränkungen für Waren oder Dienstleistungen aus den anderen Mitgliedsstaaten, die den einschlägigen nationalen Bestimmungen nicht genügen oder das erforderliche Zulassungsverfahren des Importlandes noch nicht absolviert haben (vgl. Art. 904(1)).

Des weiteren sind die Mitgliedsstaaten auch bei der Festsetzung technischer Normen und Standards frei in der Wahl des Schutzniveaus, sofern dies dem Erreichen sogenannter "legitimer Zielsetzungen" dienlich ist (Art. 904(2)). Zu diesen zählen jedoch auf keinen Fall der Schutz inländischer Wirtschaftszweige, sondern lediglich die bereits oben genannten allgemeinen Zielsetzungen - Sicherheit, Schutz des Lebens und der Gesundheit von Menschen und Lebewesen und der Umwelt - sowie die Verwirklichung einer nachhaltigen Entwicklung (vgl. Art. 915). Als ausgesprochen problematisch erweist sich hier insbesondere der Leerformelcharakter des zuletzt angeführten und wegen seiner Nennung auch in der Präambel des NAFTA zentralen Begriffs der nachhaltigen Entwicklung, der an keiner Stelle des Abkommens näher definiert oder operationalisiert wird. Hinnehmbar wäre dies nur, wenn es sich dabei um eine allgemein akzeptierte umweltpolitische Konzeption handeln würde, die keiner weiteren inhaltlichen Verdeutlichung bedarf. Daß dies bislang keineswegs der Fall ist, wurde bereits in Abschnitt 2 der vorliegenden Untersuchung ausführlich dargelegt. Die Gefahr, daß das damit bei den normsetzenden Instanzen verbliebene Interpretationsmonopol auch zu protektionistischen Zwecken mißbraucht werden kann - daß also technische Handelshemmnisse unter Berufung auf Erfordernisse einer nachhaltigen Entwicklung beibehalten oder neu geschaffen werden könnten - ist mithin offensichtlich. Dies gilt umso mehr, als eine Mehrheit der in den USA und den übrigen Industrienationen ansässigen Nachhaltigkeitstheoretiker ohnehin einen inhärenten Widerspruch zwischen der Verwirklichung einer nachhaltigen Entwicklung und einer offenen Außenwirtschaftsordnung erblicken und das NAFTA, wie schon bei den sanitären und phytosanitären Maßnahmen auch hier dem jeweiligen Exportland die Pflicht auferlegt, dem die fragliche technische Normen setzenden Importland einen Verstoß gegen die einschlägigen NAFTA-Bestimmungen - also protektionistisches Verhalten - nachzuweisen (vgl. Art. 906(4) sowie Art. 914(4)). Erschwerend kommt ohnehin noch hinzu, daß technische Normen und Standards, die nachweislich zu dem Zweck ergriffen wurden, eine der genannten "legitimen Zielsetzungen" zu erreichen, grundsätzlich nicht als unnötiges Handelshemmnis und damit auch nicht als Verstoß gegen das NAFTA gelten (vgl. Art. 904(4)(a)).

Allerdings sind die NAFTA-Mitgliedsstaaten - im Gegensatz zu der bereits erwähnten, inhaltlich abweichenden Sonderregelung für sanitäre und phytosanitäre Maßnahmen - verpflichtet, von dem beim grenzüberschreitenden Handel mit Waren und Dienstleistungen grundsätzlich zu beachtenden übergeordneten Prinzip der Inländerbehandlung im Sinne der Artt. 301 (im Warenverkehr) und 1202 (beim Dienstleistungshandel) des NAFTA auch bei der Festsetzung technischer Normen und Standards nicht abzuweichen (vgl. Art. 904(3)). Von diesen Besonderheiten einmal abgesehen, entsprechen die Bestimmungen des NAFTA-Kapitels über technische Normen und Standards ansonsten inhaltlich weitgehend den sachlich vergleichbaren Regelungen über sanitäre und phytosanitäre Maßnahmen. So sind auch hier prinzipiell internationale Standards als Basis nationaler Normen heranzuziehen (vgl. Art. 905(1)), die gleichfalls grundsätzlich nicht als nicht-tarifäre Handelshemmnisse im Sinne des NAFTA gelten (vgl. Art. 905(2)). Ausnahmen von dieser Regel sind, wie gesagt, jedoch immer dann zulässig, wenn das auf nationaler Ebene gewünschte oder schon erreichte Schutzniveau durch die Übernahme internationaler Standards unterschritten würde, wenn es einem Mitgliedsstaat andernfalls unmöglich wäre, besagte "legitime Zielsetzungen" zu verfolgen, oder wenn dem grundlegende klimatische, geographische, technologische oder infrastrukturelle Faktoren oder besondere wissenschaftliche Rechtfertigungsgründe entgegenstünden (vgl. Art. 905(1) und (3)).

Eine weitgehende Übereinstimmung läßt sich auch bei denjenigen Vorgaben feststellen, mittels derer eine Angleichung abweichender nationaler Normen und Standards erreicht werden soll. Dies gilt insbesondere für

- die Pflicht zur Zusammenarbeit mit dem Ziel, das Schutzniveau in den Mitgliedsstaaten weiter zu erhöhen (vgl. Art. 906(1));

- die Pflicht zur Harmonisierung technischer Normen und Standards auf dem Schutzniveau des Landes mit den strengsten Standards (vgl. Art. 906(2)) sowie zur Angleichung der nationalen Verfahren im Rahmen der Konformitätsüberprüfung (vgl. Art. 908(1)); insbesondere sind die Ergebnisse einer solchen Konformitätsüberprüfung der jeweiligen nationalen Normen und Standards in einem der beiden anderen Mitgliedsstaaten "nach Möglichkeit" zu akzeptieren (vgl. Art. 906(6));[115]

- die Pflicht eines Importlandes, die Gründe für die Nichtanerkennung von Normen und Standards eines anderen Landes - und damit für die Zurückweisung von Waren aus jenem Land an der Grenze - auf Anfrage schriftlich darzulegen (vgl. Art. 906(5));

- die Pflicht, bei jedweder Risikoabschätzung sämtliche verfügbaren wissenschaftlichen oder technischen Informationen heranzuziehen, die beabsichtigte Endnutzung der fraglichen Ware oder Dienstleistung, die Produktions- und Prüfverfahren sowie die jeweiligen Umweltbedingungen zu berück-

---

[115] Die Mitgliedsstaaten sind in diesem Zusammenhang denn auch verpflichtet, "[to] give sympathetic consideration to a request by another Party to negotiate agreements for the mutual recognition of the results of that other Party's conformity assessment procedures" (Art. 908(6)).

sichtigen (vgl. Art. 907(1)(a)-(d)); dabei muß jedoch eine willkürliche und sachlich nicht zu rechtfertigende Diskriminierung zu Lasten ähnlicher[116] Waren und Dienstleistungen ausländischer Anbieter vermieden werden. Auch dürfen dadurch keine versteckten neuen Handelshemmnisse entstehen (vgl. Art. 907(2));

- das Recht, vorläufige technische Normen und Standards zu erlassen, sofern die verfügbaren wissenschaftlichen Erkenntnisse und sonstigen Informationen noch keine vollständige Risikoabschätzung erlauben; die ergriffenen Maßnahmen wären aber gegebenenfalls auf der Grundlage der Ergebnisse des endgültigen Prüfverfahrens zu modifizieren oder zu revidieren (vgl. Art. 907(3));

- die umfassenden Notifikationspflichten der Mitgliedsstaaten vor und während des Erlasses neuer oder im Zuge der Modifikation bereits bestehender technischer Normen und Standards mit den entsprechenden Sonderregelungen für dringende Fälle (vgl. Art. 909);[117]

- die Pflicht zur technischen Zusammenarbeit (vgl. Art. 911), zur Einrichtung zentraler "Inquiry points" (vgl. Art. 910) sowie eines trinationalen Committee on Standards-Related Measures, dessen Funktionen und Aufgaben grundsätzlich denjenigen des Committee on Sanitary and Phytosanitary Measures entsprechen (vgl. dazu im einzelnen Art. 913(1)-(4)) und das dabei von vier sektorspezifischen Unterausschüssen unterstützt wird (vgl. Art. 913(5)(a)); sowie schließlich

- die Pflicht, sachlich relevante Entwicklungen, die sich im Rahmen regionaler und multilateraler Organisationen einschließlich des GATT sowie bei nicht-regierungsamtlichen - also privaten - Institutionen vollziehen, aufmerksam zu beobachten (vgl. Art. 913(2)(e)).

Hinzuweisen ist allerdings auf einen ökonomisch außerordentlich bedeutsamen Unterschied zwischen den Notifikationsbestimmungen über sanitäre und phytosanitäre Maßnahmen und den entsprechenden NAFTA-Regelungen über technische Normen und Standards, der geeignet ist, die Wahrscheinlichkeit eines protektionistisch motivierten Mißbrauchs derartiger Vorschriften spürbar zu vermindern. So ist jede NAFTA-Partei, die "Non-governmental persons" die Teilnahme am Prozeß der Entwicklung technischer Normen und Standards erlaubt, grundsätzlich verpflichtet, dieses Recht auch "Non-governmental persons" der anderen beiden Mitgliedsstaaten zu gewähren (vgl. Art. 909(6)) sowie die anderen Vertragsparteien von geplanten Neuregelungen oder Änderungen bestehender Vorschriften nicht später in Kenntnis zu setzen als die davon betroffenen einheimischen "Non-governmental persons" (vgl. Art. 909(7)). Sie hat außerdem durch geeignete Maßnahmen dafür zu sorgen, daß

---

116 Gemeint sind also nicht nur gleichartige Waren im Sinne des Art. III des GATT.

117 Anders als im Kapitel über sanitäre und phytosanitäre Maßnahmen enthält der Abschnitt über technische Handelshemmnisse allerdings in Art. 909(9) einen Stichtag, bis zu dem die Errichtung der für die Implementierung der Notifikationsvorschriften betrauten Bundesbehörde vollzogen sein muß.

diese Verhaltensregeln auch von den untergeordneten Gebietskörperschaften und "Non-governmental standardizing bodies" innerhalb ihres Hoheitsgebiets beachtet werden (vgl. Art. 909(8)). Zwar dürfte es durch diese Regelungen nicht vollkommen gelingen, jede Form der protektionistisch motivierten Einflußnahme von seiten der heimischen Anbieter auf die (Weiter-)Entwicklung rechtlich verbindlicher technischer Normen und Standards auszuschalten.[118] Zu erwarten ist jedoch eine gewisse Begrenzung des Mißbrauchspotentials im Innenverhältnis der NAFTA-Mitgliedsstaaten, da sich das vorgesehene Prozedere aus Sicht der betroffenen Wettbewerber aus den anderen NAFTA-Staaten nunmehr zweifelsohne durch größtmögliche Transparenz und eigene Mitwirkungsmöglichkeiten auszeichnet. Angesichts der Tatsache, daß auch die sanitären und phytosanitären Maßnahmen eines Landes im Normalfall keineswegs nur hoheitliche Überlegungen und staatliche Fürsorgepflichten widerspiegeln, sondern in gewissem Umfang ebenfalls die Interessenlage der regulierten nationalen Anbieter reflektieren, muß unverständlich bleiben, warum diese vorbildlichen Verfahrensregeln nicht auch in diesem Bereich Anwendung finden.

4.2.1.5. Investitionsregeln

Weitere bedeutsame Neuerungen, um Konflikten zwischen nationalen Umweltschutzzielen und einer den Prinzipien offene Märkte und Freizügigkeit verpflichteten Außenhandelsordnung vorzubeugen beziehungsweise diese einer ökologisch wie ökonomisch ausgewogenen Lösung zuzuführen, sind in den Investitionsregeln des NAFTA verankert. Sie zielen ausschließlich darauf ab, der vermuteten 'Zero-regulation'-Spirale bei Produktionsprozeßstandards und somit auch der Entstehung von 'Pollution havens' in den NAFTA-Mitgliedsstaaten entgegenzuwirken. Diese Zielsetzung spiegelt sich insbesondere darin wider, daß sich lediglich die Artt. 1106 und 1114 - nur sie haben den Schutz der Umwelt unmittelbar zum Gegenstand - unabhängig vom Herkunftsland des Investors auf sämtliche Investitionsvorhaben beziehen, die auf dem Territorium eines der drei Mitgliedsländer getätigt werden (sollen). Besagte Vorschriften gelten mithin unterschiedslos für Investoren aus dem Inland, aus einem der beiden anderen NAFTA-Mitgliedsstaaten sowie aus Drittländern (vgl. Art. 1101(1)(c)). Im Gegensatz dazu finden alle übrigen in diesem Kapitel des NAFTA-Hauptabkommens enthaltenen Bestimmungen lediglich Anwendung auf Investoren (und deren Investitionsprojekte) aus den jeweils anderen beiden NAFTA-Mitgliedsstaaten (vgl. Art. 1101(1)(a)-(b)). Generell sind die Behörden einer NAFTA-Partei allerdings grundsätzlich zur Gleichbehandlung von inländischen Investitionsvorhaben und ausländischen Direktinvestitionen verpflichtet (vgl. Art. 1102). Für letztere gilt im übrigen auch das Prinzip der Meistbegünstigung (vgl. Art. 1103).

Den NAFTA-Parteien ist es zunächst untersagt, die Erteilung einer Genehmigung für ausländische Direktinvestitionen und den anschließenden Betrieb dieser Produktionsstätten (vgl. Art. 1106(1)) oder die Gewährung jedweder Form einer Vorzugsbehandlung (vgl. Art. 1106(3)) an die Erfüllung bestimmter, im Abkommen

---

[118] Dies trifft auch auf freiwillig vereinbarte Industrienormen zu, denen ja oft eine Art Vorbildfunktion für später erlassene, rechtsverbindliche staatliche Normen und Standards zukommt.

abschließend angeführter Verhaltensauflagen zu binden (vgl. Art. 1106(1)(a)-(f)). Den Mitgliedsstaaten ist es jedoch erlaubt, vier dieser insgesamt sechs in Art. 1106(1) aufgelisteten Verbotstatbestände außer Kraft zu setzen, falls dies als erforderlich erscheint, um das Leben oder die Gesundheit von Menschen, Tieren oder Pflanzen zu schützen oder dem Erhalt erschöpflicher Naturschätze - gleichgültig, ob "living or non-living" - dienlich wäre (vgl. Art. 1106(6)(b)-(c)). Voraussetzung ist lediglich, daß die fragliche Maßnahme keine versteckte Behinderung des internationalen Handels oder ausländischer Direktinvestitionen darstellt und nicht willkürlich oder ohne sachlichen Rechtfertigungsgrund ergriffen oder beibehalten wird (vgl. Art. 1106(6)). Konkret sind solchermaßen motivierte Ausnahmeregelungen zulässig bei

- dem Verbot, eine Direktinvestition nur unter der Bedingung zu genehmigen, daß ein bestimmter inländischer Wertschöpfungsanteil erreicht wird (vgl. Art. 1106(1)(b) sowie Art. 1106(3)(a)), sowie

- dem Verbot von Local-content-Vorgaben oder einer Vorzugsbehandlung inländischer Anbieter beim Erwerb der benötigten inländischen Inputfaktoren (vgl. Art. 1106(1)(c) sowie Art. 1106(3)(b)).

Eine geringfügig abweichende Regelung gilt schließlich noch für das in Art. 1106(1)(f) enthaltende Verbot, ausländische Investoren zum Transfer von Technologien, Produktionsprozessen oder sonstigem Know-how zugunsten eines inländischen Staatsangehörigen zu zwingen. So wären bei einer Durchbrechung dieser Verbotsvorschrift aus Gründen des Umweltschutzes oder zum Schutz des Lebens und der Gesundheit von Menschen, Tieren oder Pflanzen lediglich das Meistbegünstigungsprinzip und die Pflicht zur Inländerbehandlung im Sinne der Artt. 1102 und 1103 zu beachten (vgl. Art. 1106(2)).

Angezweifelt werden muß jedoch, ob sich die angestrebten außerökonomischen Zielsetzungen durch diese zumindest formal nicht unerheblichen Beschränkungen privater Eigentumsrechte erreichen lassen beziehungsweise ob auf derartige Bestimmungen nicht sogar völlig verzichtet werden könnte. Zum einen sind ausländische Direktinvestitionen, sofern sie den Aufbau neuer oder die Modernisierung bestehender Produktionsstätten nach sich ziehen, aufgrund der damit oft verbundenen betriebswirtschaftlichen Vorteile ohnehin, wie bereits ausführlich dargelegt wurde, dem marktmäßigen - das heißt dem freiwilligen und gleichsam automatischen - Transfer umwelt- und ressourcenschonender Fertigungstechnologien tendenziell förderlich, zumal sich dadurch die innerbetrieblichen oder konzerninternen Transaktionskosten der Aufteilung der Produktion auf mehrere in- und ausländische Standorte nicht unwesentlich verringern lassen. Zum anderen liegt der Anteil der Umweltschutzaufwendungen in den westlichen Industrieländern durchschnittlich bei nur einem Prozent der Gesamtkosten einer Investition - auch dies wurde bereits mehrfach erwähnt - und ist somit für die unternehmerische Standortwahl im Normalfall - ceteris paribus - nahezu ohne Bedeutung. Gleichwohl würde das daraus folgende Argument, die genannten Bestimmungen seien aus eben diesem Grund ökonomisch wie ökologisch unbedenklich, weil ohne negativen Einfluß auf das unternehmerische Kalkül potentieller ausländischer Investoren, zu kurz greifen. Dabei würde nämlich übersehen, daß das NAFTA lediglich die zulässigen Ausnahmegründe und die Verbotstatbestände, auf die sie sich beziehen, nennt, jedoch den zuständigen Instanzen des jeweiligen Mitgliedsstaates die Entscheidung über das betriebswirtschaftliche Ausmaß einer solchen Verhaltensauflage überläßt. Außerdem hat stets der ausländische Investor den Nachweis einer ihn wirtschaftlich schädigenden Diskriminierung oder Behinderung zu erbringen. Die damit verbundene Unsicherheit könnte also - wenngleich in vergleichsweise engen Grenzen - eine gewisse abschreckende Wirkung auf prospektive ausländische Investoren entfalten und somit den wünschenswerten marktmäßigen Technologietransfer behindern.

Ausdrücklich als Reaktion auf die 'Pollution haven'-Hypothese zu sehen ist jedoch der Art. 1114 des NAFTA-Hauptabkommens. Darin wird zunächst erneut das uneingeschränkte Recht jeder Vertragspartei betont, alle Maßnahmen beizubehalten, abzuändern oder zu ergreifen, die sie für geeignet hält, "to ensure that investment activity in its territory is undertaken in a manner sensitive to environmental concerns" und diese mit den in Kapitel elf niedergelegten Investitionsregeln des NAFTA vereinbar sind (vgl. Art. 1114(1)). Ökonomisch bedeutsamer als diese allgemeine Vorgabe ist allerdings eine in diesem Artikel ebenfalls verankerte informelle Selbstbindung der NAFTA-Mitgliedsstaaten. So erkennen sie an, daß es "unangemessen" sei, Anreize für Investitionsvorhaben durch die Lockerung inländischer "health, safety or environmental measures" zu schaffen. Vereinbart wurde jedoch nicht ein grundsätzliches Verbot derartiger Praktiken. Vielmehr sollte keine NAFTA-Partei ein derartiges Verhalten an den Tag legen. Bei vermuteten Verstößen gegen diese wechselseitige Übereinkunft ist allerdings nicht die Einleitung eines förmlichen Streitschlichtungsverfahrens möglich. Vielmehr sind die Parteien gehalten, in bilateralen Konsultationen zu versuchen, Anreize dieser Art zu beseitigen (vgl. Art 1114(2)).

Gerade dieser Teil der Bestimmung wurde von Umweltschützern als rechtlich unverbindlich und sachlich unzureichend kritisiert, zumal das Abkommen in diesem Punkt - und damit etwa im Gegensatz zu anderslautenden Bestimmungen im Kapitel über den Schutz geistiger Eigentumsrechte - keine Sanktionsmöglichkeiten bei etwaigen Verstößen gegen diese Vorschrift oder für den Fall einer Nichteinigung enthält (vgl. für viele *Audley* 1993, S. 262 f.).[119] Diese Einwände sind allerdings unzutreffend. Deutlich relativiert werden sie nicht nur durch die Tatsache, daß das noch zu diskutierende NAFTA-Umweltnebenabkommen durchaus gewisse Sanktionsmechanismen vorsieht, um die Regierungen der Mitgliedsstaaten zur Anwendung und zum Vollzug zumindest ihrer eigenen bestehenden nationalen Umweltgesetze zu zwingen. Unbestritten ist, wie an anderer Stelle bereits ausführlich dargelegt wurde, außerdem die geringe empirische Relevanz der 'Pollution haven'-Hypothese.

4.2.1.6. Schutz geistiger Eigentumsrechte

Der Schutz der Umwelt wird im NAFTA-Kapitel über geistige Eigentumsrechte nur im Zusammenhang mit dem Recht auf Patentschutz genannt, der von den Mitgliedsstaaten gemäß Art. 1709(1) grundsätzlich für alle Erfindungen, unabhängig davon, welchem konkreten Technologiefeld auch immer sie im einzelnen zuzurechnen

---

[119] Die zum Schutz geistiger Eigentumsrechte vorgesehenen (Straf-)Maßnahmen finden sich im übrigen in den Artt. 1714 ff.

sein mögen und ob es sich um Produkte oder Produktionsverfahren handelt, zu erteilen ist. In den Absätzen (2) und (3) dieses Artikels, die im übrigen inhaltlich und in weiten Teilen sogar nahezu wörtlich den Artikeln 52 und 53 des Europäischen Patentübereinkommens vom 5. Oktober 1973 (vgl. BGBl. II, 1976, S. 826 ff.) sowie dem Art. 27 des TRIPs-Abkommens der Welthandelsordnung entsprechen, wird den Mitgliedsstaaten allerdings erlaubt, Erfindungen den Patentschutz zu verweigern, sofern dies zur Wahrung der öffentlichen Sicherheit, der guten Sitten, zum Schutz des Lebens und der Gesundheit von Menschen, Tieren oder Pflanzen oder zur Vermeidung einer ernsthaften Schädigung der Natur oder der Umwelt notwendig ist. Allerdings darf die Nichtgewährung des Patentschutzes in diesen Fällen nicht alleine deswegen erfolgen, weil die kommerzielle Verwertung einer Erfindung im Inland verboten ist (vgl. Art. 1709(2)). Des weiteren kann diagnostischen, therapeutischen und chirurgischen Behandlungsmethoden für Menschen und Tiere, transgenen Pflanzen und Tieren mit Ausnahme von Mikroorganismen sowie überwiegend biologischen - nicht dagegen nicht-biologischen oder mikrobiologischen - Zuchtverfahren für Tiere und Pflanzen, die Patentfähigkeit abgesprochen werden (vgl. Art. 1709(3)(a)-(c)), was - wie weiter oben ausführlich dargelegt wurde - tendenziell negativ auf die ökonomischen Anreize zu Innovationen in diesen Bereichen zurückwirken dürfte. Demgegenüber besteht jedoch - analog der einschlägigen Vorgabe in Art. 27(3) des TRIPs-Abkommens - auch für die NAFTA-Mitgliedsstaaten die Pflicht, Eigentumsrechte an Pflanzensorten durch Patente oder sonstige wirksame Maßnahmen beziehungsweise eine entsprechende Kombination davon zu schützen (vgl. Art. 1709(4)).

Angesichts der hochgradigen inhaltlichen Übereinstimmung zwischen den NAFTA- und den TRIPS-Bestimmungen zum Schutz geistiger Eigentumsrechte soll freilich auf eine erneute Diskussion der möglichen Implikationen für das Erreichen der Zielsetzung eines umfassenden Umweltschutzes beziehungsweise einer nachhaltigen Entwicklung unter Hinweis auf die weiter oben bereits in den Abschnitten 2 und 3 dieser Untersuchung abgeleiteten Schlußfolgerungen verzichtet werden.

4.2.1.7. Streitschlichtung

Die allgemeinverbindlichen Verfahrensregeln zur Beilegung von Streitigkeiten zwischen den NAFTA-Mitgliedsstaaten sind in Kapitel zwanzig des Abkommens enthalten. Sie gelten für sämtliche Streitfälle mit Ausnahme der in den NAFTA-Kapiteln elf (Investitionen) und neunzehn (Antidumping- und Ausgleichsmaßnahmen) genannten Sachverhalte, die besonderen Bestimmungen unterliegen (vgl. Art. 2004).

Unter Berufung auf die sogenannte "Nullification and Impairment Clause" kann eine NAFTA-Partei außerdem die Einleitung eines Streitbeilegungsverfahrens schließlich auch dann verlangen, wenn die NAFTA-Konformität einer (geplanten) Maßnahme eines der beiden anderen Mitgliedsstaaten an sich unstrittig ist, ihr Fortbestand oder ihre Einführung aber die Vorteile, die die klagende Partei aufgrund ihrer Mitgliedschaft im NAFTA billigerweise hätte erwarten dürfen, zunichte machen oder schmälern würde (vgl. ebenda sowie Annex 2004). Anwendbar ist diese Vorschrift, die im wesentlichen dem Art. XXIII(1)(b) des GATT-Abkommens entspricht, insbesondere auf Maßnahmen, die den Handel mit Waren oder mit Dienstleistungen, technische Normen und Standards sowie den Schutz geistiger Eigentumsrechte betreffen (vgl. Annex 2004(1)(a)-(d)). Ausdrücklich ausgenommen von dieser Regelung sind die Sonderbestimmungen über den Handel mit Fahrzeugen gemäß Anhang 300-A sowie für Investitionen im Energiebereich (vgl. Annex 2004(1)(a)). Gleiches gilt schließlich auch für den Fall, daß die fragliche Maßnahme bereits als allgemeine Ausnahme im Sinne des NAFTA-Artikels 2101 anerkannt und somit von allen anderslautenden NAFTA-Vorschriften freigestellt ist (vgl. Annex 2004(2)).

Um die Zahl von Streitschlichtungsverfahren möglichst gering zu halten, sind die Vertragsparteien grundsätzlich verpflichtet, einen Konsens über die Auslegung der Vertragsregeln anzustreben sowie durch Konsultationen und Kooperation etwaig auftretende Unstimmigkeiten einer wechselseitig zufriedenstellenden Lösung zuzuführen (vgl. Art. 2003). Sollte im Einzelfall jedoch keine Einigung erzielt werden, ist also ein formales Streitschlichtungsverfahren unabwendbar, steht zunächst der klagenden Partei das Recht zu festzulegen, ob der Fall nach den GATT-/WTO-Schlichtungsregeln oder aber den davon - mitunter deutlich - abweichenden NAFTA-Bestimmungen entschieden werden soll. Voraussetzung dafür ist allerdings, daß der strittige Sachverhalt sowohl vom NAFTA als auch vom WTO-Regelwerk erfaßt wird (vgl. Art. 2005). Unter Umständen, und eine entsprechende sachliche Rechtfertigung vorausgesetzt, hat jedoch die beklagte Partei ihrerseits die Möglichkeit, auf einer Streitschlichtung nach den NAFTA-Regeln zu bestehen. Als ausreichende Begründung genügt zum einen die (in dieser Phase nicht näher zu begründende!) Behauptung, die strittige Maßnahme diene der Erfüllung von Pflichten, die dem Land aus einem der in Art. 104 des NAFTA genannten internationalen Umweltschutzabkommens erwachsen (vgl. Art. 2005(3)).

Die NAFTA-Streitschlichtungsregeln **müssen** zum anderen grundsätzlich immer dann angewendet werden, wenn eine sanitäre oder phytosanitäre Maßnahme oder eine technische Norm Gegenstand einer Kontroverse ist, die (vorgeblich) zum Schutz des Lebens oder der Gesundheit von Menschen, Tieren und Pflanzen oder der Umwelt erlassen oder beibehalten wurde (vgl. Art. 2005(4)). Zweifelsohne ist diese signifikante Einschränkung des Wahlrechts des Klägers als Reaktion auf das 1991 ergangene Thunfisch-Urteil eines GATT-Panels und damit als ein weiteres Zugeständnis an die politisch einflußreichen amerikanischen Umweltschutzorganisationen anzusehen.

Ein Streitbeilegungsverfahren nach den allgemeinen Regeln des NAFTA-Hauptabkommen durchläuft maximal vier Phasen. Zunächst hat jedes Mitgliedsland das Recht, die beklagte NAFTA-Partei schriftlich zu bilateralen Konsultationen aufzufordern, um den Disput auszuräumen. Die nicht betroffene Vertragspartei und das Sekretariat der für die Abwicklung von Streitbeilegungsverfahren zuständigen FTC sind von diesem Schritt zu unterrichten. Sofern von der FTC nicht anders verfügt, hat auch die dritte Vertragspartei nach schriftlicher Ankündigung das Recht zur Teilnahme an den Konsultationen (vgl. Art. 2006((1)-(3)). Um den Einigungsprozeß zu erleichtern, sind die beteiligten Parteien zur wechselseitigen Offenlegung aller sachlich relevanten Informationen verpflichtet. Außerdem sollen Lösungen vermieden werden, die den Interessen der dritten, an der Auseinandersetzung selbst nicht beteiligten NAFTA-Partei abträglich wären (vgl. Art. 2006(5)((a) und (c)). Konnte innerhalb von dreißig Tagen nach Eingang eines Konsultationsersuchens keine Einigung erzielt werden, hat jede der beiden Parteien das Recht, unter ausführlicher Darlegung des Sachverhalts eine Sitzung der FTC zu verlangen (vgl. Art. 2007(1)(a)(3)). Diese ist wiederum verpflichtet, dem Antrag binnen zehn Tagen Folge zu leisten und sich um eine möglichst rasche Beilegung des Disputs zu bemühen (vgl. Art. 2007(4). Außerdem ist es ihr erlaubt, sachdienliche Informationen bei außenstehenden Experten einzuholen oder zu diesem Zweck Arbeitsgruppen einzurichten (vgl. Art. 2007(5)(a)), die ihrer Auffassung nach geeignete Form der Streitbeilegung zu bestimmen (vgl. Art. 2007(5)(b))[120] oder Empfehlungen auszusprechen (vgl. Art. 2007(5)(c)), um die Streitparteien bei der Beilegung ihres Disputs zu unterstützen.[121]

Wurde nach dreißig Tagen oder einer von den Klage führenden Parteien vereinbarten abweichenden Frist noch immer keine Einigung erzielt (vgl. Art. 2008(1)(a) und (c)), hat die FTC auf Antrag einer der beiden Parteien ein Streitschlichtungspanel einzurichten (vgl. Art. 2008(1) und (2)). Der jeweils dritte NAFTA-Mitgliedsstaat ist als weiterer Kläger in dieser Phase des Verfahrens zuzulassen, falls er einen entsprechenden schriftlichen Hinweis spätestens sieben Tage nach dem Eingang des Antrags einer der beiden Klageparteien auf Einrichtung eines Panels bei der FTC vorlegt (vgl. Art. 2008(3)). Von Bedeutung ist dies insofern, als ein Überschreiten der Frist oder ein völliger Verzicht auf die (weitere) Teilnahme an dieser Stufe des Verfahrens den fraglichen Mitgliedsstaat ein für allemal seines Rechts beraubte, seinerseits im NAFTA-Innenverhältnis ein Schlichtungsverfahren einzuleiten, das einen vergleichbaren Sachverhalt zum Gegenstand hätte (vgl. Art. 2008(4)).

Eine interessante und nachahmenswerte Neuerung betrifft die Modalitäten der Auswahl der insgesamt fünf Mitglieder eines Streitschlichtungspanels. So waren die Mitgliedsstaaten dazu angehalten, bis zum Inkrafttreten des NAFTA durch Konsens eine Liste von bis zu dreißig, von Weisungen einer jeden Vertragspartei unabhängigen Persönlichkeiten aufzustellen, die über die fachliche Eignung verfügten und willens waren, als Mitglieder eines Streitschlichtungspanels zu agieren (vgl. Art. 2009).

Müßte nun ein solches Panel einberufen werden, wären für die Auswahl seiner Mitglieder - auf der Grundlage eben dieser Liste - folgende Regeln maßgeblich: Die Klageparteien haben zunächst zwei Wochen Zeit, gemeinsam einen Panelvorsitzenden zu bestimmen. Kommt keine Einigung zustande, entscheidet das Los, welcher der beiden Seiten dieses Wahlrecht, das allerdings nur für Dauer von maximal fünf Tagen verliehen wird (vgl. Art. 2012(3) und Art. 2016(2)) ausüben darf. Der von der mit dieser Aufgabe betrauten Seite ernannte Vorsitzende des Panels darf allerdings kein Staatsangehöriger dieser Streitpartei sein; sind alle drei NAFTA-Mitgliedsstaaten in das Verfahren involviert, darf der Vorsitzende entsprechend aus keinem der beiden Länder stammen, die dieses Wahlrecht ausüben. Analog angepaßt werden auch die übrigen Vorschriften für die Auswahl der restlichen Panelmitglieder (vgl. die

---

120 Der Vertragstext nennt unter anderem, aber nicht erschöpfend gute Dienste, Schlichtung und Vermittlung.

121 Abweichende Fristen gelten, falls der dritte NAFTA-Mitgliedsstaat ebenfalls an den Konsultationen teilnimmt (45 Tage), verderbliche landwirtschaftliche Produkte Gegenstand des Konflikts sind (15 Tage) oder von den Klageparteien ein anderer Stichtag vereinbart wurde (vgl. Art. 2007(1)(b)-(d)).

Artt. 2011(1)(b) und (2)(b)). Im Anschluß daran wählt jede der beiden Seiten zwei weitere Panelmitglieder aus, die stets die Staatsbürgerschaft der jeweils anderen Seite besitzen müssen (vgl. Art. 2011(1)(c) und (2)(c)). Sollte die für diesen Teil des Auswahlverfahrens vorgesehene zweiwöchige Frist überschritten werden, wird das Schiedsgericht durch Losentscheid unter den noch auf der Liste verbliebenen Kandidaten vervollständigt. Die zuvor genannten Nationalitätenerfordernisse gelten dabei unverändert fort (vgl. Art. 2011(1)(d) und (2)(d)).

Aufgabe des Panels ist es dann, den ihm vorliegenden Sachverhalt im Lichte der einschlägigen Vertragsbestimmungen zu untersuchen und die Ergebnisse seiner Überlegungen, alle sachlich relevanten Fakten sowie seine Empfehlungen zur Beilegung des Disputs den Klageparteien spätestens nach neunzig Tagen in Form eines Zwischenberichts vorzulegen. Dem Panel steht es dabei frei, auf Antrag einer der Klageparteien oder, vorbehaltlich der Zustimmung beider Seiten, auch aus eigenem Antrieb von Außenstehenden weitere Informationen zur Klärung des Sachverhalt einzuholen (vgl. Art. 2014) oder ein Scientific Review Board mit der Erstellung eines schriftlichen Berichts über strittige "factual issue[s] concerning environmental, health, safety or other scientific matters" zu beauftragen (Art. 2015(1)-(2)). Den Klageparteien steht dann die Möglichkeit offen, zu diesem Bericht eine Stellungnahme abzugeben, die das Panel ebenso wie den Bericht selbst bei der Ausarbeitung seines eigenen Zwischenberichts beachten muß (vgl. Art. 2015(3)-(4)).

Jede der beiden Klage führenden Seiten hat das Recht, während des Verfahrens mindestens einmal zum Sachverhalt gehört zu werden, diesen überdies auch in schriftlicher Form gleichsam als Diskussionsgrundlage darzulegen sowie zu den entsprechenden Ausführungen der anderen Seite Stellung zu nehmen (vgl. Art. 2012(1)(a)). Das Recht zur Abgabe einer Stellungnahme gilt schließlich auch für den Zwischenbericht des Panels. Sollte es von einer der Klageparteien innerhalb der dafür vorgesehenen Frist von zwei Wochen wahrgenommen werden, steht es dem Panel frei, von der anderen Seite ebenfalls eine Stellungnahme anzufordern, den Zwischenbericht nochmals zu überprüfen oder weitere eigene Nachforschungen anzustellen (vgl. Art. 2016(5)). Der Abschlußbericht, der gegebenenfalls abweichende Meinungen einzelner Panelmitglieder in anonymisierter Form sowie den Bericht des Scientific Review Boards einschließlich etwaiger ergänzender Stellungnahmen einer oder beider Klageparteien enthalten muß, ist diesen spätestens dreißig Tage nach dem Zwischenbericht vorzulegen. Diese haben ihn wiederum in angemessener Zeit der FTC zu übergeben, von der er im Normalfall zwei Wochen nach Erhalt veröffentlicht werden muß; eine Veröffentlichungspflicht besteht allerdings nicht (vgl. Art. 2017). Der Streit gilt formal erst ab dem Zeitpunkt als geschlichtet, an dem das Sekretariat der FTC von den Klageparteien sowohl über dessen Belegung an sich als auch über die letztlich vereinbarte Lösung in Kenntnis gesetzt wurde (vgl. Art. 2018(1)). Von Bedeutung ist der zweite Punkt insofern, als die Klageparteien zwar grundsätzlich zur Umsetzung der vom Schiedsgericht vorgebrachten Empfehlungen - im Normalfall also zur Zurücknahme der fraglichen Maßnahme oder zum Verzicht auf deren Einführung - angehalten sind,[122] zumindest aber der siegreichen Seite einen, im Abkommen selbst nicht näher definierten, Ausgleich zu gewähren (vgl. Art. 2018(2)). Sollten die

---

[122] Beiden Seiten steht es somit offen, den Konflikt auch auf andere Weise beizulegen.

Klageparteien jedoch dreißig Tage nach Erhalt des endgültigen Panel-Berichts noch immer keine Einigung über die Umsetzung des Schiedsspruchs und damit über die Beilegung des Streitfalls erzielt haben, steht es der (oder den) siegreichen Partei(en) frei, bis zum Zeitpunkt einer endgültigen Einigung der unterlegenen Seite Zugeständnisse "of equal effect" - daß heißt in der Größenordnung der Wohlfahrtsverluste, die sie aufgrund ihrer NAFTA-Mitgliedsschaft bei Beachtung der Bestimmungen des NAFTA hätte realisieren können - vorzuenthalten (vgl. Art. 2019(1)).[123] Gegebenenfalls obläge einem Nachfolgepanel die Entscheidung, ob die Rücknahme von Zugeständnissen maßvoll und somit NAFTA-konform oder aber überzogen war (vgl. Art. 2019(3)-(4)).

Trotz der unzweifelhaft auf größtmögliche Unparteilichkeit der einzelnen Panelmitglieder, Schnelligkeit und Objektivität der Entscheidungsfindung unter Berücksichtigung aller sachlich relevanten technischen und sonstigen Informationen ausgelegten Verfahrensregeln haben zahlreiche Umweltschutzorganisationen den soeben dargestellte Streitschlichtungsmechanismus als unzureichend gerügt (vgl. *Jenkins* 1993, S. 165 ff.). Kritisiert wurde insbesondere, daß die Öffentlichkeit von sämtlichen Anhörungen vor dem Panel grundsätzlich ausgeschlossen sei, der vom Panel zu erstellende Zwischenbericht sowie der gesamte Schriftwechsel einschließlich der Stellungnahmen der Klageparteien stets als vertraulich eingestuft würden (vgl. Art. 2012(1)(b)), die FTC sogar das Recht habe, die Veröffentlichung der Abschlußberichte des Panels zu verweigern und das NAFTA-Hauptabkommen Privatklagerechte ausdrücklich ausschließe (vgl. Art. 2021).[124] Damit, so das Argument, würden der interessierten Öffentlichkeit zum einen wichtige Informationen über das Verfahren und den Streitgegenstand vorenthalten und die unmittelbar Betroffenen der Möglichkeit beraubt, ihre Interessen selbst zu vertreten. Zum anderen könne die Öffentlichkeit keinen Einfluß auf die Auswahl der Panelmitglieder nehmen. Wie die überaus erfolgreiche Einflußnahme der Umweltschutzorganisationen auf die NAFTA-Verhandlungen und den Inhalt des Abkommens allerdings belegt, dürfte die behauptete formale Intransparenz und der Ausschluß der Öffentlichkeit von weiten Teilen des Verfahrens in der Praxis nicht unbedingt als unüberwindliches Hindernis für die Einbeziehung oder eine ausreichende Information der Öffentlichkeit anzusehen sein. Schließlich zeichnen in der Mehrzahl der Phasen des Verfahrens ausschließlich demokratisch legitimierte Repräsentanten aller drei NAFTA-Mitgliedsstaaten verantwortlich. Und auch in den übrigen Stufen wurde, wie bereits erwähnt, die Unabhängigkeit der Entscheidungsträger - also der Panelmitglieder - auf ebenso vorbildliche Weise sichergestellt wie die Zugriffsmöglichkeiten des Schiedsgerichts auf externe Informationsquellen und Expertisen neutraler Gutachter. Auch der darüber hinaus erhobene Vorwurf, das Verfahren sei ineffizient, da die Ahndung von Verstößen gegen die im NAFTA-Hauptabkommen enthaltenen Umweltschutznormen durch handelspolitische Sanktionen lediglich als letzter Ausweg und nur innerhalb des außerordentlich engen

---

[123] Die Aussetzung von Zugeständnissen sollte dabei zunächst in dem Sektor erfolgen, der Gegenstand des Streitschlichtungsverfahrens war. Falls dies nicht praktikabel oder wirksam wäre, dürfen stattdessen in anderen Bereichen Zugeständnisse ausgesetzt werden (vgl. Art. 2019(2)).

[124] Dieser Ausschluß gilt jedoch nicht für das noch zu erläuternde Umweltnebenabkommen.

Rahmens zulässig sei, den der einschlägige Art. 2019 vorgebe, ist angesichts seiner bereits an anderer Stelle näher erörterten geringen ökonomischen wie ökologischen Plausibilität nicht als Mangel des Verfahrens anzusehen.

Trotz gegenteiliger Befürchtungen (vgl. *Ikegawa* 1993, S. 251) ist außerdem ausgeschlossen, daß die "Nullification and Impairment Clause" einer NAFTA-Partei das Recht gibt, im Rahmen einer sogenannten "Non-violation complaint" die anderen Mitgliedsstaaten zur Abschaffung dort bestehender nationaler und mit dem NAFTA vereinbarer Umweltschutzbestimmungen zu zwingen. So ist nicht ernsthaft zu bestreiten, daß den jeweils anderen Vertragsparteien nicht nur die Existenz und der Regelungsumfang der einschlägigen nationalen Gesetze an sich, sondern auch die jeweiligen nationalen (Umweltschutz-)Präferenzen zum Zeitpunkt der Unterzeichnung und der Ratifizierung des Vertragswerks hinlänglich bekannt waren. Das bedeutet aber automatisch, daß die einschlägigen Regelungen und deren wirtschaftliche Folgewirkungen bei dem Versuch eines Landes, die ihm mit der Mitgliedsschaft im NAFTA erwachsenden ökonomischen Vorteile ex ante abzuschätzen, bei rationaler Vorgehensweise als Datum gelten müssen. Unwahrscheinlich ist außerdem, daß eine NAFTA-Partei unter Berufung auf die genannte Klausel die Einführung neuer NAFTA-konformer Umweltgesetze in einem anderen Mitgliedsstaat unterbinden kann. Begründen läßt sich diese These zum einen mit dem großen Spielraum, den die Vertragsparteien zumindest bei Festlegung technischer, sanitärer und phytosanitärer Normen und Standards genießen, und der dort ebenfalls verankerten, dynamisch zu interpretierenden Pflicht, das höchstmögliche Schutzniveau anzustreben. Zudem läßt das NAFTA die nationale Souveränität bei der Steuergesetzgebung beinahe vollkommen unberührt (vgl. Art. 2103).[125] Zum anderen würden dem auch die in der Präambel niedergelegten ökologisch motivierten Verhaltensbindungen tendenziell entgegenwirken. Im übrigen bietet auch die bisherige Fallpraxis im Rahmen der bisherigen Streitschlichtungsverfahren auf der Grundlage des (nahezu) identischen Art. XXIII(1)(b) des GATT-Abkommens keinerlei Anhaltspunkte dafür, daß eine derartige Entwicklung zu erwarten wäre.

Ordnungspolitisch bedenklich ist demgegenüber, wie bereits kurz erwähnt wurde, lediglich die Regelung der Beweispflicht im Streitschlichtungsverfahren. So obliegt es im Gegensatz zur Streitschlichtung nach den WTO-Regeln stets der Klägerseite, den erforderlichen sachlichen Nachweis zu erbringen, daß die umstrittene Maßnahme eines anderen Mitgliedsstaats von diesem willkürlich beziehungsweise diskriminierend ergriffen oder eingesetzt wurde beziehungsweise wird oder auf andere Art und Weise gegen NAFTA-Bestimmungen (einschließlich der "Nullification and Impairment Clause") verstößt. Verfehlt erscheint dies insbesondere angesichts der unsicheren wissenschaftlichen Grundlage, auf der sanitäre oder phytosanitäre Maßnahmen, aber auch technische Normen und Standards vielfach beruhen. Zwar basieren sowohl das grundsätzliche Recht, derartige Maßnahmen zur Abwehr vermuteter Risiken für Mensch und Umwelt mit rein prophylaktischer Zielsetzung ergreifen zu dürfen, als auch die

---

[125] Exportabgaben auf Güter (einschließlich alle Energieträger und die petrochemischen Basisprodukte) sind immer dann zulässig, wenn sie auf Ausfuhren in alle anderen Mitgliedsstaaten erhoben werden **und** zugleich auch die inländischen Nachfrager dieser Produkte mit einer derartigen Abgabe belastet werden (vgl. Art. 314 sowie Art. 604).

Notwendigkeit, dies zu tun, auf eben dieser Unsicherheit. Das protektionistische Potential, das, wie die politische Ökonomie belegt, gleichfalls untrennbar mit der Ausübung einzelstaatlicher Souveränitätsrechte in diesem Bereich einhergeht, ließe sich aber nur begrenzen, indem die - wenn überhaupt, praktisch ohnehin stets nur im nachhinein zu erbringende - Beweispflicht ausnahmslos dem regulierenden Land obläge, also die dem NAFTA explizit zugrundeliegende Unschuldsvermutung für strittige sanitäre oder phytosanitäre Maßnahmen sowie für (vorgeblich) aus Gründen des Umweltschutzes erlassene technische Normen und Standards nach dem Vorbild des WTO-Regelwerks umgekehrt würde.

4.2.1.8. Allgemeine Ausnahmen

Wie das WTO-Regelwerk in den Artt. XX des GATT, XIV des GATS und 27 des TRIPs enthält auch das NAFTA mit dem Art. 2101 eine allgemeine Ausnahmebestimmung. Sie ist inhaltlich sehr stark an die soeben genannten Vorschriften der Welthandelsordnung angelehnt, jedoch ausschließlich auf die NAFTA-Regeln über den Handel mit Gütern sowie technische Normen und Standards anwendbar (vgl. Art. 2101(1)(a)-(b)). Im Gegensatz zum WTO-Regelwerk betont die im NAFTA enthaltene Fassung dieser Ausnahmeregelung außerdem ausdrücklich, daß der Art. XX(b) des GATT im Innenverhältnis der NAFTA-Parteien so auszulegen ist, daß auch Maßnahmen zum Schutz der Umwelt für eine Freistellung von den übrigen, normalerweise anwendbaren NAFTA-Bestimmungen in Frage kommen können. Eine ähnliche begriffliche Klarstellung erfährt Art. XX(g) des GATT. Er ist nunmehr im Innenverhältnis der NAFTA-Parteien auf Schutzmaßnahmen zum Erhalt von lebenden und nicht-lebenden Naturschätzen anwendbar.

Während die interpretative Erläuterung zu Art. XX(b) des GATT sachlich entbehrlich erscheint - schließlich sind Umweltschutzmaßnahmen nicht als Selbstzweck anzusehen, sondern dienen stets mittelbar oder unmittelbar dem Schutz des Lebens oder der Gesundheit von Menschen, Tieren oder Pflanzen - stellt die definitorische Anmerkung zum GATT-Art. XX(g) eine in der Praxis nicht unbedeutende Ausweitung des Anwendungsbereichs dieser Ausnahmevorschrift dar. Die bislang mangels einschlägiger Anmerkungen in den Schiedssprüchen von GATT-Panels herrschende Unsicherheit, ob der Begriff "Erhalt erschöpflicher Naturschätze" auch Maßnahmen zum Schutz der Bestände von Tier- und Pflanzenarten einschließt, wurde damit zumindest für den nordamerikanischen Integrationsraum abschließend geklärt. Da die hier einschlägig relevanten Entscheide von GATT-Panels in den beiden Thunfischfällen von 1991 und 1994 noch nicht formal angenommen wurden, also noch nicht rechtsverbindlich sind, ist allerdings offen, ob die Ausnahmebestimmung des NAFTA-Artikels 2101 den Mitgliedsstaaten auch die - wie weiter oben ausführlich dargelegt wurde ökonomisch höchst problematische und ökologisch wenig effiziente - Möglichkeit eröffnet, protektionistische Maßnahmen zum Schutz globaler Umweltgüter oder zum Erhalt von Naturschätzen, deren Vorkommen oder Habitate sich außerhalb der Grenzen ihres jeweiligen Hoheitsgebiets befinden, zu ergreifen oder beizubehalten. Mangels eindeutiger Formulierungen läßt der Wortlaut des Artikels zum gegenwärtigen Zeitpunkt keine abschließende Beurteilung dieser Frage zu. Da die relevanten GATT-Bestimmungen unverändert in das WTO-Regelwerk übertragen wurden, ist allerdings damit zu rechnen, daß die nunmehr zuständige WTO-Streitschlichtungsinstanz in ähnlich gelagerten Fällen dem extraterritorialen Einsatz handelspolitischer Instrumente auf der Grundlage des Art. XX des GATT oder der entsprechenden Bestimmungen im GATS und TRIPs ihre Zustimmung wiederum verweigern würde. Wahrscheinlich ist ein solcher Schritt einer NAFTA-Partei daher nicht, zumal zumindest die Handelsregeln der in Art. 104 des NAFTA aufgeführten internationalen Umweltschutzabkommen, wie bereits erwähnt, trotz der genannten ökonomischen wie ökologischen Bedenken im Kollisionsfall weitgehend Vorrang vor anderslautenden NAFTA-Bestimmungen genießen würden.

4.2.1.9. Regional- und sektorspezifische Umweltwirkungen der Handelsliberalisierung

Die Auswirkungen des NAFTA auf die Entwicklung der Umweltgüte in den drei Mitgliedsstaaten hängen nicht nur von den soeben kritisch gewürdigten allgemeingültigen - also nicht sektorspezifischen - Umweltschutzbestimmungen ab, die das Abkommen enthält. So wird auch der darin vereinbarte umfassende Abbau bislang bestehender Marktzutrittsschranken ebenfalls mittelbare und unmittelbare Rückkoppelungseffekte auf die Umweltqualität auslösen. Folgt man den bislang vorgelegten modelltheoretisch-empirischen Untersuchungen, die sich um eine Ex-ante-Quantifizierung dieser globalen Umweltwirkungen des NAFTA bemühten, ist eine nachhaltige Verbesserung der Umweltgüte in den Mitgliedsstaaten der NAFTA als ganzem als Folge der Liberalisierung wahrscheinlich (vgl. dazu *Bommer* und *Schulze* 1994; *Grossman* und *Krueger* 1991). Im übrigen bestätigen deren Ergebnisse auch die theoretischen Überlegungen, die in Abschnitt 2 dieser Abhandlung über die zwischen Handelsliberalisierung und Umweltschutz bestehenden Interdependenzen angestellt wurden.

Im folgenden sollen lediglich die zu erwartenden ökologische Folgewirkungen der Handelsliberalisierung für die amerikanisch-mexikanische Grenzregion sowie in den drei Sektoren Transportwesen, Landwirtschaft und Energiewirtschaft erörtert werden. Von der Diskussion bewußt ausgeklammert bleiben an dieser Stelle noch die in diesem Zusammenhang ebenfalls relevanten ergänzenden Abreden der NAFTA-Parteien im trilateralen Umweltnebenabkommen sowie im bilateralen amerikanisch-mexikanischen Nebenabkommen. Unterstellt wird weiterhin die Gültigkeit der Ceteris-paribus-Bedingung. Von jeglichen Internalisierungs- oder Externalisierungseffekten, die durch Veränderungen der nationalen Wirtschaftspolitiken der drei NAFTA-Mitgliedsstaaten ausserhalb ihrer NAFTA-Verpflichtungen hervorgerufen werden könnten, wird mithin vollkommen abstrahiert. Gleichwohl sei auch an dieser Stelle erneut auf deren im Zeitablauf im Vergleich zur Außenhandelskomponente unstreitig dominierenden Einfluß auf die Entwicklung der Umweltgüte in den NAFTA-Mitgliedsstaaten hingewiesen.

4.2.1.9.1. Umweltbelastungen in der amerikanisch-mexikanischen Grenzregion

Bereits vor dem Inkrafttreten des NAFTA galt das geographisch überwiegend durch Wüsten und Halbwüsten geprägte amerikanisch-mexikanische Grenzgebiet - im La Paz-Abkommen abschließend definiert als die Zone von jeweils einhundert Kilometern auf beiden Seiten der Staatsgrenze mit einer Gesamtfläche von etwa 250.000 qkm - als die ökologisch am stärksten belastete Region ganz Nordamerikas (vgl. *Zagaris* 1992, S. 69 f.).[126] Probleme bereiten insbesondere die überdurchschnittlich hohe Schadstoffbelastung der Luft und die teilweise mangelhafte Trinkwasserqualität in den Städten, die große Zahl wilder, von den zuständigen lokalen Behörden nicht genehmigter Mülldeponien sowie die zunehmende Gefährdung bereits vom Aussterben bedrohter Pflanzen- und Tierarten (*American Medical Association. Council on Scientific Affairs* 1990, S. 3319 ff.; *Kelly* und *Kemp* 1991, S. 6; *Wynne* 1994, S. 12 ff.).

Als wesentliche Ursachen für diese Fehlentwicklungen sind die starke Zunahme sowie die ausgesprochen ungleichmäßige Verteilung der Bevölkerung entlang der etwa 3.200 km langen gemeinsamen Grenze anzusehen, die die vorhandenen örtlichen Verkehrs- und sanitären Infrastrukturen vielfach bis heute überfordern. So ballen sich etwa neunzig Prozent der Gesamtbevölkerung von etwa fünf Millionen Menschen in nur zehn Doppelstädten. Deren bedeutendste sind die beiden Agglomerationsräume Tijuana/San Diego (geschätzte Einwohnerzahl: 2,5 Millionen) und Ciudad Juárez/El Paso (geschätzte Einwohnerzahl: über eine Million),[127] die zugleich traditionell die mit großem Abstand meist frequentierten Grenzübergänge bilden. Der ökonomische Grundstein für diese ökologisch bedenkliche demographische und wirtschaftliche Entwicklung wurde von der mexikanischen Regierung - allerdings mit manifester Unterstützung seitens der USA - im Jahre 1965 mit der Einführung des sogenannten Maquiladora-Programms gelegt, das seitdem regelmäßig ausgeweitet wurde.[128] Die bestehenden Umweltprobleme bestanden also schon lange vor dem Abschluß des NAFTA-Abkommens und lassen sich auf zahlreiche Versäumnisse der beiden Nachbarstaaten im Bereich der nationalen und bilateralen Wirtschaftspolitiken, insbesondere bei der Handels- und Umweltpolitik, zurückführen.[129] Wie im folgenden dargelegt werden soll, wirkt die im NAFTA vereinbarte Handelsliberalisierung einigen dieser Verzerrungen zumindest tendenziell entgegen; zum Teil

---

126 Im übrigen grenzen lediglich vier Bundesstaaten der USA (Kalifornien, Arizona, New Mexico und Texas) an Mexiko.

127 Die übrigen amerikanisch-mexikanischen Doppelstädte sind Mexicali/Calexico, Nogales/Nogales, Nuevo Laredo/Laredo, Matamoros/Brownsville, Reynosa/McAllen, Piedros Negras/Eagle Pass, Ciudad Acunia/Del Rio sowie San Luis Colorado/Yuma.

128 Das Maquiladora-Programm trat an die Stelle des von den USA kurz zuvor einseitig aufgekündigten Bracero-Programms, das es mexikanischen Landarbeitern ermöglicht hatte, ihre Arbeitsleistungen während der Erntesaison den landwirtschaftlichen Großbetrieben in weiten Teilen des Südwestens der USA - insbesondere in Kalifornien - anzubieten.

129 Wie in Abschnitt 4.2.3 noch zu näher zeigen sein wird, kooperieren die USA und Mexiko gleichwohl bereits seit 1944 mit dem Ziel, die Umweltprobleme an der gemeinsamen Grenze zu lösen.

werden sie dadurch sogar völlig beseitigt. Entscheidende Bedeutung kommt dabei den Investitionsregeln des Abkommens sowie den Bestimmungen über die Liberalisierung des Transportwesens einschließlich der Zollabfertigungsvorschriften zu.

4.2.1.9.1.1. Maquiladoras und NAFTA

Ursprünglich nahezu ausnahmslos reine Lohnveredelungsbetriebe (beziehungsweise sogenannte 'Schraubenzieherfabriken') mit hoher Arbeitsintensität, die dem bloßen Zusammenbau überwiegend aus den USA stammender vorgefertigter Komponenten und dem Re-Export der daraus erstellten technisch meist anspruchslosen Endprodukte (Textilien, Möbel) dienten, sind inzwischen nahezu sechzig Prozent der in den Maquiladoras Beschäftigten mit der Herstellung technologieintensiver Güter für die Automobilindustrie sowie in den Bereichen Elektrotechnik und Unterhaltungselektronik befaßt (vgl. *Hufbauer* und *Schott* 1992, S. 94 ff.). Die Zahl dieser Betriebe, deren Ansiedlung die mexikanische Regierung bis einschließlich 1972 nur im unmittelbaren Grenzgebiet erlaubte - in dem sich gleichwohl noch immer etwa achtzig Prozent aller Maquiladoras befinden -, dann aber landesweit zuließ, erhöhte sich von zwölf im Jahre 1965 auf gegenwärtig zirka zweitausend (vgl. *Chrispin* 1990, S. 78 f.). Mit derzeit etwa 450.000 Arbeitskräften stellen sie elf Prozent aller in Mexiko verfügbaren Arbeitsplätze bereit und sind nach der Erdölindustrie, aber noch vor der Tourismusbranche die zweitwichtigste Devisenquelle des Landes - selbst bei Abzug der Importwerte der verwendeten Vorleistungen.

Im Vergleich zu den übrigen industriellen Produktionsstätten auf mexikanischem Territorium weisen die Maquiladoras mehrere ökonomische und rechtliche Besonderheiten auf. So befinden sich diese Fabriken zunächst überwiegend vollständig oder mehrheitlich im Besitz amerikanischer Kapitaleigner. Ungewöhnlich ist dies insofern, als ausländische Direktinvestitionen in Mexiko in der Vergangenheit ansonsten starken Beschränkungen unterlagen - und in Schlüsselindustrien wie dem Energiesektor trotz des NAFTA-Abschlusses zum Teil bis heute unterliegen -, um die vielfach befürchtete Dominanz der heimischen Volkswirtschaft durch amerikanische Konzerne zu verhindern (vgl. *Ortiz* 1994, S. 157 f.). Ein weiteres Charakteristikum der Maquiladoras ist die zollrechtliche Sonderbehandlung, die ihnen sowohl von amerikanischer wie mexikanischer Seite zugestanden wurde und für eine mehrjährige Übergangsfrist auch nach dem Inkrafttreten des NAFTA immer noch zugestanden wird. Zum einen dürfen sämtliche Vorprodukte aus dem Ausland zoll- und abgabenfrei nach Mexiko importiert werden, sofern die damit erstellten Endprodukte nicht in Mexiko selbst vertrieben, sondern dem Export zugeführt werden.[130] Zum anderen ziehen die Zollbehörden der USA bei der Einfuhr eben dieser Endprodukte nicht den gesamten Warenwert als Bemessungsgrundlage für die Zollerhebung heran. Mit Grenzabgaben belastet wird vielmehr lediglich die von den Maquiladoras auf mexikanischem Boden erbrachte Wertschöpfung (vgl. *Kopinak* 1993, S. 141 f.).

---

130 Mitte der achtziger Jahre wurden den Betreibern der Maquiladoras jedoch erlaubt, ohne Verlust dieses Privilegs einen Teil der Erzeugnisse auch auf dem mexikanischen Inlandsmarkt abzusetzen (vgl. zu den Einzelheiten *Hualde* 1995, S. 125).

Andererseits sind die Betreiber der Maquiladoras grundsätzlich verpflichtet, auch den während des Produktionsprozesses anfallenden industriellen (Sonder-)Müll in diejenigen Länder zu exportieren, aus denen sie ihre Inputleistungen bezogen - überwiegend also die USA.[131] Im La Paz-Abkommen haben sich die USA verpflichtet, derartigen Müllexporten aus Mexiko, soweit Maquiladoras amerikanischer Kapitaleigner betroffen sind, die Einfuhr nicht zu verweigern. Da dessen legale Entsorgung in den USA jedoch in etwa um den Faktor zehn teurer ist als in Mexiko (vgl. *Kopinak* 1993, S. 105), sind aber die betriebswirtschaftlichen Anreize groß, sich dieser Exportpflicht legal oder illegal entziehen zu wollen. Rechtmäßig umgehen läßt sich diese erzwungene Müllausfuhr zum einen, indem die Abfälle unter Aufsicht der mexikanischen Behörden vernichtet oder deponiert werden, zum anderen durch Schenkung an mexikanische Wohlfahrtsverbände - die sie an gewerbliche Entsorgungs- oder Recyclingunternehmen weiterverkaufen dürfen, um dadurch Einnahmen für die Erfüllung ihrer sozialen Aufgaben erzielen zu können - sowie schließlich durch deren sogenannte 'Nationalisierung'. In diesem Fall würde die Maquiladora nachträglich den vollen mexikanischen Einfuhrzoll für die verwendeten importierten Vorleistungen entrichten (vgl. *Lerner* 1993, S. 259 f.). Grundsätzlich nicht der Exportpflicht unterliegen Abfallstoffe, die infolge der Verwendung in Mexiko erworbener Chemikalien entstanden (vgl. *Rich* 1991, S. 30). Da die zuständigen mexikanischen Stellen die Einhaltung der genannten Bestimmungen, auch aus arbeitsmarkt- und strukturpolitischen Erwägungen heraus, vor allem aber wegen nicht ausreichender finanzieller und personeller Ressourcen (vgl. *Kopinak* 1993, S. 154 f.) allerdings erst nach 1989 in Zusammenarbeit mit der amerikanischen EPA verstärkt kontrollierten und Verstöße sanktionierten, dürften jedoch die Betreiber einer großen Zahl von Maquiladoras regelmäßig oder unregelmäßig gegen die Exportpflicht für die von ihnen verursachten Industrieabfälle verstoßen und diese stattdessen in einer der zahlreichen illegalen Deponien endgelagert haben - und diese illegale Praxis bis heute fortsetzen.

Freilich wäre es verfehlt, die wirtschaftliche Attraktivität des Maquiladora-Programms für ausländische Investoren ausschließlich auf die soeben genannten Bestimmungsfaktoren zurückführen, unter denen im übrigen unstrittig die von beiden Seiten großzügig gewährten Zollpräferenzen herausragen. Hinzu kommen die unmittelbare Nähe zum amerikanischen Absatzmarkt, die sich im Vergleich zu alternativen Standorten in anderen Entwicklungs- und Schwellenländern insbesondere in niedrigeren Transport- und Lagerhaltungskosten (Stichwort: Just-in time-Produktion) niederschlägt, der starke Wertverlust des mexikanischen Peso gegenüber dem US-Dollar in den vergangenen Jahren sowie vor allem der - durch die Abwertung noch größer gewordene - Lohn(stück)kostenvorteil Mexikos im Vergleich zur Fertigung in den USA.

Die ökologischen Probleme in den Agglomerationsräumen entlang der amerikanisch-mexikanischen Grenze deuteten einige Umweltschutzorganisationen als offenkundige Bestätigung des 'Pollution haven'-These und somit als entscheidenden Einwand gegen den Abschluß des NAFTA. Insbesondere wurde argumentiert, daß die darin vorgesehene Lockerung der Restriktionen für ausländische Investoren in Mexiko

---

[131] In schätzungsweise einem Viertel bis der Hälfte aller Maquiladoras entstehen solche gefährlichen Rückstände als Kuppelprodukte des Fertigungsprozesses (vgl. *Kopinak* 1993, S. 155).

nunmehr im ganzen Land eine ähnliche Verschlechterung der Umweltqualität nach sich zöge, wie sie im Grenzgebiet infolge des Maquiladora-Programms zu beobachten gewesen sei (vgl. *Tamayo* und *Tamayo* 1995, S. 156). Unwahrscheinlich ist eine derartige Entwicklung jedoch nicht nur wegen der in der Praxis, wie weiter oben gezeigt wurde (vgl. dazu ausführlich Abschnitt 2.3.1.4.2), sehr geringen ökonomischen Anreizwirkung der (angeblich) unterschiedlich strengen - was zu behaupten spätestens seit 1988 freilich in der Sache unzutreffend wäre - beziehungsweise unterschiedlich streng durchgesetzten - was in gewissem Umfang noch zutrifft - Umweltschutzvorschriften in den USA und Kanada auf der einen und Mexiko auf der anderen Seite.[132] Im Gegenteil wird durch die Investitionsregeln des NAFTA und den sektorübergreifend vereinbarten, in einigen "sensiblen" Branchen freilich zeitlich abgestuften Abbau von tarifären und nicht-tarifären Handelshemmnissen die bisherige zoll- und steuerrechtliche Vorzugsstellung der Maquiladoras im Vergleich zum sonstigen in Mexiko ansässigen produzierenden Gewerbe schrittweise abgebaut. Von Bedeutung ist in diesem Zusammenhang insbesondere der Art. 1106(1) und (3) des NAFTA, der es den Mitgliedsstaaten untersagt, Investoren spezielle Leistungspflichten wie etwa Local-content-Vorgaben aufzuerlegen oder aber ihnen den Verkauf der Produktion im Inland ganz oder teilweise zu verbieten. Die entsprechenden Bestimmungen des Maquiladora-Programms waren von Mexiko teilweise mit sofortiger Wirkung abzuschaffen, teilweise wurde eine Übergangsfrist von sieben Jahren vereinbart.[133] Demgegenüber bleibt die Exportverpflichtung für den in den Maquiladoras angefallenen industriellen Gift- und Sondermüll vom NAFTA unberührt (vgl. *United States Trade Representative's Office* 1993, S. 80). Ceteris paribus dürften diese Veränderungen der institutionellen Rahmenbedingungen die Rentabilität von Investitionsvorhaben in Mexiko auf der Grundlage des Maquiladora-Programms nicht unwesentlich vermindern und somit insbesondere auf mexikanischer Seite eine ökologische Entlastung der Grenzregion einleiten.

4.2.1.9.1.2. Transportwesen und Grenzabfertigung

Siebzig bis achtzig Prozent des amerikanisch-mexikanischen Handels werden durch Lkw-Transporte abgewickelt, deren Volumen in der jüngeren Vergangenheit durch sehr starke Zuwachsraten gekennzeichnet war. So nahm der bilaterale Strassengüterverkehr zwischen 1987 und 1990, also vor Inkrafttreten des NAFTA, um 42 Prozent zu (vgl. *United States Trade Representative's Office* 1993, S. 86). Zurückzuführen ist diese Entwicklung auf den umfassenden und überaus rasch vorangetriebenen einseitigen Abbau von Handelsbeschränkungen durch Mexiko seit dessen Beitritt zum GATT im Jahre 1986, der eine Abkehr von der bis zu diesem

---

[132] Zumal ja auch die Verlagerung von Produktionsstätten durch Unternehmen, die amerikanische oder kanadische Umweltstandards aus technischen Gründen oder wegen hoher Kosten der Umrüstung nicht erfüllen können oder wollen, diese zwingen würde, bei der unumgänglichen Reinvestition in Mexiko die neuesten verfügbaren Produktionstechnologien einzusetzen und eine Betriebsaufnahmegenehmigung nach dem mexikanischen Umweltrecht zu erwirken.

[133] Der Zeitplan ist in Annex I - Mexiko des NAFTA, S. 35 f., detailliert festgelegt.

Zeitpunkt betriebenen umfassenden Importsubstitutionspolitik einleitete. Unbestritten ist die allgemein zu beobachtende Zunahme der Verkehrsleistungen in der Grenzregion - die allerdings zum überwiegenden Teil auf die Zunahme des privaten, nichtgewerblichen Pkw-Verkehrs zurückgeht - also als eine der Hauptursachen für die hohe Schadstoffbelastung der Luft in den urbanen Zentren der Grenzregion anzusehen.

Wesentlich verschärft wird sie allerdings durch die strikten Marktzutrittsregulierungen im Verkehrswesen in beiden Ländern - deren allmählicher Abbau erst mit dem Abschluß des NAFTA eingeleitet wurde -, und die Überlastung der Kontrollpunkte, deren personelle und räumliche Ausstattung mit dem Verkehrswachstum bislang nicht Schritt halten konnte. Da amerikanische Transportunternehmen ihre Dienstleistungen in der Vergangenheit nicht in Mexiko und mexikanische Transportunternehmen ihre Leistungen nur in sehr geringem Umfang in den USA anbieten durften, mußte die Fracht zum Weitertransport in ihr Bestimmungsland an der Grenze umgeladen werden. Zahlreiche Leerfahrten wegen der bekannten Koordinationsprobleme bei der Vergabe von Transportdiensten - durch die Ungewißheit über den genauen Zeitpunkt der zolltechnischen Abfertigung einer bestimmten Lieferung noch verstärkt - waren und sind die zwangsläufige Folge dieser Handels- und Wettbewerbsbeschränkungen. Mit dem Inkrafttreten des NAFTA sollten diese ökonomisch wie ökologisch unsinnigen Bestimmungen allerdings in zwei Phasen beseitigt werden. Mit Wirkung vom 1. Januar 1996, also nach einer Übergangsfrist von drei Jahren, mußten laut Vertrag zunächst Lkw-Frachttransporte von und nach den Bundesstaaten beider Länder zugelassen werden, die unmittelbar an den jeweiligen Nachbarstaat angrenzen. Ab dem 1. Januar 2000 sollten auch diese Beschränkungen ersatzlos entfallen (vgl. Annex I - Mexiko, S. 69 f., sowie Annex I - USA, S. 20, des NAFTA).[134] Auf Druck der amerikanischen Fernfahrerlobby wurde inzwischen allerdings die erste Phase der geplanten Liberalisierung vom Handelsbeauftragten der US-Regierung, *Kantor*, vertragswidrig und unilateral auf unbestimmte Zeit verschoben (vgl. *o.V.* 1996, S. 12).

Schließlich sieht das NAFTA die Einrichtung zweier Unterausschüsse zur Lösung sektorspezifischer (Umwelt-)Probleme vor. Sie sind beide dem Committee on Standards-Related Measures untergeordnet. Hauptaufgabe des Land Transportation Standards Subcommittee ist es, bis spätestens drei Jahre nach dem Inkrafttreten des NAFTA ein Arbeitsprogramm zu erstellen, das eine Angleichung der bislang noch bestehenden Unterschiede zwischen den NAFTA-Mitgliedsstaaten bei den höchst zulässigen Grenzwerten für Schadstoffemissionen von Lkw ermöglicht und das es erlaubt, auch die sonstigen durch den Straßengüterverkehr verursachten Umweltbelastungen zu verringern (vgl. Art. 913(5)(a)(i); Annex 913.5.a-1(2)(iii)). Unterstützt wird es in seiner Arbeit vom Automotive Standards Council (vgl. Art. 913(5)(a)(iii); Annex 913.5.a-3).

---

134 Einzige Voraussetzung ist der Erwerb einer Betriebserlaubnis bei den zuständigen nationalen Regulierungsinstanzen, die allerdings lediglich in einer Registrierungspflicht besteht. Eine Ausnahmeregelung gilt dabei allerdings für Kanada, das ausländischen Transporteuren bei sämtlichen Verkehrsträgern das Kabotagerecht vorenthält (vgl. Annex 1 - Canada, S. 32 f. sowie S. 37).

Gleichwohl läßt sich der Nettoumwelteffekt des mit der Handelsliberalisierung durch das NAFTA (und den mehrere Jahre zuvor erfolgten GATT-Beitritt Mexikos) zweifelsohne einhergehenden Wachstums des Transportvolumens im Straßengüterverkehr zum gegenwärtigen Zeitpunkt nicht exakt vorhersehen. Festzuhalten ist zunächst, daß sich der grenzüberschreitende Warentransport auf der Straße ökologisch nicht von der Lkw-Beförderung von Waren im reinen Binnenhandel unterscheidet. Das bedeutet aber auch, daß jede verkehrsbedingte Umweltbelastung und deren Zunahme in einem Land (oder einer Region) infolge der Handelsliberalisierung nur als Indiz dafür anzusehen ist, daß eine vollständige oder zumindest hinreichende Internalisierung der negativen externen Effekte des Transportwesens wegen des Versagens der nationalen (oder regionalen) Umweltpolitik noch nicht gelungen ist. Ein beredtes Beispiel dafür ist etwa die künstliche Verbilligung von Benzin durch die mexikanische Regierung mittels Höchstpreisen, die Abgabepreise an den Tankstellen unter den Herstellungskosten zur Folge hat (vgl. *Kaufman*, *Pauly*, und *Schweitzer* 1993, S. 233). Allerdings enthält das NAFTA Bestimmungen, die das Ausmaß dieser Verzerrungen ebenfalls verringern werden (vgl. Art. 603(1)-(2), Art. 606(1)(a)-(b) sowie Annex 602.3.(1) und (3)) und die somit Anreize zum Einsatz treibstoffsparender - und entsprechend umweltverträglicherer - Kraftfahrzeuge schaffen. Übersehen werden sollte außerdem nicht, daß Kapazitätsengpässe bei den Grenzabfertigungsstellen ebenfalls nicht dazu beitragen dürften, derartige Externalitäten abzubauen, sondern diese im Gegenteil verstärken. Dies anerkennend wurden auf beiden Seiten ergänzend umfangreiche Ausbaumaßnahmen zur Anpassung der Grenzübergänge an das höhere Verkehrsvolumen beschlossen (vgl. *United States Trade Representative's Office* 1993, S. 89 f.).

4.2.1.9.2. Landwirtschaft

Die Auswirkungen der im NAFTA vereinbarten vollständigen Liberalisierung des Agrarhandels, die spätestens nach Ablauf der Übergangsfrist von fünfzehn Jahren auch für die als "sensibel" eingestuften Produkte - wie zum Beispiel Mais (aus Sicht Mexikos) und Frischobst, vor allem Tomaten (aus Sicht der USA), vollzogen sein wird, auf die Umwelt sind - abgesehen von der Handhabung der bereits ausführlich diskutierten Bestimmungen über sanitäre und phytosanitäre Maßnahmen - im wesentlichen ebenfalls vom Ausmaß der Internalisierungsbemühungen auf nationaler Ebene abhängig.[135]

Eine Schlüsselrolle spielen in diesem Zusammenhang die Beihilferegeln der drei Mitgliedsstaaten im Agrarbereich, mit denen in der Vergangenheit versucht wurde, die Erwerbseinkommen der Bauern sowie der in der Landwirtschaft abhängig Beschäftigten direkt oder indirekt zu erhöhen. Besondere Bedeutung kommt in diesem Zusammenhang der Mindestpreispolitik für bestimmte landwirtschaftliche Produkte und/oder

---

135   Im wesentlichen sieht das NAFTA die Umwandlung bestehender nicht-tarifärer Handelshemmnisse in Zölle sowie daran anschließend deren schrittweisen Abbau bis zur vollständigen Marktöffnung nach fünfzehn Jahren vor. - Ein Überblick über die geplanten Liberalisierungsschritte, die im Detail in Art. 703 des NAFTA sowie in den Anhängen 703.2, 703.2.A.4, 703.2.B.7 und 703.3 enthalten sind, findet sich bei *Driscoll* 1992, S. 9 f.

die Subventionierung der notwendigen Inputfaktoren Wasser (für Bewässerungszwecke), Düngemittel und Pestizide zu. So subventionierte etwa Mexiko bis Anfang der neunziger Jahre den Einsatz von Düngemitteln mit einer Beihilfe von vierzig Prozent der Gesamtkosten; diese Zahlungen wurden allerdings 1991 eingestellt. Bei Pestiziden erreichen die staatlichen Unterstützungsleistungen weiterhin etwa fünfzig Prozent und bei Wasser sogar achtzig Prozent der anfallenden Kosten - ein Prozentsatz, der im übrigen in kalifornischen Anbaugebieten zum Teil noch weit überschritten wird (vgl. *Abler* 1993, S. 670; *OECD* 1994, S. 169; *Runge* 1993, S. 103). Ökologisch bedenklich ist dies zum einen deswegen, weil der stets umweltbelastende Einsatz von chemischen Düngemitteln und Pestiziden je Hektar landwirtschaftlicher Nutzfläche statistisch sehr eng positiv mit der Höhe der gewährten Produktionsbeihilfen korreliert. Ein ähnlich gearteter Zusammenhang besteht zum anderen auch zwischen nicht kostendeckenden Wasserpreisen für Bewässerungszwecke und der Versalzung der Böden und der Absenkung der Grundwasserspiegel sowie zwischen staatlichen Beihilfen zugunsten der Massentierhaltung in eng konzentrierten Räumen und der Belastung der Böden und des Grundwassers mit Nitraten, etwa durch den Einsatz von Tierfäkalien als Düngemittel oder deren Einleitung in stehende oder fließende Gewässer (vgl. *Anderson* 1992, S. 162 f.; *Runge* 1993, S. 105).

Nun enthält das NAFTA einige Bestimmungen, die geeignet sind, zu einer Internalisierung der genannten und durch derartige ökonomisch wie ökologisch verfehlte staatliche Eingriffe hervorgerufenen negativen Externalitäten nicht unwesentlich beizutragen. Vereinbart wurde zunächst, daß die Gewährung staatlicher Beihilfen für die in der Landwirtschaft Beschäftigten künftig möglichst auf der Grundlage produktionsunabhängiger und den Handel zwischen den Mitgliedsstaaten nicht verzerrender direkter Transfers erfolgen sollte (vgl. Art. 704). Damit würde einer Übernutzung von Düngemitteln, Pestiziden und Wasser tendenziell entgegengewirkt, ohne daß die Mitgliedsstaaten ihre mit der Gewährung von Beihilfen verfolgten sozial-, regional- und strukturpolitischen Zielsetzungen in der Landwirtschaft gänzlich aufgeben müßten. Grundsätzlich beschlossen wurde auch, den Abbau von Exportsubventionen für landwirtschaftliche Erzeugnisse auf multilateraler Ebene sowie im Innenverhältnis voranzutreiben. Abgesehen von der grundsätzlichen Pflicht, bei der Gewährung derartiger Beihilfen zu beachten, daß dadurch die Handelsinteressen der anderen Vertragsparteien beeinträchtigt werden könnten, soll dies zum einen durch die Zusammenarbeit der Mitgliedsstaaten innerhalb des GATT erreicht werden, wobei als Fernziel der Abschluß eines entsprechenden Abkommens angestrebt wird (vgl. Art. 705(1)). Zum anderen erachten es die Vertragsparteien als "unangemessen", den Export landwirtschaftlicher Produkte in eines der beiden anderen NAFTA-Mitgliedsstaaten durch öffentliche Beihilfen künstlich zu verbilligen, "where there are no other subsidized imports of that good into the territory of that other Party" (Art. 705(2)). Sollte allerdings ein Drittland so verfahren, hat das exportierende NAFTA-Mitgliedsland das Recht, vom Importland die Einleitung von Gegenmaßnahmen gegen solchermaßen begünstigte Drittlandeinfuhren zu erbitten, um selbst keine Wettbewerbsnachteile zu erleiden. Kommt das Importland diesem Gesuch nach, ist das Exportland seinerseits verpflichtet, alle eventuell seinen Bauern zum Ausgleich gewährten eigenen Ausfuhrbeihilfen mit sofortiger Wirkung zu streichen beziehungsweise von einer geplanten Gewährung abzusehen (vgl. Art. 705(5)). Vereinbart wurde des weiteren die Einrichtung der Working Group on Agricultural Subsidies, deren einzige Aufgabe darin besteht, Vorschläge für den Abbau, zumindest aber eine Begrenzung von Exportsubventionen im Handel von landwirtschaftlichen Erzeugnissen innerhalb der NAFTA zu erarbeiten (vgl. Art. 705(6)). Davon unberührt bleibt das Recht eines jeden Mitgliedsstaates, die Einfuhr subventionierter landwirtschaftlicher Erzeugnisse aus einem anderen Mitgliedsland oder aus Drittstaaten durch Ergreifen von Ausgleichsmaßnahmen zu erschweren (vgl. Art. 705(7)(b)). Ökonomisch wie ökologisch positiv zu bewerten ist insbesondere die Tatsache, daß die vorstehend erläuterten und ihrem Charakter nach als defensiv einzustufenden Bestimmungen des NAFTA darauf abzielen, den Subventionswettlauf zu durchbrechen, durch den ein wesentlicher Teil des internationalen Agrarhandels bislang noch gekennzeichnet ist und der keineswegs als Nullsummenspiel anzusehen ist, sondern aufgrund der dadurch induzierten Fehlallokationen nicht nur beträchtliche ökonomische Wohlfahrtsverluste für alle Beteiligten nach sich zieht, sondern darüber hinaus eine ökologisch bedenkliche Übernutzung der Böden bewirkt.

4.2.1.9.3. Energiewirtschaft

Der Bestimmungen über die nordamerikanische Integration im Bereich der Energiewirtschaft nehmen eine Sonderstellung in der Systematik des NAFTA ein. So wurden wesentliche Teile der Energiewirtschaft Mexikos von der Anwendung der Handels- und Investitionsregeln und damit von der auch für diesen Sektor grundsätzlich vereinbarten weitreichenden Liberalisierung und Marktöffnung ausgenommen (vgl. Art. 601(2)).[136] Sie verbleiben im verfassungsrechtlich geschützten Monopolbereich des mexikanischen Staates und seiner öffentlichen Unternehmen. Paradoxerweise wurde dieser reservierte Bereich durch das NAFTA sogar noch um den Außenhandel mit den Energieträgern Öl und Gas sowie mit petrochemischen Basisprodukten und um das ausschließliche Recht, Übertragungswege einschließlich Pipelines zu errichten, erweitert (vgl. *Kessel* und *Kim* 1993, S. 210 f.). Er umfaßt neben den bereits genannten Tätigkeiten nunmehr die folgenden, von Mexiko als "strategisch" eingestuften Aktivitäten einschließlich aller damit verbundenen Investitionen (vgl. Annex 602.3(1)-(2)):

- die Erforschung und Ausbeutung von Rohöl- und Erdgasvorkommen;

- die Weiterverarbeitung von Rohöl und Erdgas und die Erzeugung von Industriegasen;

- die Verteilung und Lagerung sowie den Direktverkauf von Rohöl, Erdgas, Industriegasen, Raffinerie- und petrochemischen Basisprodukten;

- die Erzeugung und Verteilung von Strom;

- die gesamte Atomwirtschaft.

---

136 Ganz offensichtlich wollte die mexikanische Regierung damit der eigenen Bevölkerung ihre Unabhängigkeit und Souveränität gegenüber den USA und Kanada demonstrieren (vgl. *Plourde* 1993, S. 67).

Grundsätzlich zulässig sind im Gegensatz dazu allerdings der grenzüberschreitende Handel zwischen Erzeugern und Endverbrauchern mit Erdgas und petrochemischen Basisprodukten (vgl. Annex 602.3(3)) sowie Investitionen ausländischer Unternehmen in Mexiko im Bereich der Stromerzeugung, sofern diese der Eigenversorgung oder der Nutzung der Kraft-Wärme-Koppelung dienen (vgl. Annex 602.3(5)(a)-(b) sowie *Mathis* und *Escobedo* 1993, S. 291 ff.) Eine etwaige Überschußproduktion müßte jedoch an die mexikanische Comisión Federal de Electricidad (CFE) verkauft werden. Erlaubt ist Wirtschaftseinheiten aus den anderen beiden NAFTA-Mitgliedsstaaten überdies eine Betätigung als unabhängiger Stromerzeuger. In diesem Fall wäre dann die gesamte Erzeugungsleistung an die CFE zu veräußern. Prinzipiell zulässig, wenngleich genehmigungspflichtig, wäre allerdings auch der Export von Strom an Versorgungsunternehmen in den anderen NAFTA-Mitgliedsstaaten (vgl. Annex 602.3(5)(c)).

Gewisse Sonderregelungen, die jedoch wesentlich weniger restriktiv und umfassend sind als die soeben genannten Ausnahmebestimmungen zugunsten Mexikos, finden daneben noch in der kanadischen Erdöl- und Erdgasindustrie Anwendung. Ihnen zufolge bleiben bestimmte Aktivitäten in diesen Bereichen kanadischen Staatsangehörigen und in Kanada amtlich eingetragenen juristischen Personen vorbehalten (vgl. Annex I - Canada, S. 23 ff.).[137] Zulässig wären überdies Verhaltensauflagen für ausländische Wirtschaftseinheiten, die am sogenannten Hibernia-Projekt - einem wirtschaftlich bedeutenden Explorationsvorhaben für Erdöl und Erdgas - beteiligt sind.[138]

Damit sind allerdings noch nicht alle Ausnahmen vom Prinzip der Liberalisierung in diesem Sektor erfaßt. Denn zwar sieht das NAFTA, abgesehen von den soeben angesprochenen Teilbereichen, auf der Basis der einschlägigen GATT-Bestimmungen (vgl. Art. 603(1)) grundsätzlich den Abbau aller Export- und Importbeschränkungen in der Energiewirtschaft vor. Ausdrücklich untersagt ist den Mitgliedsstaaten insbesondere die Einführung oder Beibehaltung von Mindest- oder Höchstpreisen für Ein- und Ausfuhren (vgl. Art. 603(2)). Gestattet ist jedoch die staatliche Einflußnahme auf die Handelsströme durch die diskriminierungsfreie Erteilung von Einfuhr- oder Ausfuhrlizenzen (vgl. Art. 603(5)). Allerdings wurde Mexiko auch hier das Sonderrecht zugestanden, Wirtschaftseinheiten aus den beiden anderen NAFTA-Mitgliedsstaaten vom Handel mit einer Reihe petrochemischer Erzeugnisse ausschließen zu dürfen.[139]

Für alle Mitgliedsstaaten und ohne Ausnahmen für bestimmte Produkte gilt demgegenüber das Verbot, Exporte von Energieträgern oder petrochemischen Basisprodukten mit Steuern oder sonstigen Abgaben zu belegen, falls nicht zugleich auch der inländische Verbrauch dieser Waren auf eben diese Weise mit staatlichen

---

[137] Daneben erlaubt Kanada Wirtschaftseinheiten aus den anderen NAFTA-Mitgliedsstaaten nur den Erwerb von Minderheitsbeteiligungen an Unternehmen, die im Uranbergbau tätig sind (vgl. Annex I - Canada, S. 29).

[138] Im einzelnen handelt es sich um genau die Verhaltensauflagen, die gemäß Art. 1106 generell untersagt sind (vgl. Annex I - Canada, S. 28).

[139] Siehe dazu Art. 603(6) in Verbindung mit Annex 603.6, in dem die betreffenden Produkte aufgeführt werden.

Abgaben belastet wird (vgl. Art. 604). Die Einführung einer nicht-diskriminierenden Ökosteuer wäre mithin ohne weiteres zulässig.

Die Bedingungen für die Vereinbarkeit sonstiger Ausfuhrbeschränkungen im Energiesektor mit dem NAFTA werden in Art. 605 näher präzisiert, der allerdings wiederum ausschließlich für die USA und Kanada, nicht aber für Mexiko verbindlich ist (vgl. Art. 605 in Verbindung mit Annex 605). Diese Vorschrift bezieht sich ausdrücklich nur auf handelspolitische Maßnahmen, die von einem Mitgliedsstaat unter Berufung auf bestimmte GATT-Vorschriften ergriffen werden. Dazu zählt insbesondere die Ausnahmebestimmung nach Art. XX(g), die einem Land unter gewissen Bedingungen auch den Einsatz protektionistischer Instrumente zum Erhalt erschöpflicher Naturschätze gestattet.[140] Dem NAFTA-Artikel 605 zufolge - der im übrigen lediglich eine Spezialanwendung des für den gesamten Warenhandel geltenden Art. 315 darstellt - hätte ein Mitgliedsland des NAFTA bei einer Anwendung dieses GATT-Artikels zusätzlich noch dafür Sorge zu tragen, daß die fragliche Maßnahme den Anteil der Ausfuhren an der Gesamtproduktion nicht vermindert, der Exportpreis im Vergleich zum Inlandspreis nicht durch Ausfuhrlizenzen, Steuern, Abgaben oder Mindestpreisvorgaben künstlich erhöht wird und die normalen Bezugskanäle der davon betroffenen anderen NAFTA-Partei nicht unterbrochen werden. Schließlich müßte noch die Struktur der betroffenen Exportgüter - also das wertmäßige Verhältnis beispielsweise zwischen Rohöl und Raffinerieprodukten - erhalten bleiben (vgl. Art. 605(a)-(c)).

Unmittelbare Folge der ökonomischen Ungleichbehandlung der einzelnen Energieträger im NAFTA sowie der zahlreichen marktschließenden Ausnahmeregelungen vor allem zugunsten Mexikos ist eine nachhaltige Verzerrung des Substitutionswettbewerbs der Energieträger untereinander; dies gilt umso mehr, als der Handel mit Kohle zwischen den NAFTA-Parteien seit dem Inkrafttreten des Abkommens keinerlei Beschränkungen unterliegt (vgl. *Foss, Hernandez* und *Johnson* 1993, S. 39). Eine auch ökologisch bedenkliche Fehlsteuerung ergäbe sich entsprechend immer dann, falls der insgesamt umweltverträglichste Energieträger durch Subventionen oder aufgrund von Wettbewerbsbeschränkungen (Stichwort: Preis- und Behinderungsmißbrauch) marktinkonform diskriminiert würde, er sich also relativ verteuerte, oder der Einsatz umweltschonender Förder- und/oder Verarbeitungsmethoden und -technologien unterbliebe. Wahrscheinlich sind derartige Verzerrungen nicht nur deswegen, weil die drei Mitgliedsstaaten grundsätzlich vereinbarten, "to allow existing or future incentives for oil and gas exploration, development and related activities in order to maintain the reserve base for these energy resources", diese Tätigkeiten also wie in der Vergangenheit geschehen zum Teil massiv staatlich zu subventionieren (Art. 608(1)). Außerdem darf die Einfuhr des umweltfreundlichsten fossilen Energieträgers Erdgas aus den Lieferländern USA und Kanada von Mexiko auch weiterhin noch mit einem Importzoll belastet werden, obwohl die PEMEX und die CFE diesen Brennstoff im Vergleich zum Energieträger

---

[140] Wie bereits erwähnt, wurde diese GATT-Bestimmung in Gestalt des Art. 2101 inhaltlich erweitert in das NAFTA übernommen. - Die übrigen GATT-Bestimmungen, auf die sich Art. 605 bezieht, sind die Artt. XI, XX(i) und XX(j).

Öl bislang nur in kaum nennenswertem Umfang als Inputfaktor auf der Erzeugungsstufe nutzen.

Nicht unproblematisch ist in diesem Zusammenhang außerdem der hohe Monopolisierungsgrad in der mexikanischen Erdöl- und Erdgasindustrie auf sämtlichen Produktionsstufen. Abgesehen davon, daß eine derartige Marktschließung die ökonomischen Anreize für einen möglichst schonenden Umgang mit diesen Rohstoffen und den Einsatz effizienter Raffinerie- und sonstigen Weiterverarbeitungstechnologien mit hohem Wirkungsgrad vermindert, hängt die Intensität des Substitutionswettbewerbs zwischen den mexikanischen Energieträgern und dem importierten Erdgas im wesentlichen von den rechtlichen und faktischen Möglichkeiten zur Durchleitung ab, die konkurrierenden Anbietern aus den beiden anderen NAFTA-Mitgliedsstaaten zur Verfügung stehen. Allerdings enthält das NAFTA zu diesem Problemkreis keinerlei Bestimmungen.

Andererseits erleichtert das NAFTA den marktmäßigen Transfer umweltverträglicher Energiegewinnungs- und -verarbeitungstechnologien von den USA und Kanada nach Mexiko durch die schrittweise Liberalisierung des öffentlichen Auftragswesens dieses Landes, was auch die Beschaffungspolitik der beiden Monopolisten PEMEX und CFE mit einschließt.[141] Er dürfte sich im übrigen durch die allmähliche Verschärfung der mexikanischen Umweltgesetze und den Abbau tarifärer und nichttarifärer Hemmnisse im Warenhandel zumindest mittelfristig ohnehin noch zusätzlich intensivieren.

Unwahrscheinlich ist demgegenüber die von einigen Umweltschutzorganisationen geäußerte 'Pollution haven'-These im Zusammenhang mit der im NAFTA vereinbarten Marktöffnung im grenzüberschreitenden Stromhandel. Befürchtet wurde insbesondere die Verlagerung nennenswerter Stromerzeugungskapazitäten aus den USA nach Mexiko aufgrund dort angeblich weniger kostenintensiver Umweltschutzauflagen (vgl. *Hagen, Henson* und *Merrifield* 1994, S. 238 f.). Dagegen spricht auch in diesem Sektor nicht nur der - formal - hohe Standard des mexikanischen Umweltrechts - für dessen Nicht-Vollzug das noch zu erläuternde Umweltnebenabkommen im übrigen empfindliche Sanktionen vorsieht - auch der Energiewirtschaft. Einer Verlagerung aus diesem Grund wirken, neben den damit verbundenen Kosten, außerdem vor allem die bereits ausführlich diskutierten NAFTA-Art. 1114 sowie die Bestimmungen über eine Harmonisierung technischer Normen und Standards auf einem möglichst hohen Schutzniveau entgegen.

---

141 Die einschlägigen allgemeinen Bestimmungen finden sich in Kapitel zehn des NAFTA und die besonderen Vorschriften für die Energiewirtschaft in Annex 1001.2b.

4.2.2. Das Umweltnebenabkommen[142]

4.2.2.1. Zielsetzungen

Das Umweltnebenabkommen, dessen Aushandlung von Mexiko und Kanada erst nach langem Zögern und nur deshalb akzeptiert wurde, um die Ratifizierung des Hauptabkommens selbst nicht zu gefährden, enthält mit wenigen Ausnahmen keine eigenen Handelsregeln.[143] Es ist demzufolge keineswegs als eigenständiges Handelsabkommen neben dem NAFTA selbst anzusehen. Unberührt bleiben auch sämtliche Rechte und Pflichten, die den einzelnen NAFTA-Parteien aus der Mitgliedschaft in anderen internationalen Umweltschutzabkommen erwachsen (vgl. Art. 40). Vielmehr sollen die Bestimmungen des Umweltnebenabkommens ganz allgemein dazu dienen (vgl. Art. 1(a)-(j)),

- die Effizienz der nationalen Umweltpolitiken der Mitgliedsstaaten zu steigern, um auf diese Weise die jeweilige inländische Umweltqualität zu verbessern,

- auf der Grundlage einer umfassenden Zusammenarbeit und einer entsprechenden Ausgestaltung und wechselseitigen Abstimmung der nationalen Umwelt- und Wirtschaftspolitiken eine nachhaltige Entwicklung verwirklichen zu können,

- die Zusammenarbeit der drei NAFTA-Mitgliedsstaaten im Bereich der Umweltpolitik zu verbessern,

- die im NAFTA-Hauptabkommen verankerten umweltpolitischen Zielsetzungen zu unterstützen,

- das Entstehen von Handelshemmnissen und von Verzerrungen des grenzüberschreitenden Austauschs von Waren und Dienstleistungen innerhalb der Nordamerikanischen Freihandelszone zu verhindern,

- die Zusammenarbeit der Mitgliedsstaaten bei der Entwicklung neuer und der Verbesserung bestehender "environmental laws, regulations, procedures, policies and practices" zu stärken,

---

[142] Das im folgenden kurz als Umweltnebenabkommen bezeichnete North American Agreement On Environmental Cooperation ist abgedruckt in: International Legal Materials (1993), Jg. 32, S. 1480-1498. - Alle Artikelangaben dieses Abschnitts und seiner Unterabschnitte beziehen sich, soweit nicht ausdrücklich anders erwähnt, auf eben dieses Dokument.

[143] Beispielsweise verpflichtet das Umweltnebenabkommen die Mitgliedsstaaten dazu, ein Ausfuhrverbot für Pestizide und sonstige giftige Substanzen in die anderen beiden Mitgliedsstaaten in Betracht zu ziehen, deren Nutzung im Inland selbst verboten ist (vgl. Art. 2(3)). - Wie noch ausführlich zu erläutern sein wird, ist gegenüber zwei der drei Mitgliedsstaaten - den USA und Mexiko - zudem als letztes Sanktionsmittel und in sehr begrenztem Umfang der Einsatz handelspolitischer Maßnahmen erlaubt, sollten diese auf Dauer gegen zentrale Bestimmungen des Umweltnebenabkommens verstoßen. Für Kanada gilt demgegenüber ein gesonderter Sanktionsmechanismus, der den Einsatz der Handelspolitik zu diesem Zweck ausdrücklich ausschließt (vgl. Art. 36(2)-(4) sowie Annex 36A sowie weiter unten Abschnitt 4.2.2.4).

- die Einhaltung und den Vollzug von Umweltschutzvorschriften in den Mitgliedsstaaten zu verbessern,

- die Mitwirkungsmöglichkeiten der Öffentlichkeit bei der Entwicklung von Umweltschutzgesetzen sowie bei der Ausgestaltung der Umweltpolitik zu vergrößern und die Verfahrenstransparenz in diesen Bereichen zu erhöhen,

- den Einsatz ökologisch wie ökonomisch effizienter Instrumente des Umweltschutzes zu fördern und

- in zunehmendem Maße dem Prinzip eines präventiven Umweltschutzes zu folgen.

Im Gegensatz zum NAFTA-Hauptabkommen, dessen Bestimmungen in Einzelfällen ausgewählten Zielsetzungen des nationalen und des internationalen Umweltschutzes Vorrang vor dem eigentlichen Oberziel des Abkommens, der umfassenden Liberalisierung des Handels zwischen den Mitgliedsstaaten, einräumen, beschränkt das Umweltnebenabkommen folglich die Souveränität der Mitgliedsstaaten in allen Bereichen der nationalen Umweltpolitik - also immer auch dann, wenn keinerlei unmittelbare Rückwirkungen auf Struktur und Umfang der Handelsbeziehungen der NAFTA-Mitgliedsstaaten untereinander zu erwarten sind. Außerdem wird die Zusammenarbeit der Mitgliedsstaaten in Fragen der nationalen Umweltpolitik, aber auch mit dem Ziel, grenzüberschreitende Externalitäten zu beseitigen, formalisiert und institutionalisiert.

4.2.2.2. Pflichten der Mitgliedsstaaten

Um die genannten Zielsetzungen zu erreichen, legt das Umweltnebenabkommen den NAFTA-Mitgliedsstaaten eine Reihe von Pflichten auf, die inhaltlich oder zumindest sinngemäß allerdings im wesentlichen den bereits im NAFTA-Hauptabkommen niedergelegten Vorgaben entsprechen. So sind die Vertragsparteien zunächst dazu angehalten, in regelmäßigen Zeitabständen einen umfassenden nationalen Umweltzustandsbericht zu erstellen und der Öffentlichkeit zugänglich zu machen, Notfallpläne für Umweltkatastrophen zu erstellen, den Wissensstand der Bevölkerung im Bereich des Umweltschutzes einschließlich des geltenden Umweltrechts anzuheben, die wissenschaftliche Erforschung ökologischer Zusammenhänge und die Entwicklung von Umweltschutztechnologien ebenso zu fördern wie den Einsatz marktwirtschaftlicher Instrumente in der Umweltpolitik (vgl. Art. 2(1)). Des weiteren sollen die Mitgliedsstaaten zumindest in Erwägung ziehen, etwaige Empfehlungen des Rates der Commission for Environmental Cooperation (CEC) - der obersten Instanz des Umweltnebenabkommens - in nationales Recht umzuwandeln (vgl. Art. 2(2)).

Formal ausdrücklich anerkannt wird auch das fundamentale Recht eines jeden NAFTA-Mitgliedslandes, das im Einzelfall gewünschte Schutzniveau den jeweiligen nationalen Prioritäten entsprechend frei zu wählen und zu diesem Zweck jederzeit neue Umweltschutzgesetze einzuführen sowie bereits bestehende Bestimmungen zu modifizieren. Zumindest formal nicht unwesentlich eingeschränkt wird dieses Wahlrecht jedoch durch die Vorgabe, im nationalen Umweltrecht grundsätzlich ein möglichst hohes Schutzniveau festlegen zu müssen. Außerdem sind die bestehenden Umweltgesetze fortlaufend zu verbessern (vgl. Art. 3). Bedauerlicherweise überhaupt nicht gestellt wird demgegenüber die eigentlich entscheidende Frage nach der ökologischen Leistungsfähigkeit der bestehenden Gesetze.

Für die vom Umweltnebenabkommen erfaßten Sachbereiche gilt weiterhin ein umfassendes Publikations- und Informationsgebot. Es erstreckt sich auf die Gesamtheit der einschlägigen Gesetze, Regulierungen, Verfahrensregeln und Verwaltungsrichtlinien. Diese sind allen interessierten Parteien unverzüglich zugänglich zu machen (vgl. Art. 4(1)).[144] Nach Möglichkeit sollen die Mitgliedsstaaten überdies auch Entwürfe von Umweltschutzbestimmungen veröffentlichen, deren Einführung beabsichtigt ist, und interessierten Parteien die Gelegenheit geben, dazu Stellung zu nehmen (vgl. Art. 4(2)).

Die entscheidende Neuerung, der auch deswegen zentrale Bedeutung zukommt, weil die (fortgesetzte) Nichtbeachtung dieser Vorschrift im Extremfall die Verhängung der schärfsten Sanktionen nach sich ziehen würde, die das Umweltnebenabkommen überhaupt enthält, findet sich schließlich in Art. 5. Dieser Bestimmung zufolge sind die Regierungen der Mitgliedsstaaten grundsätzlich verpflichtet, so effektiv wie möglich für die Einhaltung der im Inland geltenden Umweltschutzbestimmungen (Wörtlich: "environmental law") zu sorgen (wörtlich: "effectively enforce") und Verstöße auf dem Rechtsweg oder im Rahmen quasi-gerichtlicher und verwaltungsrechtlicher Verfahren zu ahnden - die wiederum "fair, open and equitable" sein müssen; zudem bedürfen alle endgültigen Entscheidungen der Schriftform und sind nach Möglichkeit zu begründen (vgl. Art. 7(1)-(2)) - sowie unter "angemessener" Berücksichtigung der objektiven Umstände des Einzelfalls zu bestrafen (vgl. Art 5(1)-(3)). Das Abkommen nennt im übrigen zahlreiche Beispiele für Maßnahmen, die ergriffen werden könnten, um einen angemessenen Vollzug der nationalen Umweltgesetze sicherzustellen. Die Vorschläge reichen von der (zusätzlichen) Einstellung und ständigen Fortbildung staatlicher Kontrolleure bis zur Verhängung von Geldstrafen und Betriebsstillegungen als Sanktionsmittel bei Verstößen.

Ganz erheblich eingeschränkt wird der Anwendungsbereich dieser Vorschrift jedoch durch die vergleichsweise engen Definitionen der juristisch, ökonomisch und ökologisch letztlich entscheidenden Begriffe "effectively enforce" und "environmental law", die Art. 5 sowie einer Reihe weiterer, noch näher zu erläuternder Vorschriften zugrundeliegen (so zum Beispiel der Erstellung eines, weiter unten noch näher zu erläuternden, "Factual record" nach Art. 14 und den eigenständigen Streitschlichtungsregeln des Umweltnebenabkommens). Demnach ist zunächst unzulässig, einen Mitgliedsstaat des unzureichenden Vollzugs seines nationalen Umweltrechts anzuklagen, falls dessen Tätigwerden (oder Nicht-Tätigwerden) eine annehmbare Ermessensentscheidung darstellt oder dieser "aus gutem Glauben" entscheidet, die ihm zur

---

[144] Davon ausdrücklich ausgenommen sind Informationen, deren Weitergabe an andere Vertragsparteien oder die Organe der Commission for Environmental Cooperation nach Auffassung des auskunftspflichtigen NAFTA-Mitgliedslandes seine nationale Sicherheit gefährden würde, den Vollzug der Umweltgesetze behindern könnte oder dem Datenschutz unterliegt (vgl. Art. 39 und Art. 42).

Verfügung stehenden Ressourcen nicht für den Vollzug des nationalen Umweltrechts einzusetzen, sondern zu verwenden, um andere Belange im Bereich des Umweltschutzes zu verwirklichen, denen höhere Dringlichkeit zugemessen wird (vgl. Art. 45(1)). Der Terminus 'Umweltrecht' umfaßt erstaunlicherweise außerdem nicht den hierbei eigentlich zentralen Bereich von Gesetzen und sonstigen Vorschriften (oder Teilen davon), deren vorrangige Zielsetzung darin besteht, "[to manage] the commercial harvest or exploitation, or subsistance or aboriginal harvesting, of natural resources" (Art. 45(2)(b)).[145] Grundsätzlich nicht erlaubt sind den NAFTA-Parteien außerdem noch Vollzugsmaßnahmen auf dem Territorium eines anderen Mitgliedslandes. Damit wurde zugleich den Bestrebungen einiger amerikanischer Politiker, Umweltschutzorganisationen und Gewerkschaften, ungeachtet der Souveränitätsrechte anderer Nationen die ausländischen Produktionsstätten von US-Unternehmen gesetzlich zur Einhaltung der amerikanischen Umweltgesetze zu zwingen, zumindest innerhalb der NAFTA-Region die Grundlage entzogen (vgl. Art. 37).[146]

Daneben garantiert das Umweltnebenabkommen im Gegensatz zum NAFTA-Hauptabkommen allen interessierten Personen - also auch den von Umweltschäden unmittelbar Betroffenen - unabhängig von ihrer Nationalität in vorbildlicher Weise umfassende Rechtsbehelfsmöglichkeiten im Rahmen der jeweils geltenden inländischen Gesetze. So hat jedes Mitgliedsland des NAFTA dem genannten Personenkreis in angemessener Weise Zugang zu den "administrative, quasi-judicial or judicial proceedings for the enforcement of the Party's environmental laws and regulations" zu gewähren (Art. 6(2)). Im Einklang mit der jeweils einschlägigen nationalen Gesetzgebung muß es den Betroffenen insbesondere möglich sein,

- Schadensersatzklagen gegen inländische Wirtschaftseinheiten einzureichen,

- bei den zuständigen Stellen zu beantragen, mutmaßliche Verstöße gegen Umweltgesetze durch die Verhängung von Geldstrafen oder - in Notfällen - durch Betriebsstillegungen zu ahnden,

- die zuständigen Stellen zu ersuchen, durch die präventive Anwendung der Umweltschutzbestimmungen das Entstehen von Umweltschäden zu verhindern, und schließlich

- einen gerichtlichen Unterlassungsbefehl (vgl. Art. 6(3)(a)-(d)) gegen eine inländische Wirtschaftseinheit zu erwirken, die mutmaßlich gegen Umweltschutzbestimmungen ihres eigenen Landes verstößt, um dadurch verhindern zu können, daß dieser Verstoß Sach- oder Personenschäden zur Folge hat (oder auch nur zur Folge haben könnte).

Wie unmittelbar einsichtig ist, erhöht diese Bestimmung des Umweltnebenabkommens zum einen die Wahrscheinlichkeit, daß Verstöße gegen nationales Um-

---

145 Ausgeschlossen sind auch Arbeitsschutzbestimmungen; diese fallen in den Geltungsbereich eines weiteren NAFTA-Nebenabkommens, nämlich des North American Agreement on Labor Cooperation.

146 Befürwortet wurde dieser Ansatz unter anderem von *Brown, Goold* und *Cavanagh* 1992, S. 326; vgl. dazu außerdem *Kelly, Kamp, Gregory* und *Rich* 1991, S. 47.

weltrecht aufgedeckt werden und von den zuständigen Behörden der einzelnen NAFTA-Mitgliedsstaaten tatsächlich geahndet werden können. Zum anderen eröffnet sich gerade den Bewohnern der Grenzregion die Möglichkeit, zumindest im Rahmen der in ihrem jeweiligen Ursprungsland vorgesehenen rechtlichen Mittel gegen grenzüberschreitende Umweltbelastungen vorzugehen und, sollte diesen ein Verstoß gegen dort anwendbares nationales Umweltrecht zugrundeliegen, auf deren Internalisierung hinzuwirken.

Modellcharakter kommt diesem Ansatz nicht nur im Vergleich zu einer erfahrungsgemäß langwierigen Auseinandersetzung der Klageparteien auf der Grundlage des Völkerrechts zu. Vielmehr ist er geeignet, negative Externalitäten mit grenzüberschreitender Wirkung ökonomisch wesentlich effizienter abzubauen als durch den in diesem Zusammenhang häufig geforderten Einsatz handelspolitischer Instrumente. Ein bei polit-ökonomischer Betrachtungsweise nicht zu unterschätzender Vorzug dieses Ansatzes besteht schließlich noch darin, daß er die nationale Souveränität der Mitgliedsstaaten in kaum nennenswerten Maße - eben nur insofern, als auch Ausländern bestimmte Klagerechte zugestanden werden - beschränkt. Die Entscheidung darüber, ob gegen nationales Umweltrecht verstoßen wurde, verbleibt demgegenüber in vollem Umfang bei den zuständigen Instanzen des betroffenen Mitgliedslandes.

4.2.2.3. Struktur und Aufgaben der Commission on Environmental Cooperation (CEC)

Die CEC ist als oberstes Organ des Umweltnebenabkommens zuständig für die Umsetzung der darin enthaltenen Bestimmungen in den drei Mitgliedsstaaten. Sie setzt sich aus dem Rat (Council), dessen Sekretariat - die Mitgliedsstaaten sind im übrigen gegenüber beiden auskunftspflichtig (vgl. Art. 21(1)) - und einem Joint Public Advisory Committee (JPAC) zusammen (vgl. Art. 8(2)). Die CEC trat an die Stelle der - noch unter der Regierung *Bush* - von den drei NAFTA-Parteien formal ins Leben gerufenen, aber niemals aktiv gewordenen NACE und verfügt im Vergleich zu ihrer vorgeschlagenen Vorgängerin auch über einen spürbar erweiterten Kompetenzbereich. Allerdings erreichte die *Clinton*-Regierung nicht ihr noch während des amerikanischen Präsidentschaftswahlkampfs propagiertes und den entsprechenden Vorstellungen einiger amerikanischer Umweltschutzorganisationen entlehntes Verhandlungsziel, die CEC sogar als eine Art supranationaler ökologischer Oberregierung und mit umfangreichen eigenen Vollzugs- und Sanktionsrechten im Umweltbereich zu etablieren. Wie noch zu zeigen sein wird, wurde dieses Bestreben lediglich indirekt und in sehr engen Grenzen im Rahmen des eigenständigen Streitschlichtungsmechanismus des Umweltnebenabkommens verwirklicht.[147]

Der Rat - er setzt sich im Normalfall aus Kabinettsmitgliedern der drei NAFTA-Mitgliedsstaaten zusammen (vgl. Art. 9(1)) - tagt, teilweise in öffentlicher Sitzung,

---

[147] Von Umweltschutzgruppen war demgegenüber gefordert worden, der Kommission das Recht zu verleihen, Geldstrafen gegen die Regierungen eines NAFTA-Mitgliedsstaates bei einem Nicht-Vollzug bestehender Umweltschutzbestimmungen zu verhängen (vgl. *Hudson* und *Prudencio* 1993, S. 6.)

mindestens einmal im Jahr. Allerdings ist die Anberaumung einer Sondersitzung auf Antrag eines Mitgliedsstaates jederzeit möglich (vgl. Art. 9(3)). Abgesehen von einigen wenigen Sonderfällen, die im Umweltnebenabkommen genau geregelt sind, sowie auf der Grundlage eines anderslautenden (einstimmigen) Ratsbeschlusses, bedürfen alle Entscheidungen und Empfehlungen des Rates zudem stets der Einstimmigkeit und sind der Öffentlichkeit zugänglich zu machen (vgl. Art. 9(6) und(7)). Daneben hat er das Recht, zur Erfüllung seiner Aufgaben gesonderte Arbeitsgruppen und Expertenkommissionen einzurichten und Ratschläge von Nichtregierungsorganisationen jedweder Couleur - also etwa von Umweltschutzgruppen - sowie von unabhängigen Fachleuten einzuholen (vgl. Art. 9(5)).

Als oberstes Organ der CEC dient der Rat zunächst als Diskussionsforum in allen Angelegenheiten des Umweltschutzes, sofern diese mittelbar oder unmittelbar Gegenstand des Umweltnebenabkommens sind. Neben der Erfüllung einiger rein administrativer Aufgaben obliegen ihm insbesondere die Überwachung der Umsetzung des Abkommens in den Mitgliedsstaaten, die Rechtsaufsicht über das CEC-Sekretariat, die Förderung der Zusammenarbeit der Mitgliedsstaaten in allen Bereichen der Umweltpolitik einschließlich der Weiterentwicklung des Umweltrechts sowie eine Schiedsrichter- und Vermittlerfunktion bei Unklarheiten und Meinungsunterschieden hinsichtlich der inhaltlichen Auslegung oder der Umsetzung einzelner Bestimmungen des Abkommens (vgl. Art. 10(1)(a)-(f) und Art, 10(3)(a)-(b)). Außerdem hat er die Mitgliedsstaaten zum Vollzug ihrer nationalen Umweltgesetze zu "ermutigen" (vgl. Art. 10(4)(a)). Des weiteren steht es ihm frei, zu beinahe jedem Teilaspekt des Umweltschutzes und der Umweltpolitik Handlungsempfehlungen für die Mitgliedsstaaten zu erarbeiten.[148] Allerdings sind die Mitgliedsstaaten nicht verpflichtet, die Ratsempfehlungen zu befolgen. Eine Ausnahme bilden lediglich diejenigen Empfehlungen des Rates, welche die Einführung maximal zulässiger Höchstwerte für Schadstoffemissionen in das nationale Umweltrecht zum Gegenstand haben. In diesem Fall haben die Mitgliedsstaaten eine Umsetzung einer solchen Empfehlung in nationales Recht "in Erwägung zu ziehen" (vgl. Art. 2(2)).

Durch enge Zusammenarbeit mit der FTC hat der Rat der CEC schließlich unterstützend dazu beizutragen, daß auch die im NAFTA-Hauptabkommen selbst verankerten umweltpolitischen Zielsetzungen erreicht werden. Er ist in diesem Zusammenhang neben einer generellen Pflicht, der FTC in allen Angelegenheiten des Umweltschutzes beratend zur Seite zu stehen, insbesondere damit betraut, NGO und anderen interessierten Personen als Informationsstelle und Ansprechpartner zu dienen, deren Stellungnahmen entgegenzunehmen sowie das Entstehen von Konflikten zwischen den Mitgliedsstaaten an den Schnittstellen von Handels- und Umweltpolitik zu verhindern zu suchen. An bi- oder trilateralen Konsultationen der Mitgliedsstaaten zur Beilegung von Streitfällen nach Art. 1114 muß er mitwirken. Außerdem hat er die Auswirkungen des NAFTA auf die Entwicklung der Umweltqualität in den Mitgliedsstaaten kontinuierlich zu beobachten (vgl. Art. 10(6)(a)-(e)).

---

148 Siehe dazu die umfangreiche Aufzählung in Art. 10(2)(a)-(r), die der Rat gemäß Art. 10(2)(s) nach eigenem Gutdünken beliebig ergänzen darf, sowie die darüber hinaus noch in den Artt. 10(5) und 10(7)-(9) genannten Bereiche.

Der Zuständigkeitsbereich des Sekretariats der CEC, dessen Direktor und Bediensteten im übrigen beschränkte diplomatische Immunität genießen (vgl. Art. 44),[149] und dessen ständiger Sitz sich in Montréal, Kanada, befindet, erschöpft sich, in auffälligem Kontrast zu seinem Gegenstück bei der FTC, keineswegs in der Wahrnehmung rein administrativer Aufgaben und der Unterstützung des Rates und der von ihm eingerichteten Arbeitsgruppen bei der Erfüllung ihrer jeweiligen Aufgaben.[150] Vielmehr schließt er ausdrücklich auch die Befugnis ein, zu allen im jeweils geltenden Jahresprogramm der CEC genannten Tätigkeitsschwerpunkten eigene Untersuchungen anzustellen und dem Rat über die Ergebnisse seiner Recherchen zu berichten.

Nach vorheriger Ankündigung und vorbehaltlich eines Widerspruchs des Rates ist ihm auch die Erstellung eines Berichts zu jedem anderen Teilaspekt des Umweltschutzes und der Umweltpolitik erlaubt, sofern es sich um einen Bereich handelt, in dem die CEC nach den Bestimmungen des Umweltnebenabkommens über Mitwirkungsrechte oder sonstige Kompetenzen verfügt. Davon ausdrücklich ausgenommen sind jedoch Untersuchungen über den (Nicht-)Vollzug des nationalen Umweltrechts in den Mitgliedsstaaten (vgl. Art. 13(1)). Bei der Ausarbeitung seines Berichts steht es dem Sekretariat im übrigen frei, alle verfügbaren Informationsquellen - Stellungnahmen von NGO und öffentliche Befragungen eingeschlossen - zu nutzen. Vorbehaltlich eines anderslautenden Ratsbeschlusses ist der Bericht schließlich binnen einer Frist von sechzig Tagen nach seiner Vorlage im Rat zu veröffentlichen (vgl. Art. 13(2)-(3)).

Das Sekretariat hat außerdem Eingaben von NGO und Privatpersonen nachzugehen, die einen der NAFTA-Mitgliedsstaaten eines Verstoßes gegen Art. 5 des Umweltnebenabkommens bezichtigen. Nach Überprüfung der formalen Kriterien (vgl. Art. 14(1),[151] denen eine solche Eingabe grundsätzlich genügen muß, **kann** das Sekretariat dann das beschuldigte NAFTA-Mitgliedsland nach Aushändigung einer Kopie der Eingabe auffordern, schriftlich zu der Anschuldigung Stellung zu beziehen (vgl. Art. 14(2)). Dieses ist dann verpflichtet, dem Sekretariat innerhalb eines Monats mitzuteilen, ob die nämliche Angelegenheit Gegenstand eines zum gegenwärtigen Zeitpunkt noch schwebenden Gerichts- oder Verwaltungsverfahrens ist. In diesem Fall hätte das Sekretariat seine Ermittlungen einzustellen. Trifft dies jedoch nicht zu, hätte das fragliche Mitgliedsland dem Sekretariat gegebenenfalls weitere Informationen zur

---

[149] Wenig konkret gilt dies für "such privileges and immunities as are necessary for the exercise of their functions".

[150] Die wichtigste administrative Aufgabe des Sekretariats besteht in der Ausarbeitung des jährlichen CEC-Tätigkeitsberichts entsprechend den Vorgaben des Rates. Im Detail inhaltlich festgelegt ist dieser Teil des Aufgabenbereichs des Sekretariats in den Artikeln 11 und 12.

[151] Der Urheber der Eingabe, dessen Identität im übrigen daraus klar hervorgehen muß, hat insbesondere nachzuweisen, daß die zuständigen nationalen Behörden schriftlich von dem der Eingabe zugrundeliegenden - und darin möglichst umfassend dokumentierten - Sachverhalt unterrichtet wurden; soweit verfügbar, ist auch deren Antwort beizufügen. Schließlich muß das Sekretariat noch zu dem Schluß gelangen, daß die Eingabe "appears to be aimed at promoting enforcement rather than at harassing industry".

Sache zuzuleiten (vgl. Art. 14(3)). Auf der Grundlage einer genauen Auswertung dieser Stellungnahme kann das Sekretariat schließlich entscheiden, daß der in der Eingabe angesprochene Sachverhalt die Ausarbeitung eines "Factual record" verdient, also die nicht wertende Darstellung aller objektiven Umstände des Falles in Ergänzung der von beiden Seiten schon selbst vorgebrachten Tatsachenbehauptungen.[152] In diesem Fall stünde dem Sekretariat eine Vielzahl von Informationsquellen - so sämtliche öffentlich zugänglichen Daten und Datenbanken, sachdienliche Stellungnahmen von NGO, allen sonstigen interessierten Personen oder des JPAC sowie die Ergebnisse von Untersuchungen unabhängiger Fachleute oder des Sekretariats selbst - uneingeschränkt zur Verfügung (vgl. Art 15(4)(a)-(d)). Erforderlich für die Erstellung eines "Factual record" ist allerdings die Zustimmung des Rates, der einen diesbezüglichen Sekretariatsbeschluß mit Zwei-Drittel-Mehrheit bestätigen muß (vgl. Art. 15(1)-(2)). Dem Rat ist überdies ein Entwurf des "Factual record" vorzulegen, um den Mitgliedsstaaten - also nicht nur dem (oder den) unmittelbar betroffene(n) - die Möglichkeit zu geben, sich gegebenenfalls kritisch dazu zu äußern. Der endgültigen Fassung des "Factual record", die wiederum dem Rat vorzulegen ist, sind diese Stellungnahmen beizufügen. Auch die Veröffentlichung dieses Dokuments ist schließlich an die Zustimmung der Ratsmitglieder - mindestens mit Zwei-Drittel-Mehrheit - gebunden (vgl. Art. 15(5)-(7)).

Dem Sekretariat ist es also nicht gestattet, unabhängig von den Regierungen der Mitgliedsstaaten die Einleitung eines Streitschlichtungsverfahren zu beantragen - was im übrigen von amerikanischer Seite, beeinflußt von zahlreichen Umweltschutzorganisationen, während der Verhandlungen über das Umweltnebenabkommen noch ausdrücklich gefordert worden war (vgl. *Winham* 1994 S. 32). Unverkennbar ist gleichwohl, daß die NGO durch die Möglichkeit, das Sekretariat um die Erstellung eines "Factual record" ersuchen zu dürfen, eine bedeutende politische Aufwertung erfuhren. Überdies eröffnet das Umweltnebenabkommen in auffälligem Kontrast zum WTO-Regelwerk, aber auch zum NAFTA-Hauptabkommen selbst, der Öffentlichkeit erstmals einen direkten Zugang zu einer hochrangigen Institution eines Handelsabkommens auch ohne die vorherige Zustimmung der Mitgliedsstaaten. Hinzu kommt, daß ein NGO, entsprechendes Medieninteresse vorausgesetzt, bereits durch das bloße Ersuchen an das Sekretariat, einen "Factual record" zu einem beliebigen Sachverhalt zu erstellen, in der Lage ist, mitunter beträchtlichen politischen Druck auf den CEC-Rat und die Mitgliedsstaaten auszuüben. Nicht unwahrscheinlich ist sogar, daß die Regierung des NAFTA-Mitgliedsstaates, dessen Nationalität die Urheber der Eingabe besitzen, in besonders wählerwirksamen Fällen als Reaktion auf den "Factual record" des Sekretariats ihrerseits auf die Einleitung eines formalen Streitbeilegungsverfahrens in der fraglichen Angelegenheit drängt.

Aufgabe des JPAC als dem dritten Gremium innerhalb der CEC ist es schließlich, den Rat und das Sekretariat in allen Angelegenheiten im Zusammenhang mit dem Umweltnebenabkommen fachlich zu beraten (vgl. Art. 16(4)). Seine - im Normalfall -

---

152 Von der Ausarbeitung eines "Factual record" unberührt bleibt freilich das Recht der Mitgliedsstaaten, in einem sich möglicherweise anschließenden formalen Streitschlichtungsverfahren neue Argumente oder Daten vorzubringen (vgl. *Thomas* und *Tereposky* 1993, S. 26).

fünfzehn Mitglieder werden von den Regierungen der NAFTA-Parteien zu je einem Drittel ernannt;[153] diese sind bei der Auswahl ihrer fünf Kandidaten völlig autonom. Der JPAC hat zumindest einmal im Jahr, und zwar zeitgleich zur alljährlichen Ratssitzung, zu tagen. Sondersitzungen können auf der Grundlage eines entsprechenden Mehrheitsbeschlusses des Rates oder der JPAC-Mitglieder jederzeit einberufen werden (vgl. Art. 16(3)). Der Einfluß des JPAC auf Ratsbeschlüsse und die Arbeit des Sekretariats muß in der Praxis allerdings als eher gering eingestuft werden. So sind die beiden anderen Organe der CEC nicht verpflichtet, zu dessen Empfehlungen und sonstigen Einlassungen Stellung zu beziehen oder diese in ihren Entscheidungen zu berücksichtigen. Vor allem verfügt das JPAC nicht über das für die Wahrnehmung seiner Informationsfunktion eigentlich unverzichtbare uneingeschränkte Zugriffsrecht auf die kommissionsinternen Dokumente (vgl. *Kelly* 1993, S. II-5 f.). Grundsätzlich zuzuleiten sind ihm, abgesehen von den für die Erfüllung seiner Aufgaben eher unbedeutenden CEC-Jahresprogramme und den Entwürfen der CEC-Tätigkeitsberichte, lediglich die vom Sekretariat gemäß Art. 13 erstellten Dokumente und Schriftsätze (vgl. Art. 16(6)). "Factual records" stehen ihm demgegenüber nur nach der ausdrücklichen Zustimmung des Rates mit Zwei-Drittel-Mehrheit offen (vgl. Art. 16(7)).

Daneben steht es den Regierungen der NAFTA-Parteien noch frei, auf einzelstaatlicher Ebene mit dem National Advisory Committee, bestehend aus Vertretern der Öffentlichkeit und der NGO, sowie einem Governmental Committee - das sich aus Repräsentanten der nachrangigen Gebietskörperschaften zusammensetzt - jeweils zwei weitere Gremien mit beratender Funktion mit Blick auf die Umsetzung und Fortentwicklung der Bestimmungen des Umweltnebenabkommens einzurichten (vgl. Art. 17 und Art. 18). Eine Gründungspflicht besteht jedoch nicht.

Grundsätzlich zu bemängeln ist allerdings die unsichere Finanzierungsgrundlage der CEC, die einen wesentlichen Schwachpunkt des Umweltnebenabkommens darstellt. So wurde im Abkommen selbst von den drei Vertragsparteien lediglich eine Drittelung der Mittelbereitstellung vereinbart, nicht aber ein konkreter jährlicher Mindestbetrag (vgl. Art. 43);[154] diese Zuständigkeit verbleibt mithin bei den nationalen Parlamenten. Eine zu knapp bemessene Mittelzuweisung - die angesichts der nachhaltigen Bestrebungen der im amerikanischen Kongreß und Senat vertretenen Abgeordneten der Republikanischen Partei, die staatlichen Ausgaben (unter anderem) für den Umweltschutz dauerhaft und drastisch zu beschneiden nicht ganz unwahrscheinlich ist (vgl. *o.V.* 1995c, S. 16) - hätte also zur Folge, daß die CEC ihren Aufgaben nicht im vollen Umfang nachkommen könnte.

---

[153] Die Zahl der Mitglieder des JPAC, nicht aber das Sitzverhältnis zwischen den Mitgliedsstaaten, darf vom Rat verändert werden (vgl. Art. 16(1)).

[154] Im Jahr 1995 beliefen sich die von den drei Mitgliedsstaaten bereitgestellten Budgetmittel der CEC auf neun Millionen US-Dollar. Ab 1996 soll dieser Betrag auf fünfzehn Millionen US-Dollar pro Jahr erhöht werden (vgl. *North American Commission For Environmental Cooperation* 1995a und 1995b).

4.2.2.4. Streitschlichtung nach dem Umweltnebenabkommen

Gemäß Art. 20 sind die Mitgliedsstaaten verpflichtet, sich um die einvernehmliche Auslegung und Umsetzung der Bestimmungen des Umweltnebenabkommens zu bemühen. Sie haben überdies durch wechselseitige Zusammenarbeit, den möglichst frühzeitigen Austausch sachlich relevanter Informationen sowie durch Konsultationen den Versuch zu unternehmen, sämtliche strittigen Angelegenheiten einer für alle Seiten akzeptablen Lösung zuzuführen, um die reibungslose Anwendung der Bestimmungen des Abkommens sicherzustellen (vgl. Art. 20(1)).

Neben dieser allgemeingültigen Vorschrift enthält das Umweltnebenabkommen noch einen höchst komplexen - ihm sind immerhin fünfzehn seiner insgesamt 51 Artikel und die Mehrzahl der Anhänge gewidmet - und im Extremfall einer vollständigen Ausschöpfung aller Fristen auch sehr langwierigen[155] speziellen Streitschlichtungsmechanismus. Dieser dient ausschließlich der Klärung der Frage, ob es von einer NAFTA-Partei **dauerhaft** - wobei offen bleibt, ob darunter nur ein Verstoß über einen längeren Zeitraum oder auch ein kurzer, aber mehrmals wiederholter Verstoß gemeint ist - versäumt wurde, ihrer Pflicht zum möglichst wirkungsvollen Vollzug der nationalen Umweltschutzbestimmungen gemäß Art. 5(1) nachzukommen.[156] Zu beachten ist allerdings, daß - im Gegensatz zu den diesbezüglichen Verfahrensregeln des NAFTA-Hauptabkommens - grundsätzlich keiner der drei Mitgliedsstaaten einen Rechtsanspruch auf die Einrichtung eines Streitschlichtungspanels geltend machen kann. Die alleinige Entscheidungskompetenz hierfür liegt beim Rat der CEC, der einem diesbezüglichen Ansinnen einer NAFTA-Partei ausdrücklich und mit Zwei-Drittel-Mehrheit zustimmen müßte (vgl. Art. 24(1)).

Die Frage, ob ein Mitgliedsland sich eines dauerhaften Nicht-Vollzugs von Umweltschutzbestimmungen schuldig gemacht hat oder nicht, ist zunächst in bilateralen Gesprächen zwischen der klagenden und der beklagten NAFTA-Partei zu erläutern (vgl. Art. 22(1)), die dabei grundsätzlich gehalten sind, sich bereits in dieser Phase um eine gütliche Einigung zu bemühen (vgl. Art. 22(4)). Konnte nach sechzig Tagen noch immer kein Einvernehmen erzielt werden, hat jede der beteiligten Parteien das Recht, die Sondersitzung des Rates zu verlangen, die binnen zwanzig Tagen anzuberaumen ist (vgl. Art. 23(1) und (3)). Diesem steht es dann frei, die Parteien durch Entsendung von Fachleuten oder die Einberufung von Arbeitsgruppen, durch Vermittlung, gute Dienste, sonstige Streitschlichtungsverfahren oder auch durch das Vorbringen eigener Lösungsvorschläge bei der Beilegung ihres Disputs zu unterstützen (vgl. Art. 23(4)). Sollte der Rat allerdings zu der Auffassung gelangen, daß der Streitfall sachlich und inhaltlich eher einem anderen internationalen Abkommen zuzuordnen wäre, dem die Parteien angehören, steht es ihm auch frei, die Angelegenheit an die

---

[155] Je nachdem, welche Art von Sanktion verhängt würde, zöge sich das Verfahren wenigstens über 820 Tage, bei der Verhängung der härtesten im Abkommen vorgesehenen Strafe längstenfalls über 1.225 Tage hin (vgl. dazu genauer *Garvey* 1995, S. 442; *Reisman* und *Wiedman* 1995, S. 33).

[156] Dieser Pflicht wurden die Mitgliedsstaaten erst mit dem Inkrafttreten des Umweltnebenabkommens zum 1. Januar 1994 unterworfen. Etwaige Versäumnisse beim Vollzug vor diesem Zeitpunkt bleiben also ungeahndet (vgl. Art. 45(1)).

Streitparteien "for appropriate action under such other agreement or arrangement" zurückzuverweisen (vgl. Art. 23(4)).

Sollte nach Ablauf von sechzig Tagen wiederum keine Einvernehmen erzielt worden sein, kann der Rat auf den schriftlichen Antrag einer der beiden Parteien hin - wie bereits erwähnt ist dafür die Zustimmung von zwei Dritteln der Ratsmitglieder erforderlich - ein Schiedsgericht einberufen. Allerdings haben die NAFTA-Parteien ganz unabhängig von der grundsätzlich notwendigen Billigung ihres Antrags durch den Rat ohnehin keinen universellen Rechtsanspruch auf die Einberufung eines Schiedsgerichts. Die Einrichtung eines Panels ist nämlich nur möglich, falls der strittige Sachverhalt in einem Zusammenhang mit der Produktion (oder den Herstellungsbedingungen) von Waren und Dienstleistungen steht **und** eben diese materiellen oder immateriellen Güter von der beklagten NAFTA-Partei in die anderen Mitgliedsstaaten ausgeführt werden oder auf dem Hoheitsgebiet der beklagten Partei mit Importen aus anderen Mitgliedsstaaten konkurrieren (vgl. Art. 24(1)). Nationale Umweltgesetze, die bei der Herstellung nicht-handelbarer oder (noch) nicht gehandelter Güter zu beachten sind, unterliegen mithin faktisch kaum den Bestimmungen des Umweltnebenabkommens und seines speziellen Streitschlichtungsmechanismus. Selbst wenn deren dauerhafter Nicht-Vollzug grenzüberschreitende negative Externalitäten zur Folge hätte, bliebe der davon betroffenen NAFTA-Partei also der Rückgriff auf die im Umweltnebenabkommen vorgesehenen Sanktionen verwehrt, sollten alle anderen Versuche, das Verursacherland zu einer verbesserten Internalisierung zu bewegen, gescheitert sein.

Das Verfahren zur Auswahl der Panelmitglieder entspricht im wesentlichen den bereits diskutierten Regeln des NAFTA-Hauptabkommens und bedarf daher keiner neuerlichen Erörterung an dieser Stelle (vgl. die Artt. 25 mit 27 sowie Abschnitt 4.2.1.7). Der wichtigste praktische Unterschied besteht lediglich darin, daß alle prospektiven Panelmitglieder als Zusatzqualifikation noch über einschlägige Erfahrungen im Bereich des Umweltrechts oder bei dessen Anwendung verfügen müssen (vgl. Art. 25(2)(a) und Art. 26(1)), nicht schon auf der vorherigen Stufe des Verfahrens im Auftrag des Rates als externe Experten an der Beilegung des Disputs mitgewirkt haben (vgl. Art. 26(2)(a)) und kein persönliches Interesse am Ausgang des Verfahrens besitzen dürfen (vgl. Art. 26(2)(b) in Verbindung mit Art. 25(2)(d)).

Auch in dieser Phase des Verfahrens steht der verbliebenen dritten NAFTA-Partei die Teilnahme an den Verhandlungen des Schiedsgerichts grundsätzlich in zwei Varianten offen. Unter Berufung auf ein wichtiges Eigeninteresse an der Angelegenheit ist sie zum einen berechtigt, sich fortan als weiterer Kläger am Verfahren zu beteiligen (vgl. Art. 24(2)). Fehlt dieses Interesse, hat sie zum anderen zumindest die Möglichkeit, sämtlichen Anhörungen vor dem Panel beizuwohnen sowie schriftliche und mündliche Eingaben vorzubringen. Zugänglich zu machen sind ihr außerdem alle schriftlichen Eingaben der anderen beiden Parteien (vgl. Art. 29).[157]

---

[157] Voraussetzung für diese Form der Teilnahme ist ebenfalls eine diesbezügliche schriftliche Notiz. Eine Anmeldefrist muß in diesem Fall allerdings nicht beachtet werden.

Auf der Grundlage der schriftlichen und mündlichen Einlassungen der Streitparteien - sowie sachdienlicher Informationen von seiten externer Fachleute, sollten diese zu den Verhandlungen hinzugezogen worden sein - hat das Schiedsgericht dann innerhalb von 180 Tagen einen Zwischenbericht zu erstellen. Spricht das Panel darin den beklagten Mitgliedsstaat frei, endet das Verfahren (vgl. Art. 31(2)). Ansonsten ist es verpflichtet, in seinem Zwischenbericht beiden Parteien Vorschläge zur Beilegung des Konflikts zu unterbreiten. Sollte dies binnen eines Monats eine Stellungnahme einer oder beider Seiten nach sich ziehen, steht es dem Panel frei, seinen Bericht entsprechend abzuändern oder weitergehende Untersuchungen des Sachverhalts anzuordnen (vgl. Art. 31(4) und (5)). Zwei Monate nach der Vorlage des Zwischenberichts hat das Schiedsgericht den Klageparteien schließlich seinen Abschlußbericht - in dem im übrigen auch etwaige abweichende Meinungen einzelner Panelmitglieder offengelegt werden müssen - mit der Maßgabe zu überreichen, diesen binnen zwei Wochen an den Rat weiterzuleiten. Der Rat wiederum ist verpflichtet, den Endbericht innerhalb von fünf Tagen der Öffentlichkeit zugänglich zu machen (vgl. Art. 32).

Wie bei der Streitschlichtung nach den Regeln des NAFTA-Hauptabkommens ist auch der Entscheid des Panels für die Klageparteien nicht bindend. Er ist vielmehr als eine Art Lösungsvorschlag anzusehen, dessen Empfehlungen von den Klageparteien zwar im Normalfall befolgt werden sollten. Gleichwohl genießen in beiderseitigem Einvernehmen getroffene abweichende Übereinkünfte zur Beilegung eines Disputs stets Vorrang. Allerdings sind der Rat und das Sekretariat umgehend von der konkret vereinbarten Lösung zu informieren (vgl. Art. 33).

Sollte es den Klageparteien jedoch innerhalb der dafür vorgesehenen Frist von sechzig Tagen nicht gelungen sein, sich auf einen Aktionsplan zur Streitbeilegung zu einigen, hat jeder der beiden Seiten binnen weiterer sechzig Tage das Recht, auf einer erneuten Einberufung des Schiedsgerichts zu bestehen (vgl. Art. 34(1)(a)). Diesem obläge es dann zu prüfen, ob einer der von der unterlegenen beklagten Partei vorgeschlagenen Aktionspläne geeignet erscheint, die beanstandeten Vollzugsmängel abzustellen. Würde dies bejaht, hätte das Panel den fraglichen Plan zu billigen und für verbindlich zu erklären (vgl. Art. 34(4)(a)(i)).

Verwirft das Schiedsgericht aber sämtliche von der beklagten Partei unterbreiteten Lösungsvorschläge, ist es unter Beachtung der Rechtsnormen des beklagten Landes verpflichtet, selbst einen solchen Aktionsplan zu entwickeln. In diesem Fall stünde es dem Panel außerdem frei, die beklagte Partei zur Einzahlung einer, in der Praxis wegen des außerordentlich geringen Höchstbetrags[158] allerdings kaum nennenswerten und formaljuristisch als "Monetary enforcement assessment" (MEA) bezeichneten

---

[158] Im ersten Jahr nach Inkrafttreten des NAFTA und seines Umweltnebenabkommens hätte ein derartiges MEA den Höchstbetrag von zwanzig Millionen US-Dollar nicht überschreiten dürfen; seither gilt als Obergrenze ein Betrag von 0,007 Prozent des Wertes aller Güter, die von den am Verfahren beteiligten Mitgliedsstaaten im letzten Jahr, für das die zur Berechnung des MEA erforderliche statistische Zahlenmaterial vorliegt, untereinander gehandelt wurden. Da das Schiedsgericht verpflichtet ist, bei der Bemessung des MEA eine Fülle "mildernder Umstände" zu berücksichtigen - so etwa "the level of enforcement that could reasonably be expected from a Party given its resource constraints" -, ist jedoch äußerst unwahrscheinlich, daß der zulässige Höchstwert jemals erreicht wird (vgl. Annex 34(1) und (2)).

Zwangsabgabe in einen von der CEC verwalteten Fond zu verurteilen, dessen zweckgebundene Mittel nach Maßgabe des Rates ausschließlich dafür verwendet werden dürfen, um die Umweltqualität oder den Vollzug der Umweltschutzvorschriften in dem so abgemahnten Land zu verbessern (vgl. Art. 34(4)(a)(ii), Art. 34(4)(b) sowie Annex 34(3)). Ließe die beklagte Partei[159] die dafür vorgesehene Zahlungsfrist von 180 Tagen verstreichen, hätte(n) die Klagepartei(en) das Recht, diesem NAFTA-Mitgliedsland solange handelspolitische Zugeständnisse zu entziehen, bis der MEA-Betrag durch die daraus resultierenden Zollmehreinnahmen eingetrieben werden konnte (vgl. Art. 36(1)).[160] Die betroffene NAFTA-Partei hat jedoch das Recht, ihrerseits die Eröffnung eines neuerlichen Schiedsgerichtsverfahren zu beantragen, um von unabhängiger Seite prüfen zu lassen, ob die MEA von der Gegenseite bereits eingetrieben werden konnte, ob sie den vereinbarten Aktionsplan tatsächlich vollzieht (vgl. Art. 36(4)) oder ob die eventuell gegen sie verhängten handelspolitischen Sanktionen als "manifestly excessive" einzustufen sind (vgl. Art. 36(5)). Während ein positiver Panelentscheid in den beiden erstgenannten Fällen den Sanktionen die rechtliche Grundlage entzöge, diese mithin aufgehoben werden müßten, enthält das Umweltnebenabkommen für den dritten Fall jedoch erstaunlicherweise keinerlei Handlungsanweisungen. Unklar bleibt daher, ob die Sanktionen vollständig zurückgenommen oder lediglich gelockert werden müßten.

Wird demgegenüber kein Antrag auf die erneute Einberufung des Schiedsgericht gestellt, gilt automatisch der von der beklagten Partei zuletzt unterbreitete Lösungsvorschlag als angenommen und erlangt Rechtskraft (vgl. Art. 34(2)). Legt das beklagte Land jedoch überhaupt keinen eigenständigen Lösungsvorschlag vor **und** fordert die klagende Partei dennoch nicht die erneute Einberufung des Schiedsgericht, endet das Verfahren an dieser Stelle.

Unabhängig von der Entstehungsweise des Aktionsplans steht es beiden Klageparteien außerdem in jedem Fall frei, die erneute Einberufung des Schiedsgerichts zu beantragen, falls sie kein Einvernehmen in der Frage erzielen können, ob oder inwieweit die beklagte Partei ihren daraus resultierenden Pflichten überhaupt nachkommt

---

[159] Ein zu Lasten Kanadas ausgesprochenes MEA kann vom Panel grundsätzlich nicht unmittelbar bei der kanadischen Bundesregierung vollstreckt werden. Vielmehr muß die CEC zu diesem Zweck bei der zuständigen kanadischen Gerichtsbarkeit erst einen entsprechenden gerichtlichen Titel erwirken. Wurde Kanada von dem Schiedsgericht dabei im Rahmen eines Verfahrens erstmals zur Zahlung eines MEA verurteilt, darf die CEC diese Schritt allerdings erst dann einleiten, falls die kanadische Regierung ihrer Zahlungspflicht nach einer Frist von 180 Tagen noch nicht nachgekommen ist. Im Wiederholungsfall gilt diese Frist nicht mehr. Der kanadischen Seite ist es untersagt, nach Erteilung dieses Titels auf nationaler Ebene weitere Rechtsmittel in der fraglichen Angelegenheit einzulegen (vgl. Annex 36A).

[160] Gemäß Annex 36B ist es der klageführenden NAFTA-Partei zu diesem Zweck gestattet, ihren Einfuhrzoll für Waren aus dem vom Disput betroffenen Sektor zeitlich befristet auf das Niveau vor Inkrafttreten des NAFTA oder - falls dieser Satz niedriger sein sollte, das des geltenden MFN-Zolls nach dem GATT anzuheben. Die Sanktion darf sich allerdings auch auf andere Branchen erstrecken, falls "it is not practicable or effective to suspend benefits in the same sector". Zu beachten ist allerdings, wie weiter unten noch gezeigt wird, daß gegen das NAFTA-Mitgliedsland Kanada grundsätzlich keine Handelssanktionen verhängt werden dürfen (vgl. Annex 36A(3)).

(vgl. Art. 34(1)(b)). Würde das Schiedsgericht dies tatsächlich verneinen, wäre es grundsätzlich dazu verpflichtet, dieses Mitgliedsland erneut zur Zahlung eines MEA zu verurteilen und diese Zahlung sowie den Vollzug des Aktionsplans zudem noch verbindlich und endgültig anzuordnen (vgl. Art. 34(5)(b) und Art. 34(6)). Die Möglichkeit eines Rekurses stünde dem betroffenen Land dann grundsätzlich nicht mehr offen. Wohl aber könnte die Implementierung des Aktionsplans auf Antrag der Gegenseite nach Ablauf einer Frist von wiederum 180 Tagen nochmals einer Überprüfung durch das Schiedsgericht unterzogen werden (vgl. Art. 35). Würde das Panel dabei erneut Mängel beim Vollzug des Aktionsplans feststellen, hätten die klageführenden Parteien schließlich das Recht, der beklagten Partei alljährlich neu handelspolitische Zugeständnisse in Höhe des fälligen MEA-Betrags zu entziehen (vgl. Art. 36(2)).[161] Allerdings hätte das betroffene Mitgliedsland auch hier die Möglichkeit, das Schiedsgericht mit der Überprüfung der Angemessenheit der Sanktionen im Sinne der Art. 36(4) und (5) zu betrauen.

Nicht nur angesichts der außerordentlich hohen Komplexität der Verfahrensregeln und der sehr langwierigen Entscheidungsfindung ist der soeben geschilderte Streitschlichtungsmechanismus als wenig leistungsfähig,[162] ja sogar - mit Ausnahme der Einführung von Privatklagerechten - als größtenteils überflüssig anzusehen. Zu kritisieren sind vor allem die zahlreichen Legalausnahmen, mit denen wesentliche Bereiche der nationalen Umweltpolitik dem Umweltnebenabkommen grundsätzlich entzogen wurden. Nicht hinzunehmen ist aber auch die weiter oben schon kurz angedeutete Sonderbehandlung, die Kanada auf den entscheidenden Stufen des Streitschlichtungsverfahrens genießt. Sie wird - gerade angesichts der Tatsache, daß diese Ausnahmeregelungen[163] nicht auch für die Streitschlichtung nach dem NAFTA-Hauptabkommen gelten - wenig überzeugend mit dem Argument begründet, daß der Vollzug von etwa 95 Prozent aller Umweltgesetze dieses Landes nicht in die Zuständigkeit der Bundesregierung falle, sondern zu den Kernkompetenzen der Provinzregierungen gehöre.

Vereinbart wurde zunächst, daß die kanadische Bundesregierung diejenigen Provinzen des Landes in einer Liste aufzuführen hat, für deren umweltpolitische Handlungen sie im Außenverhältnis die Verantwortung übernimmt. Entsprechend hat die kanadische Bundesregierung auch nur im Namen der darin genannten Provinzen das Recht, die Aufnahme von Konsultationen gemäß Art. 22, die Anberaumung einer Ratssitzung nach Art. 23 oder die Einrichtung eines Schiedsgerichts sowie eine Teilnahme auf der Klägerseite nach Art. 24 zu fordern. Speziell bei Maßnahmen, die auf der Grundlage der Art. 23 und 24 ergriffen werden sollen, muß die kanadische Bundesregierung, sofern der strittige Sachverhalt in Kanada in den Zuständigkeitsbereich

---

[161] Dies gilt im übrigen auch, wenn ein Panel eine NAFTA-Partei nach Art. 34(4)(b) in demselben Verfahren schon einmal zur Zahlung eines MEA verurteilt hatte oder nach Art. 34(4)(a)(ii) gezwungen war, an dessen Stelle einen Aktionsplan zu entwickeln.

[162] So auch *Reisman* und *Wiedman*, deren Ansicht nach "it is difficult to resist the conclusion that the respective DRMs (Dispute Resolution Mechanisms; der Verfasser) were designed not to work" (*Reisman* und *Wiedman* 1995, S. 30).

[163] Sie sind in Annex 41 des Umweltnebenabkommens niedergelegt.

der Provinzregierungen fiele, überdies zusätzlich glaubhaft machen, daß die in der bereits erwähnten Liste angeführten Provinzen mehr als 55 Prozent des kanadischen Bruttoinlandsprodukts auf sich vereinen (bei sektorspezifischen Streitfällen müßten diese Provinzen entsprechend 55 Prozent des gesamten kanadischen Branchenoutputs repräsentieren). Schließlich ist es auch nur denjenigen kanadischen NGO erlaubt, beim Sekretariat die Ausarbeitung eines "Factual record" zu erbitten, die in einer der genannten Provinzen amtlich eingetragen sind. Auf der anderen Seite ist es Mexiko und den USA nicht möglich, die Einleitung von Streitschlichtungsverfahren gegen eine oder mehrere der nicht aufgelisteten Provinzen zu erwirken. Allerdings ist die kanadische Bundesregierung gehalten, "to make this Agreement [gemeint ist das Umweltnebenabkommen; der Verfasser] applicable to as many of its provinces as possible". Diese materiell höchst unterschiedliche Behandlung der Unterzeichnerstaaten findet ihren Höhepunkt bei der Ahndung etwaiger Verstöße gegen die Bestimmungen des Umweltnebenabkommens. So darf die äußerste im Umweltnebenabkommen vorgesehene Sanktion - die Rücknahme handelspolitischer Konzessionen - lediglich gegen die USA und Mexiko, jedoch nicht gegen Kanada verhängt werden. Dauerhafte Verstöße der kanadischen Regierung oder einer der aufgelisteten Provinzen gegen Bestimmungen des Umweltnebenabkommens dürfen in letzter Instanz ausschließlich von den Gerichten des Landes selbst festgestellt und geahndet werden. Erklären läßt sich diese rein wahltaktisch motivierte eklatante Ungleichbehandlung - die sich faktisch ausschließlich gegen Mexiko richtet, dessen Regierung sich während der Verhandlungen über das Umweltnebenabkommen lange Zeit vehement, doch letztlich erfolglos, gegen die Zulässigkeit handelspolitischer Sanktionen als Druckmittel im Streitschlichtungsverfahren widersetzte (vgl. *Golden* 1994, S. L45; *Winham* 1994 S. 30 ff.) - nur mit der deutlich schwächeren wirtschaftlichen Stellung des Landes im Vergleich zu seinen beiden höher entwickelten Verhandlungspartnern, zumal Kanada im Rahmen des bilateralen Handelsabkommens CUSTA bereits eine Freihandelszone mit den USA bildete. Sie ist weiteres Beispiel für den von den USA verstärkt praktizierten aggressiven Unilateralismus, der einer auf den Regeln der Nichtdiskriminierung und des Multilateralismus beruhenden Welthandelsordnung vollkommen zuwiderläuft und diese zu unterminieren droht.

4.2.3. Das bilaterale amerikanisch-mexikanische Nebenabkommen zur Gründung der Border Environment Cooperation Commission (BECC) und der North American Development Bank (NADBANK)[164]

4.2.3.1. Geschichtlicher Hintergrund

Vor der Aufnahme der NAFTA-Verhandlungen schenkten die großen Umweltschutzorganisationen den schwerwiegenden Umweltproblemen in der amerika-

---

[164] Das im folgenden als bilaterales Nebenabkommen bezeichnete Agreement Concerning The Establishment Of A Border Environment Cooperation Commission And A North American Development Bank ist abgedruckt in: International Legal Materials (1993), Jg. 32, S. 1545-1571. - Alle Artikelangaben dieses Abschnitts und seiner Unterabschnitte beziehen sich, soweit nicht ausdrücklich anders erwähnt, auf eben dieses Dokument.

nisch-mexikanischen Grenzregion nahezu keine Beachtung; lediglich einige kleinere, mitgliederschwache lokale Initativen bemühten sich vor Ort um eine Verbesserung der Lebensbedingungen (vgl. *Mumme* 1993, S. 206). Nichtsdestotrotz reichen die bilateralen Bemühungen Mexikos und der USA zur Verbesserung der Umweltgüte entlang der gemeinsamen Grenze, wie bereits kurz erwähnt, bis in das Jahr 1944 zurück und äußerten sich vor dem Abschluß des hier näher zu diskutierenden bilateralen NAFTA-Nebenabkommens in insgesamt drei Vertragswerken, nämlich dem Water Treaty von 1944, dem 1983 geschlossenen La Paz-Abkommen sowie dem Integrated Environmental Plan for the Mexican-U.S. Border Area (IBEP) aus dem Jahre 1992.

4.2.3.1.1. Der Water Treaty von 1944

Ursprünglich lediglich mit der angesichts häufiger Änderungen der Flußläufe erforderlichen einvernehmlichen Festlegung des genauen Grenzverlaufs sowie der gerechten Allokation der Wasservorkommen aus oberirdischen Quellen zwischen beiden Nationen betraut,[165] gehört inzwischen auch die Überwachung der Wasserqualität und die möglichst umfassende Beseitigung grenzüberschreitender Verschmutzungen der Oberflächengewässer zum Aufgabenbereich der mit dem Water Treaty von 1944 begründeten und von den Außenministerien beider Nationen gemeinsam verwalteten International Boundary and Water Commission (IBWC). Im Mittelpunkt ihrer Bemühungen in diesem Bereich stehen der Bau oder die Erweiterung von Großkläranlagen in bislang fünf der vierzehn Doppelstädte entlang der gemeinsamen Grenzlinie (vgl. *United States Congress. Office of Technology Assessment* 1992b, S. 128). Die Kosten dieser binationalen Projekte werden dabei üblicherweise auf der Grundlage der Inanspruchnahme - also etwa im Verhältnis der Mengen der zu klärenden Abwässer - sowie zusätzlich unter Berücksichtigung der "estimated cost of performing the same operation and maintenance work under the Mexican economy" zwischen den USA und Mexiko aufgeteilt. In der Praxis trugen die USA somit etwa drei Viertel der Gesamtkosten (vgl. *Mumme* 1994, S. 78). Allerdings gelang es der IBWC nicht, mit dem starken Bevölkerungswachstum und der raschen Industrialisierung in der Grenzregion und der dadurch ausgelösten Zunahme der Gewässerbelastung Schritt zu halten. Zurückzuführen ist dies neben Finanzierungsproblemen aufgrund unzureichender Mittelzuweisungen von seiten der beiden staatlichen Träger der IBWC, die durch deutliche Kostenüberschreitungen bei einzelnen Bauvorhaben noch verschärft wurden, insbesondere auf innerbehördliche Abstimmungsprobleme, die starke Zentralisierung der internen Entscheidungsprozesse ohne nennenswerte Beteiligung der davon betroffenen unteren Gebietskörperschaften und die Bevorzugung von Großprojekten vor dezentralen lokalen Lösungen (vgl. für viele *Ingram* und *White* 1993, S. 169 ff.; *Texas Center for Policy Studies* 1992, S. III-1). Wiederholt, und zuletzt sogar vom amerikanischen Umweltbundesamt, wurde der US-Regierung daher empfohlen, unabhängige Untersuchungskommissionen mit der Aufgabe zu betrauen, Vorschläge für eine umfassende Reform der IBWC auszuarbeiten.

---

165 Beide Aufgaben waren zuvor von der bereits 1889 gegründeten International Boundary Commission wahrgenommen worden, die 1944 in der International Boundary and Water Commission aufging.

4.2.3.1.2. Das La Paz-Abkommen von 1983

1983 legten die USA und Mexiko in dem als La Paz-Abkommen bekannt gewordenen Border Environment Agreement die erste rechtliche Grundlage für eine umfassende bilaterale Zusammenarbeit der nationalen Umweltbehörden auf allen Teilgebieten der Umweltpolitik. Ziel des Abkommens ist es, die Verschmutzung der Luft, des Wassers und des Bodens innerhalb einer Zone von einhundert Kilometern zu beiden Seiten der Grenzlinie zu verringern und die Verschmutzungsquellen nach Möglichkeit zu beseitigen. Die zu diesem Zweck von sechs ständigen Arbeitsgruppen vorgeschlagenen Initiativen fanden ihren Niederschlag in bislang fünf gemeinsam ausgeführten Aktionsprogrammen[166] zur Bekämpfung genau spezifizierter Umweltprobleme, deren Umsetzung allerdings durch die unzureichende materielle wie finanzielle Ressourcenausstattung insbesondere auf Seiten der mexikanischen Umweltbehörde und das Fehlen wirkungsvoller Anreiz- und Sanktionsmechanismen - sowie teilweise auch aufgrund von Koordinationsproblemen und Kompetenzstreitigkeiten mit der IBWC - nicht unwesentlich beeinträchtigt wurde und wird (vgl. dazu etwa *Gilbreath* und *Tonra* 1994, S. 76 f. und S. 80 f.; *Montez* 1993, S. 424; *Rich* 1991, S. 28).

4.2.3.1.3. Der Integrated Border Environment Plan (IBEP) von 1992

Am 27. November 1990 vereinbarten die damaligen Präsidenten Mexikos und der USA, *Salinas* und *Bush*, anläßlich eines Gipfeltreffens, ihre obersten Umweltbehörden mit der Ausarbeitung des IBEP zu betrauen, der das La Paz-Abkommen inhaltlich erweitern und die umweltpolitische Zusammenarbeit der beiden Nationen in der Grenzregion wesentlich vertiefen sollte. Allerdings wurden die Gespräche über den Abschluß des IBEP erst nach der Aufnahme der NAFTA-Verhandlungen und, wie bereits erwähnt, vorrangig, um den Widerstand von Umweltschutzorganisationen gegen das Abkommen zu brechen, intensiviert (vgl. *Gilbreath* 1992, S. 153).

Umgesetzt werden sollen die im IBEP getroffenen Vereinbarungen, die der Öffentlichkeit am 25. Februar 1992 vorgestellt wurden, in mehreren Stufen über einen Gesamtzeitraum von zehn Jahren. Für die erste Phase, von 1992 bis 1994, sah der IBEP insbesondere die Einleitung einer Vielzahl von Einzelmaßnahmen vor, mit denen eine höhere Trinkwasserqualität, der Ausbau von Kläranlagen, ein wirksamerer Vollzug des Umweltrechts - vor allem durch eine bessere personelle Ausstattung der zuständigen Behörden und Fortbildungsmaßnahmen - sowie eine umweltverträgliche Lagerung oder Entsorgung von Industrie- und Haushaltsmüll und ein verbesserter Katastrophenschutz angestrebt wurden. Beschlossen wurden schließlich noch die Einrichtung einer größeren Zahl von Meßstellen und Meßprogrammen zur Erfassung der Umweltgüte und ihren Veränderungen im Zeitablauf sowie der Aufbau einer zentralen

---

[166] Sie sind in den Anhängen zum La Paz-Abkommen detailliert beschrieben. Gegenstand von Anhang I ist der Aufbau eines leistungsfähigen Kläranlagensystems im Ballungsraum San Diego/Tijuana. Die Anhänge II und III beziehen sich auf die Entsorgung von gefährlichem Sondermüll. Die Anhänge IV und V dienen der Überwachung und Verbesserung der Luftqualität in der Region Südarizona/Nordsonora und im Ballungsraum El Paso/Ciudad Juárez (vgl. ausführlich dazu *Mumme* 1994, S. 74 ff.).

Datenbank. Federführend bei der Umsetzung der IBEP-Projekte sind die beiden nationalen Umweltbehörden EPA und SEMARNAP, die aber zu einer engen Kooperation mit den Gebietskörperschaften in der Grenzregion verpflichtet sind (vgl. *United States Environmental Protection Agency and SEDUE (Mexico)* 1992, S. V-1 ff.). Außerdem sollen sie in der Erfüllung ihrer Aufgaben von der IBWC und den Zollbehörden beider Länder unterstützt werden. Vereinbart wurde zudem die regelmäßige Überprüfung und Fortentwicklung des IBEP.

Stark beeinträchtigt wurde die Implementierung der im IBEP angeführten Umweltschutzvorhaben allerdings wiederum durch das Versäumnis insbesondere der amerikanischen Regierung, dafür ausreichende Finanzmittel bereitzustellen. So wurden bei einem geschätzten Gesamtkostenaufwand für die Durchführung der dringlichsten Umweltschutzvorhaben (Bau oder Erweiterung von Kläranlagen etc.) von mehr als 5,7 Milliarden US-Dollar (vgl. für viele *Gilbreath* 1994 S. 167; *Zagaris* 1992, S. 116, sowie die dort angeführten Quellen) für die erste Stufe des IEBP insgesamt lediglich 846 Millionen US-Dollar an Projektmitteln bewilligt, von denen trotz eines im Vergleich zu Mexiko vielfach höheren Volkseinkommens nur 379 Millionen von der amerikanischen Seite angewiesen wurden.[167] Hinzu kommt, daß auch die Finanzierung der nächsten Phasen des IBEP zum gegenwärtigen Zeitpunkt völlig ungeklärt ist. So verzögert sich der eigentlich für 1995 vorgesehene Übergang in die inzwischen offiziell als Border XXI bezeichnete zweite Stufe vor allem deswegen, weil auf amerikanischer Seite bislang noch heftig um die Aufbringung der erforderlichen Finanzmittel gerungen wird (vgl. *SEMARNAP (Mexico) and Environmental Protection Agency (USA)* 1995). Darüber hinaus enthält der IBEP weder einen verbindlichen Zeitplan für die Realisierung der darin vereinbarten Vorhaben noch konkrete Umsetzungsmechanismen und bezieht sich lediglich auf das Grenzgebiet im engsten Sinne, also den bereits erwähnten Korridor von jeweils einhundert Kilometern auf beiden Seiten der Grenzlinie (vgl. *United States Congress. Office of Technology Assessment* 1992b). Nicht unterschätzt werden sollte allerdings die faktische Selbstbindung, die beide Nationen mit dem Abschluß des IBEP der Öffentlichkeit gegenüber eingingen und ohne die das Zustandekommen des bilateralen NAFTA-Nebenabkommens zumindest fraglich gewesen wäre.

4.2.3.2. Das bilaterale NAFTA-Nebenabkommen von 1993

Das bilaterale amerikanisch-mexikanische NAFTA-Nebenabkommen ist zwar grundsätzlich auch als Reaktion auf die soeben geschilderten Unzulänglichkeiten und Mängel der bisherigen umweltpolitischen Zusammenarbeit beider Länder einzustufen. Sein Zustandekommen ist, wie bereits erwähnt, allerdings vor allem als politisches Zugeständnis anzusehen, mit dessen Hilfe Präsident *Clinton* die Zustimmung einiger noch unentschlossener Abgeordneter zum NAFTA und seinen drei trilateralen Nebenabkommen bei der Abstimmung über dessen Ratifizierung erkaufen wollte.

---

167 Ironischerweise bewilligte der amerikanische Kongreß der Regierung *Bush* nahezu einhundert Millionen US-Dollar weniger als von dieser für die Durchführung des IBEP beantragt worden war (vgl. *Ludwiszewski* 1993, S. 703, insbesondere die Fußnote 67).

Wie aus der Präambel dieses Abkommens ersichtlich ist, soll der darin geschaffene institutionelle und finanzielle Rahmen vorrangig dazu dienen, die für das Erreichen der angestrebten Umweltschutzziele notwendige Infrastrukturausstattung - im Abkommen definiert als solche Investitionen "that will prevent, control or reduce environmental pollutants or contaminants, improve the drinking water supply, or protect the flaura and fauna" (vgl. Kapitel III des bilateralen Nebenabkommens, Art. V) - der amerikanisch-mexikanischen Grenzregion[168] sowohl qualitativ als auch quantitativ spürbar zu verbessern, um dort eine dem Nachhaltigkeitsgebot genügende wirtschaftliche Entwicklung zu gewährleisten und die im NAFTA-Haupt- sowie im Umweltnebenabkommen vereinbarten umweltpolitischen Zielsetzungen zu unterstützen. Wegen des grenzüberschreitenden Charakters der drängendsten Umweltprobleme der Region soll dies zum einen durch eine optimierte Kooperation der bereits mit Aufgaben des Umweltschutzes betrauten binationalen, nationalen und lokalen Institutionen unter maßgeblicher Beteiligung der Bevölkerung sowie eine verstärkte Dezentralisierung der Entscheidungsprozesse erreicht werden. Zum anderen sollen die erforderlichen Investitionen überwiegend von privatwirtschaftlichen Trägern getätigt werden und sich durch Abgaben der Verschmutzer selbst sowie der übrigen Nutznießer dieser Anlagen amortisieren. Schließlich sieht das Abkommen noch die Einrichtung zweier binationaler Institutionen vor, die für die Verwirklichung der darin angeführten Zielsetzungen verantwortlich zeichnen: die in Ciudad Juárez, Mexiko, angesiedelte Border Environment Cooperation Commission (BECC) sowie die in San Antonio, Texas, ansässige North American Development Bank (NADBANK).

4.2.3.2.1. Struktur und Aufgaben der BECC

Die aus der Präambel abgeleitete, gleichwohl ebensowenig konkret formulierte Aufgabe der BECC ist es, "to help preserve, protect and enhance the environment of the border region in order to advance the well-being of the people of the United States and Mexico" (Kapitel I, Art. I(1)(a)).[169] Sie ist dabei, soweit im Einzelfall erforderlich, grundsätzlich zur Zusammenarbeit mit der NADBANK sowie - vorbehaltlich deren Zustimmung oder nach Aufforderung - den zuständigen nationalen und internationalen Institutionen und den privaten Kapitalgebern für Investitionen in Umweltschutzinfrastrukturgüter in der Grenzregion verpflichtet (vgl. Kapitel I, Art. I(1)(b) und I(2)(i)). In diesem Rahmen ist die BECC insbesondere gehalten, die soeben genannten privaten und öffentlichen Wirtschaftseinheiten (vgl. Kapitel I, Art. I(2)(i)(A)-(E))

- bei der Planung und Umsetzung von umweltschutzspezifischen Infrastrukturprojekten einschließlich der Standortwahl und der Festlegung techni-

---

[168] Es handelt sich dabei wiederum um den Landstreifen von jeweils einhundert Kilometern zu beiden Seiten der Grenzlinie.

[169] Etwaige Unstimmigkeiten bei der Auslegung der für die Aufgabenerfüllung der BECC relevanten Bestimmungen sind von den beiden Unterzeichnerstaaten durch bilaterale Konsultationen beizulegen. Unklar bleibt mangels entsprechender Vorgaben im Abkommen allerdings, wie im Fall einer Nichteinigung weiter zu verfahren wäre (vgl. Kapitel I, Art V(1)-(2)).

scher Spezifika zu unterstützen sowie die Ausführung dieser Vorhaben zu koordinieren,

- an Feasibility-Studien für einzelne Projekte mitzuwirken, um die zu erwartenden ökologischen, volkswirtschaftlichen und sozialen Nutzen und/oder die Rentabilität der Investitionsvorhaben ex ante grob abschätzen zu können, sowie

- für diese Investitionsvorhaben aus öffentlichen oder privaten Mitteln eine Finanzierung zu arrangieren.

Die Hauptaufgabe der BECC besteht jedoch darin, Anträge für eine Finanzierung von umweltschutzspezifischen Infrastrukturinvestitionen öffentlicher oder privater Träger aus Mitteln der NADBANK vorab zu überprüfen und dabei - ohne Rekursmöglichkeit für den oder die Antragsteller - darüber zu befinden, ob diese der NADBANK überhaupt zur endgültigen Entscheidung vorgelegt werden oder nicht (vgl. Kapitel I, Art. I(2)(ii)). Bei der Überprüfung eines Antrags hat die BECC zunächst zu klären, ob das fragliche Investitionsprojekt gegen die an dessen geplantem Standort geltenden Umweltschutzbestimmungen und sonstigen gesetzlichen Vorgaben verstoßen würde oder zu verstoßen droht. In diesem Fall müßte der Antrag grundsätzlich abgelehnt werden (vgl. Kapitel I, Art. II(3)(b)). In der abschließenden zweiten Stufe des Genehmigungsverfahrens wird dann überprüft, ob das Investitionsvorhaben in der Lage ist, die von der BECC autonom festgelegten allgemeingültigen technischen, ökologischen, finanziellen und sonstigen Zulassungskriterien - sie können gegebenenfalls noch durch projektspezifische Anforderungen ergänzt werden - zu erfüllen (vgl. ebenda).[170] Bei Investitionsvorhaben, deren Realisierung bedeutende positive Rückwirkungen auf die Umweltqualität in der Grenzregion **beider** Länder hätte, ist dem Antrag auf Zertifizierung außerdem eine Vorabeinschätzung dieser Effekte beizufügen, deren Ergebnis dann von der BECC bestätigt werden müßte (vgl. Kapitel I, Art. II(c)(1)-(2)).[171]

Um für eine möglichst große Transparenz ihrer internen Abläufe zu sorgen und um auch die Interessenlage der von ihren Beschlüssen letztlich betroffenen Teile der Öffentlichkeit im Rahmen des Subsidiaritätsprinzips zu berücksichtigen, ist die BECC zunächst verpflichtet, der Allgemeinheit in englischer und spanischer Sprache Infor-

---

[170] Bislang konnte innerhalb der BECC jedoch noch kein Einvernehmen über die Prüfkriterien erzielt werden. Dem letzten vorliegenden Entwurf ist allerdings zu entnehmen, daß grundsätzlich binationale Investitionsvorhaben Vorrang vor nationalen Projekten erhalten sollen. Gleiches gilt für Vorhaben, denen bereits erprobte Technologien zugrundeliegen, die mit einem Transfer von Umweltschutztechnologien verbunden sind und bei denen der Schuldendienst möglichst vollständig aus den erzielten Nutzungsentgelten geleistet werden kann (vgl. *Border Environment Cooperation Commission* 1995, insbesondere S. 9 ff.).

[171] Vorbehaltlich der Zustimmung der EPA und der SEMARNAP ist es der BECC schließlich noch erlaubt, alle vorstehend genannten Tätigkeiten und Dienstleistungen immer dann auch zugunsten von Investitionsvorhaben auszuüben, die außerhalb der Grenzregion realisiert werden sollen, falls deren Verwirklichung geeignet ist, bedeutende grenzüberschreitende Umweltbelastungen zu vermindern (vgl. Kapitel I, Art. I(2)).

mationen über alle Projekte vorzulegen, an deren Planung oder Realisierung die BECC im Rahmen ihrer Aufgaben in irgendeiner Form beteiligt ist, sowie einen Jahresbericht zu veröffentlichen (vgl. Kapitel I, Art. II(4)(1) sowie Art. III(9(b)). Darüber hinaus hat die BECC der Öffentlichkeit ausreichend Gelegenheit zur Stellungnahme zu den allgemeinen BECC-Verfahrensregeln sowie insbesondere zu Sachfragen, die in einem Zusammenhang mit zur Zertifizierung vorgelegten Investitionsvorhaben stehen, zu geben (vgl. Kapitel I, Art. II(4)(2)).

Schließlich sind die amerikanische und mexikanische Öffentlichkeit auch im obersten Entscheidungsgremium der BECC, dem zehnköpfigen Direktorium - das alleine berechtigt ist, über die Zertifizierung von Investitionsvorhaben und die dabei angewandten Beurteilungsmaßstäbe zu bestimmen (vgl. Kapitel I, Art. III(3)(b)(i)-(ii)). -, mit je einem im unmittelbaren Grenzgebiet wohnhaften Repräsentanten vertreten (vgl. Kapitel I, Art. III(3)(a)(5)(v)-(vi)). Da beide Länder noch je einen offiziellen Vertreter eines der grenznahen Bundesstaaten sowie einer der im Grenzgebiet gelegenen Ortschaften in dieses Gremium entsenden (vgl. Kapitel I, Art. III(3)(a)(5)(i)-(iv)) und die vier übrigen Direktoriumsmitglieder - es handelt sich um je einen Vertreter der obersten amerikanischen und der mexikanischen Umweltschutzbehörden EPA und SEMARNAP sowie den amerikanischen und den mexikanischen Amtsleiter der IBWC (vgl. Kapitel I, Art. III(3)(a)(3)-(4)) - über keinerlei Stimmrecht verfügen, erscheint zudem eine dezentrale und problemadäquate Entscheidungsfindung im Sinne des Subsidiaritätsprinzips sichergestellt.[172]

Dem Direktorium mit rein beratender Funktion beigeordnet ist noch ein Advisory Council. Er setzt sich zusammen aus maximal je sechs Vertretern aller grenznahen Bundesstaaten beider Nationen[173] sowie je drei Vertretern der Öffentlichkeit; die umweltpolitisch aktiven NGO der beiden Ländern haben allerdings jeweils einen Rechtsanspruch auf wenigstens je einen dieser drei Sitze (vgl. Kapitel I, Art. III(5)(a)(i)-(iv)). Eine Pflicht zur Anhörung des Advisory Council besteht für das Direktorium jedoch nicht. Vielmehr handelt es sich um eine bloße Kann-Bestimmung (vgl. Kapitel I, Art. III(5)(e)).

4.2.3.2.2. Struktur und Aufgaben der NADBANK

Im Gegensatz zu den vergleichsweise unbestimmten Vorgaben für die BECC ist der Aufgabenbereich der NADBANK im bilateralen Nebenabkommen eindeutig abgegrenzt. Sollten dennoch Unstimmigkeiten hinsichtlich der Auslegung und Anwendung der Bestimmungen des Abkommens auftreten, haben die Mitgliedsstaaten nach dem

---

[172] Beschlußfähig ist das Direktorium ab einer Anwesenheit von je drei - stimmberechtigten wie nicht stimmberechtigten - Repräsentanten beider Nationen. Für jede Entscheidung ist die Zustimmung der (einfachen) Mehrheit sowohl der von den USA als auch der von Mexiko ernannten stimmberechtigten Mitglieder erforderlich (vgl. Kapitel II, Art. III(3)(d)-(e)).

[173] Diese Regelung soll ein Übergewicht der mexikanischen Seite wegen der im Vergleich zu den USA höheren Anzahl von grenznahen Bundesstaaten - vier auf amerikanischer versus sechs auf mexikanischer Seite - verhindern.

Scheitern bilateraler Konsultationen noch die Möglichkeit, ein dreiköpfiges Schiedsgericht einzuberufen. Allerdings ist dem Abkommen nicht zu entnehmen, inwieweit dessen Schiedsspruch bindend ist (vgl. Kapitel II, Art. IX(2)). Erlaubt ist dem Institut demzufolge ausschließlich und maximal bis zur Höhe ihres genehmigten Kapitals von zunächst drei Milliarden US-Dollar die Bereitstellung einer Finanzierung in Form von Krediten oder Kreditbürgschaften (vgl. Kapitel II, Art. I(1)(a)-(c))[174]

- erstens, für die von der BECC zertifizierten Investitionsvorhaben im Bereich der Umweltinfrastruktur, sowie

- zweitens, für zeitlich befristete Anpassungsprogramme lokaler amerikanischer oder mexikanischer Gebietskörperschaften auch außerhalb der Grenzregion, die erforderlich sind, um etwaige soziale Härten, die sich dort infolge der Implementierung des NAFTA ergeben haben, abfedern zu helfen.[175]

Ein Rechtsanspruch auf die Gewährung eines solchen Kredits oder einer Bürgschaft durch die NADBANK besteht allerdings nicht. Vielmehr ist das Institut zu einer genauen banktechnischen Überprüfung aller Anträge verpflichtet (vgl. zu den Kriterien im einzelnen Kapitel II, Art. III(6)-(10)).[176] Die Zertifizierung eines Investitionsvorhabens durch die BECC muß folglich nicht zwangsläufig das Zustandekommen einer Finanzierung durch die NADBANK nach sich ziehen.

Alleiniges Entscheidungsgremium der NADBANK ist ihr sechsköpfiger Board, dessen Mitglieder einschließlich je eines Stellvertreters jeweils zur Hälfte von den Regierungen der USA und Mexikos autonom ernannt werden (vgl. Kapitel II, Art. VI(2)(a)).[177] Er hat außerdem das Recht, eine beliebige Anzahl ihm untergeordneter Beratergremien einzurichten (vgl. Kapitel II, Art. VI(2)(f)). Fest etabliert wurde auf dieser Grundlage bislang allerdings nur das NADBANK Community Adjustment

---

[174] Die Einlagen der USA und Mexikos belaufen sich dabei auf zusammen 450 Millionen US-Dollar. Die restlichen 2,55 Mrd. US-Dollar können von der Bank bei Bedarf jeweils zur Hälfte von den beiden Ländern abgerufen werden. Eine Kapitalerhöhung ist im übrigen jederzeit möglich, erfordert aber einen entsprechenden einstimmigen Beschluß der Mitglieder des NADBANK-Board (vgl. Kapitel II, Art. II(1)(a)-(c)).

[175] Für die Kreditvergabe im Rahmen derartiger "Community Adjustment and Investment Programs" stehen allerdings insgesamt nur höchstens zwanzig Prozent des Eigenkapitals der NADBANK zur Verfügung, das den Gebietskörperschaften der beiden Länder je zur Hälfte zugeteilt werden darf (vgl. Kapitel II, Art. III(4)(b)-(c)).

[176] Anträge für die Finanzierung von Projekten im Rahmen eines "Community Adjustment and Investment Program" können von der NADBANK außerdem immer nur dann positiv beschieden werden, wenn die jeweilige nationale Regierung dies ebenfalls gutheißt.

[177] Von den USA berufen wurden Außenminister *Warren Christopher*, Finanzminister *Robert Rubin* sowie die Leiterin der EPA, *Carole Browner*. Mexiko entsandte Finanzminister *Guillermo Ortiz*, Umwelt- und Sozialminister *Carlos Rojas* und Industrie- und Handelsminister *Herminio Blanco*. Beschlußfähig ist der Board, sobald wenigstens je zwei der drei Repräsentanten beider Nationen anwesend ist. Wie im Direktorium der BECC auch, bedürfen Entscheidungen des Board der Zustimmung der einfachen Mehrheit sowohl der von den USA als auch der von Mexiko ernannten Mitglieder (vgl. Kapitel II, Art. VI(2)(e) sowie Art. VI(3)).

and Investment Advisory Committee, das sich aus Vertretern von NGO und finanzschwacher Gebietskörperschaften der untersten Verwaltungsebene zusammensetzt. Ein Ombudsmann ist damit betraut, für eine funktionierende Kommunikation zwischen der Öffentlichkeit, dem Ausschuß und der NADBANK zu sorgen und Richtlinien für eine unabhängige Evaluierung des "Community Adjustment and Investment Program" zu erarbeiten (vgl. *United States Environmental Protection Agency. Office of Wastewater Management* 1995, S. 10).

Die Informationspflichten der NADBANK der Öffentlichkeit gegenüber beschränken sich schließlich auf die Veröffentlichung eines testierten Jahresberichts, wobei es dem Institut freisteht, der Allgemeinheit weitere Informationen über seine Tätigkeit zugänglich zu machen (vgl. Kapitel II, Art. VI(5)).

Insgesamt gesehen erscheinen die mit dem bilateralen Nebenabkommen geschaffenen Strukturen und Instrumente grundsätzlich geeignet, die Umweltbelastung im amerikanisch-mexikanischen Grenzgebiet spürbar und nachhaltig zu vermindern. Begründen läßt sich dies zum einen mit der weitgehenden Beachtung des Subsidiaritätsprinzips, die sich vor allem an den umfassenden Mitwirkungsmöglichkeiten der unmittelbar betroffenen Gebietskörperschaften und, wenngleich weniger stark ausgeprägt, auch der Allgemeinheit an sämtlichen Entscheidungen der BECC sowie der Transparenz des Verfahrens selbst ablesen läßt. Zum anderen bedeutet die eindeutige Bevorzugung einer marktkonformen Bewältigung der Umweltprobleme in der Grenzregion durch die explizite Förderung privatwirtschaftlicher Träger als Anbieter der zu diesem Zweck noch benötigten umweltschutzspezifischen Infrastrukturgüter gegen ein entsprechendes Nutzungsentgelt eine Abkehr vom ökonomisch wie ökologisch bedenklichen Gemeinlastprinzip - unter der Voraussetzung, daß Umgehungsversuche von Verschmutzern in Gestalt der illegalen Einleitung von Schadstoffen in die einzelnen Umweltmedien von den zuständigen Überwachungsbehörden unterbunden werden (können). Schließlich ist der Versuch, grenzüberschreitende Umweltbelastungen auf dem Wege der zwischenstaatlichen Zusammenarbeit gleichsam an der Quelle zu verringern, auch der Anwendung handelspolitischer Druckmittel an ökonomischer wie ökologischer Effizienz eindeutig überlegen. Dies gilt umso mehr als von den USA und Mexiko deutlich mehr öffentliche Finanzmittel für die Verwirklichung der Zielsetzungen des Nebenabkommens bereitgestellt wurden als für die Realisierung der ihm vorausgegangenen bilateralen Programme und Initiativen.

Nichtsdestotrotz weist das bilaterale Nebenabkommen eine Reihe von Schwachstellen auf, die es unwahrscheinlich machen, daß die mit dessen Umsetzung angestrebten Zielsetzungen in vollem Umfang erreicht werden können. Hinzuweisen ist zunächst auf die ungewisse Ausstattung der BECC mit Haushaltsmitteln. Wie schon bei der CEC verpflichteten sich die Vertragsparteien lediglich, deren jährliches Budget jeweils zu gleichen Teilen zu finanzieren, ohne eine Mindestsumme festzulegen (vgl. Kapitel II, Art. III(7)). Bei unzureichender Mittelzuweisung könnte die BECC mithin ihre Aufgaben nur noch eingeschränkt wahrnehmen. Vorprogrammiert wären in diesem Fall zumindest Verzögerungen bei der Zertifizierung - und somit auch bei der Ausführung - privater Investitionsvorhaben im Bereich der benötigten Umweltschutzinfrastrukturgüter. Als ähnlicher Engpaßfaktor könnte sich aus eben diesem Grund zudem die - in Anbetracht des für den Auf- und Ausbau der umweltschutzspezifischen Infrastrukturen in der Grenzregion erforderlichen Mittelbedarfs von, geschätzt, wenigstens 5,7 Mrd. US-Dollar in den nächsten zehn Jahren - knapp bemessene Kapitalausstattung der NADBANK erweisen. Dies gilt selbst bei Berücksichtigung aller übrigen, in der kommenden Dekade für eben diesen Zweck von der öffentlichen Hand der USA sowie der Weltbank mehr oder weniger verbindlich zugesagten zusätzlichen Finanzmittel mit einem Gesamtvolumen von - laut einer Schätzung der EPA - etwa 5,4 Mrd. US-Dollar (vgl. *United States Environmental Protection Agency. Office of Wastewater Management* 1995, S. 2). Einerseits ist nämlich unwahrscheinlich, daß diese Zuweisungen von künftigen allgemeinen Budgetkürzungen durch den US-Kongreß vollständig ausgenommen würden. Andererseits wurden die Kredite der Weltbank ausdrücklich für die Verbesserung der Verkehrs- und Umweltschutzinfrastruktur in Gesamtmexiko bewilligt. Unabdingbar ist mithin die Schaffung politischer Rahmenbedingungen, die die betriebswirtschaftlichen Anreize für zusätzliche, von privaten Wirtschaftseinheiten über den Kapitalmarkt finanzierte Umweltschutzinvestitionen dauerhaft verbessern.

Des weiteren wurde die BECC damit betraut, in den ersten Jahren ihres Bestehens schwerpunktmäßig am Auf- und Ausbau von Kläranlagen und der Verbesserung der Trinkwasserversorgung im Grenzgebiet mitzuwirken. Als problematisch könnte sich deshalb auch die unklare Aufgaben- und Kompetenzverteilung zwischen der BECC und der IBWC erweisen, die in der Vergangenheit unter anderem eben diese Aufgabe wahrgenommen hat. Allerdings steht der BECC keinerlei Weisungsbefugnis gegenüber der IBWC zu. So sieht das Nebenabkommen lediglich eine allgemeine Pflicht zur Zusammenarbeit beider Institutionen bei der Planung und Durchführung von Umweltschutzinvestitionen vor, sofern diese von den Vertragsparteien im konkreten Einzelfall angeordnet wurde (vgl. Kapitel I, Art. III(6)(b)). Wegen der bereits heute bestehenden, recht engen personellen Verflechtungen zwischen BECC und IBWC - wie bereits erwähnt, gehören sowohl der amerikanische als auch der mexikanische Amtsleiter der IBWC dem Direktorium der BECC an -, die sich im Falle unzureichender Mittelzuweisungen an die BECC durch die vom Abkommen grundsätzlich erlaubte 'leihweise' Übernahme von Personal der IBWC (vgl. Kapitel I, Art. III(6)(a)) noch verstärken könnten, besteht jedoch die Gefahr einer allmählichen faktischen Unterordnung der BECC unter die IBWC. Damit würde aber gerade die Behörde gestärkt, die in der Vergangenheit, wie bereits erwähnt wurde, auch von offizieller Seite mehrfach als wenig leistungsfähig kritisiert wurde und deren Ineffizienz zudem einer der Hauptgründe für das Zustandekommen des bilateralen Nebenabkommens anzusehen ist (vgl. *Texas Center for Policy Studies* 1994, S. 19 ff.).

4.3. Schlußbetrachtung: das NAFTA - ein ökologisches Vorbild für das WTO-Regelwerk?

Wie die vorstehenden Ausführungen deutlich gemacht haben, hinterlassen die 'grünen' Bestimmungen des NAFTA-Hauptabkommens und seiner beiden einschlägig relevanten Nebenabkommen inhaltlich einen im Vergleich zum WTO-Regelwerk eher zwiespältigen Gesamteindruck. Grundsätzlich positiv zu beurteilen ist, ganz abgesehen von dem umfassenden Abbau einer Reihe auch ökologisch bedenklicher Handelshemmnisse[178], zunächst einmal die Tatsache, daß den NAFTA-Mitgliedsstaaten allen anderslautenden Forderungen der Umweltschutzorganisationen zum Trotz - die, wie gezeigt wurde, ansonsten einen Großteil ihrer Forderungen durchzusetzen vermochten (vgl. den Überblick bei *Mumme* 1993, S. 210 ff.) - grundsätzlich die Möglichkeit verwehrt bleibt, angebliches ökologisches Dumping des Auslands durch die Erhebung von Ausgleichszöllen abwehren zu dürfen.

Als innovativ und nützlich anzusehen ist überdies die im Hauptabkommen vereinbarte Einrichtung zentraler nationaler Dokumentensammel- und Auskunftsstellen ("Inquiry points"), bei denen ausländische Anbieter Informationen über alle für sie relevanten im Inland geltenden technischen Normen und Standards sowie die im einzelnen zu beachtenden sanitären und phytosanitären Bestimmungen erhalten können.

Gleiches gilt auch für die Maßnahmen, die zur Erhöhung der Transparenz etwaiger Streitschlichtungsverfahren sowie zur Verbesserung des Kenntnisstandes der Panelmitglieder ergriffen wurden: die relativ weitreichende Pflicht zur Offenlegung aller relevanten fallspezifischen und rechtstechnischen Informationen und das jeder Klagepartei zugestandene Recht, während des Verfahrens die Anhörung externer Experten zu beantragen, ohne daß dieses Ansinnen vom Schiedsgericht abgelehnt werden dürfte.

Die wichtigste Neuerung stellt schließlich ohne Zweifel die in Art. 6 des trilateralen Umweltnebenabkommens verankerte Einführung von Privatklagerechten dar. Dadurch steht den von grenzüberschreitend wirkenden Umweltschäden mittelbar oder unmittelbar betroffenen Wirtschaftseinheiten nunmehr die Möglichkeit offen, auf der Grundlage der dort gültigen Gesetze und Verordnungen auf dem Rechts- oder Verwaltungsweg gegen derartige negative Externalitäten in deren eigentlichem Ursprungsland selbst vorgehen zu können.

Die zumindest bei kurz- bis mittelfristiger Betrachtung bedeutendsten Impulse für die angestrebten Umweltschutzziele dürften insgesamt gesehen freilich trotz der erwähnten inhaltlichen Mängel dieses Vertragswerks von der Umsetzung des bilateralen amerikanisch-mexikanischen Nebenabkommens zu erwarten sein, das, anstatt den ökonomisch und vor allem ökologisch in aller Regel kontraproduktiven Einsatz protektionistischer Instrumente vorzusehen, auf den vier Grundpfeilern dezentrale Entscheidungstrukturen, Kooperation, angemessener Finanzierungsrahmen sowie Bevorzugung marktkonformer Umweltschutzmaßnahmen beruht.

Im Gegensatz zu den genannten, zweifelsohne positiv einzuschätzenden Bestimmungen enthalten das NAFTA-Hauptabkommen sowie das Umweltnebenabkommen allerdings auch - und zwar in weit größerer Zahl als das WTO-Regelwerk - handelspolitisch relevante Umweltschutzvorschriften, die schon wegen ihrer oftmals vagen Formulierungen einem protektionistisch motivierten Mißbrauch durchaus förderlich sind oder gerade wegen ihres Ausnahmecharakters die Ächtung ökologisch

---

[178] Freilich dürfte dies vorrangig der im Vergleich zur WTO außerordentlich geringen Mitgliederzahl dieses regionalen Integrationsraums und dem großen Interesse der beiden bevölkerungsreichsten Vertragsparteien an einer umfassenden wechselseitigen Marktöffnung zuzuschreiben sein.

bedenklicher Praktiken unmöglich machen. Als Beispiel erwähnt sei in diesem Zusammenhang etwa die auf Druck der USA vereinbarte Umkehr der Beweislast in den NAFTA-Streitschlichtungsverfahren, derzufolge - im Gegensatz zum WTO-System - die Klägerpartei der beklagten Seite einen Verstoß gegen Bestimmungen des Abkommens nachzuweisen hat.

Bedauerlicherweise verpflichtet das NAFTA die Mitgliedsstaaten auch nicht grundsätzlich dazu, bei der Durchführung umweltpolitischer Maßnahmen - und namentlich bei der Festlegung sanitärer und phytosanitärer sowie technischer Normen und Standards - die den internationalen Handel jeweils am wenigsten beschränkende oder verzerrende Option zu wählen. Im Gegenteil werden derartige Beschränkungen, wie bereits erläutert, toleriert, sofern ein Mitgliedsland geltend macht, daß deren Einführung oder Beibehaltung erforderlich ist, um eine der allgemein als "legitim" anerkannten umweltpolitischen Zielsetzungen - so zum Beispiel eine, wie bereits erwähnt im Vertragstext allerdings nicht näher definierte, nachhaltige Entwicklung - erreichen zu können. Eine Übernahme all dieser Bestimmungen in das WTO-Regelwerk wäre mithin ökonomisch wie ökologisch verfehlt.

Überflüssig erscheint zudem - mit Ausnahme der weiter oben angesprochenen Einführung von Privatklagerechten - auch eine Ergänzung des WTO-Regelwerks nach dem Vorbild der inhaltlich wie verfahrenstechnisch hochkomplexen, angesichts analoger Vorschriften des Hauptabkommens oftmals auch redundanten, zumindest bei rein lokalen Umweltbelastungen überflüssigen sowie teilweise eindeutig diskriminierend wirkenden Bestimmungen des trilateralen Umweltnebenabkommens. Hinzu kommt überdies, daß dessen Zustandekommen, wie ausführlich dargelegt wurde, ohnehin nur als Ergebnis wahltaktisch motivierter einseitiger Machtpolitik der *Clinton*-Regierung zu Lasten Kanadas und Mexikos angesehen werden kann - eine Vorgehensweise, die schon aus diesem Grund von den übrigen Mitgliedsstaaten der WTO nicht auch noch nachträglich 'belohnt' werden sollte.[179]

Nicht übersehen werden sollte schließlich, daß das NAFTA-Paket die nationale Souveränität der Vertragsparteien in Dingen des nationalen wie des internationalen Umweltschutzes, zumindest im Innenverhältnis untereinander, in nur einem Bereich nennenswert über das nach dem WTO-Regelwerk ohnehin zulässige Maß hinaus erweitert: bei der diskretionären und unilateralen Anwendung der speziellen Handelsregeln der in Art. 104 des NAFTA-Hauptabkommens namentlich angeführten internationalen Umweltschutzabkommen, auf deren im Vergleich zu anderen möglichen Internalisierungsmaßnahmen meist nur geringe ökologische Effizienz allerdings bereits an anderer Stelle ausdrücklich hingewiesen wurde.

---

[179] Dies gilt umso mehr, als die *Clinton*-Administration unmittelbar vor der anstehenden Ratifikation des NAFTA-Pakets der amerikanischen Öffentlichkeit gegenüber contra legem erklärte, daß ein Austritt einer der beiden Nachbarländer aus dem Umweltnebenabkommen - der gemäß dessen Art. 50 lediglich einer schriftlichen Ankündigung unter Beachtung einer sechsmonatiger Kündigungsfrist bedarf; dieser Bestimmung zufolge bleibt das Umweltnebenabkommen auch nach dem Austritt einer Partei weiterhin in Kraft - von den USA grundsätzlich mit dem sofortigen Rückzug des Landes aus dem NAFTA selbst beantwortet würde.

Insgesamt betrachtet erscheint es somit mehr als fraglich, daß das NAFTA-Vertragswerk, wie von seinen Befürwortern gerne behauptet wird, seinen Mitgliedsstaaten per Saldo in der Tat wirksamere Möglichkeiten und vor allem genügend Anreize bietet, um die gerade auch ökonomisch unbestritten notwendige und erwünschte Beseitigung negativer Externalitäten mit Erfolg voranzutreiben, als das WTO-Regelwerk. Sachlich geboten erscheint somit vielmehr umgekehrt, das NAFTA in den genannten Bereichen an die einschlägigen WTO-Bestimmungen anzupassen.

5. Zusammenfassung und Thesen

1. Umweltschutzorganisationen und Industrieverbände fordern seit geraumer Zeit und vorgeblich aus ökologischer Notwendigkeit verstärkt eine Abkehr vom Leitbild des Freihandels, das ihrer Ansicht nach eine wirksame nationale und internationale Umweltpolitik ebenso verhindere wie es der Verwirklichung einer nachhaltigen Entwicklung entgegenstehe. Um dem Primat des Umweltschutzes vor der Liberalisierung des internationalen Handels und Kapitalverkehrs auch in der wirtschaftspolitischen Praxis Geltung verschaffen zu können, sei es mithin erforderlich, so das Argument weiter, insbesondere das Regelwerk der Welthandelsordnung, aber auch alle anderen Handelsabkommen einer entsprechenden Grundsatzreform zu unterziehen. Wie in der vorliegenden Abhandlung gezeigt werden konnte, hält diese Hypothese, zumal in dieser pauschalen Form, einer vertieften ökonomischen Analyse jedoch nicht stand.

2. So entbehrt zunächst der Begriff der nachhaltigen Entwicklung bislang einer allgemein anerkannten und zugleich operationalen Definition, die geeignet wäre, die von der - von den Vereinten Nationen eingesetzten - *Brundtland*-Kommission geprägten (Leer-)Formel einer Entwicklung "that meets the needs of the present without compromising the ability of future generations to meet their own needs" näher zu spezifizieren. Nachhaltigkeit wird stattdessen meist mit der Einhaltung dreier sogenannter Managementregeln gleichgesetzt - diese legen die höchstzulässigen absoluten Emissionsvolumina sowie die Inanspruchnahme regenerierbarer und nicht-regenerierbarer natürlicher Ressourcen fest -, bei deren Beachtung eine irreversible Schädigung und Übernutzung der Natur angeblich ausgeschlossen sei; zudem sei in diesem Fall gewährleistet, daß künftigen Generationen ein von seinen Funktionen her gleichwertiger Naturkapitalstock übertragen würde. Von den Vertretern dieses sogenannten ökologischen Nachhaltigkeitspostulats werden überdies der bewußte Verzicht auf Technologien, deren Einsatz das Risiko schwerwiegender Umweltbelastungen nach sich ziehen könnte, sowie ein umfassender Artenschutz gefordert. Die Vertreter der sozialen beziehungsweise sozio-kulturellen Nachhaltigkeitskonzepte mahnen demgegenüber die Beseitigung der eigentlichen Ursachen umweltschädigender Verhaltensweisen - Armut, mangelndes Wissen um die ökologisch bedenklichen Folgewirkungen individueller Handlungen sowie fehlende oder falsche Verhaltensanreize - an.

3. Die wirtschaftspolitischen Handlungsanweisungen der Nachhaltigkeitstheoretiker lassen sich zwei, hinsichtlich ihrer ordnungspolitischen Implikationen jedoch höchst unterschiedlich zu beurteilenden globalen Strategieempfehlungen zuordnen:

dem Ansatz der strukturellen Ökologisierung oder dem alternativ dazu propagierten Konzept der ökologischen Modernisierung.

4. Die Forderung nach einer umfassenden strukturellen Ökologisierung sämtlicher Teilbereiche des Gesellschaftssystems zielt ab auf eine radikale Abkehr vom "oligarchischen" westlichen Zivilisationsmodell, an dessen Stelle eine neue, den übergeordneten Erfordernissen der Nachhaltigkeit genügende Welt(wirtschafts)ordnung treten müsse. Als deren Hauptcharakteristikum anzusehen ist neben der Ablehnung jedweden, weil angeblich per se umweltgefährdenden Wirtschaftswachstums der Übergang zu einer größtmöglichen lokalen und regionalen Subsistenzwirtschaft. Konkret angemahnt werden somit massive Beschränkungen der internationalen Arbeitsteilung und des Standortwettbewerbs, also des grenzüberschreitenden Handels mit Waren und Dienstleistungen und des Kapitalverkehrs, um dadurch das Einsetzen einer ökologisch bedenklichen 'Zeroregulation' sowie die Verlagerung hochgradig umweltbelastender Industriezweige in sogenannte Verschmutzungsoasen ('Pollution havens') und die dadurch angeblich drohende irreversible Schädigung der Umwelt verhindern zu können. Gefordert wird außerdem, Neuerungen in potentiell umweltschädigenden Technologiefeldern - so insbesondere in der Bio- und Gentechnologie - das Recht auf Patentschutz zu verweigern, um die ökonomischen Anreize für deren Entwicklung und Vermarktung zu schwächen. Argumentiert wird zudem, daß sich auch der Transfer von Umweltschutztechnologien in die hochverschuldete Dritte Welt durch die Versagung des Patentschutzes spürbar beschleunigen ließe.

5. Als Alternative zur strukturellen Ökologisierung wird die Strategie der ökologischen Modernisierung der bestehenden (westlichen) Wirtschafts- und Gesellschaftsordnung propagiert. Angestrebt wird hierbei insbesondere der verstärkte Einsatz umwelt- und ressourcenschonenderer Produktionstechnologien, die Einführung umweltverträglicherer Produkte sowie ganz allgemein die Internalisierung negativer Externalitäten.

6. Gegen das Konzept der nachhaltigen Entwicklung lassen sich allerdings zahlreiche Einwände theoretischer wie empirischer Natur erheben, die beträchtliche Zweifel an seiner - von zahlreichen Umweltschutzorganisationen pauschal behaupteten - Eignung als neues Leitbild der Wirtschaftspolitik und speziell der Umwelt- und Handelspolitik aufkommen lassen. Begründen läßt sich dies insbesondere mit dem Fehlen aussagekräftiger Nachhaltigkeitsindikatoren, der nicht operationalisierbaren und ökonomisch zudem wenig sinnvollen Forderung nach intergenerativer Gerechtigkeit sowie der unter Nachhaltigkeitstheoretikern weit verbreiteten Fehleinschätzung der tatsächlichen - will heißen: ganz überwiegend positiven - Auswirkungen wirtschaftlichen Wachstums, des Freihandels, freien Kapitalverkehrs sowie der Existenz gesetzlicher Regelungen zum Schutz geistiger Eigentumsrechte auf die Entwicklung der Umweltqualität.

7. Insbesondere findet sich in der Praxis bislang keinerlei Beleg für die Gültigkeit der von der Mehrzahl der Nachhaltigkeitstheoretiker als Hauptargument für die Abschottung der nationalen Märkte vorgebrachten 'Zero-regulation'- und 'Pollution-haven'-Hypothesen. Zurückzuführen ist dies auf die Vielzahl der im Einzelfall für die Entwicklung von Struktur und Volumen des internationalen

Handels und von Direktinvestitionen relevanten Determinanten bei einer gleichzeitig außerordentlich geringen Kostenmehrbelastung für die von Umweltschutzauflagen betroffenen Unternehmen. Diese Mehraufwendungen belaufen sich in den westlichen Industrienationen im Durchschnitt aller Branchen nämlich auf deutlich weniger als zwei Prozent der gesamten Produktionskosten. Ihre Entscheidungsrelevanz wird somit von anderen Einflußgrößen - namentlich Schwankungen der realen Wechselkurse, der Entwicklung der Lohnstückkosten, der Nähe zu Absatz- und Beschaffungsmärkten sowie dem jeweiligen Länderrisiko und der (Nicht-)Existenz von Handels- und Investitionshemmnissen - deutlich übertroffen.

8. Nicht übersehen werden sollte in diesem Zusammenhang außerdem die ohnehin nur geringe ökologische Effizienz einer protektionistisch ausgerichteten Handelspolitik als Mittel des nationalen oder internationalen Umweltschutzes. Zum einen bedeutet deren Einsatz in aller Regel einen Verstoß gegen das Prinzip der ursachenadäquaten Therapie negativer Externalitäten, dementsprechend eine Korrekturmaßnahme unmittelbar an der Verhaltensweise selbst anzusetzen hat, durch die diese sozialen Kosten letztlich ausgelöst werden. Wie ausführlich dargelegt wurde, zeitigen die durch Protektionismus induzierten Wohlfahrtsverluste zum anderen immer auch direkt oder indirekt ökologisch bedenkliche Folgewirkungen. Unter anderem läßt sich dies recht anschaulich am hypothetischen Beispiel einer vollständig gegenüber dem Ausland abgeschotteten Volkswirtschaft aufzeigen, der es alleine durch Protektionismus nicht gelänge, sämtliche im Inland wirksamen Umweltbelastungen zu vermeiden, da diese ursächlich weit überwiegend auf die für die Befriedigung der Binnennachfrage unerläßlichen Produktions- und Konsumprozesse zurückgehen.

9. Trotz der angeführten Kritikpunkte wäre es freilich verfehlt, das Konzept der nachhaltigen Entwicklung per se als ungeeignete Leitschnur für die praktische Wirtschaftspolitik einzustufen. Im Gegenteil findet sich darin ohne Zweifel auch eine Reihe wichtiger Impulse für eine marktkonformere Ausgestaltung insbesondere der Umweltpolitik. So bedingt vor allem die von den Nachhaltigkeitstheoretikern geforderte Steuerung der Umweltnutzung durch Einführung verbindlicher Managementregeln im Grunde genommen nachgerade nichts anderes als den auch von Ökonomen bereits seit langem angemahnten Übergang zu einer mengenorientierten Umweltpolitik. Ganz konkret bedeutet dies zunächst den vermehrten Einsatz der ordnungsrechtlichen Regulierungseingriffen ökologisch wie ökonomisch weit überlegenen Zertifikatslösung. Gleiches gilt darüber hinaus für die Forderung nach einem konsequenten Abbau staatlich verursachter negativer Externalitäten. Zu beseitigen wären mithin insbesondere sämtliche öffentlichen Beihilfen für hochgradig umweltbelastende wirtschaftliche Aktivitäten sowie alle übrigen staatlichen Eingriffe in das Marktgeschehen, die, wie am Beispiel der Energiewirtschaft, der Landwirtschaft, der Fischerei und des Verkehrswesens ausführlich dargelegt wurde, erwiesenermaßen ökologisch höchst bedenkliche Folge- und Nebenwirkungen mit sich bringen. Um schließlich die Einhaltung von Umweltschutzauflagen durch die betroffenen Unternehmen effizienter überwachen und etwaige Verstöße wirksamer sanktionieren zu können, ist im übrigen auch die konsequente Privatisierung öffentlicher Unternehmen unerläßlich. Nur

so ließe sich nämlich die dafür unabdingbare institutionelle Trennung zwischen wirtschaftlicher Betätigung und hoheitlichen Kontrollfunktionen sicherstellen und eine nicht nur umweltpolitisch unerwünschte Vorzugsbehandlung öffentlicher Unternehmen verhindern.

10. Wie sich aus den vorstehenden Ausführungen unmittelbar ergibt, besteht zwischen der Verwirklichung einer nachhaltigen Entwicklung und dem Fortbestand einer marktwirtschaftlichen Ordnung mithin keineswegs, wie von der Mehrzahl der Nachhaltigkeitstheoretiker gleichwohl behauptet wird, ein fundamentaler und unüberbrückbarer inhärenter Widerspruch. Vielmehr ist ganz im Gegenteil von einer überaus engen Komplementaritätsbeziehung auszugehen.

11. Der Schutz der Umwelt und die Verwirklichung einer nachhaltigen Entwicklung zählen gemäß der Präambel des WTO-Regelwerks ausdrücklich zu den Oberzielen, denen die Mitgliedsstaaten der Welthandelsordnung verpflichtet sind. Auch die wichtigsten Teilabkommen der Welthandelsordnung - so namentlich das GATT einschließlich der dazu gehörenden Übereinkommen über Subventionen, die Landwirtschaft, technische Normen und Standards sowie gesundheitspolizeiliche und pflanzenschutzrechtliche Bestimmungen, aber auch das GATS und das TRIPs - enthalten eine Vielzahl von Vorschriften, die mittelbar oder unmittelbar den Erhalt der natürlichen Lebensgrundlagen der Menschheit zum Gegenstand haben beziehungsweise die von den WTO-Mitgliedsstaaten bei der Ausgestaltung und dem Vollzug nationaler Umweltschutzmaßnahmen beachtet werden müssen, sofern diese geeignet sind, die Handelsrechte, die anderen Ländern aus ihrer Mitgliedschaft in der Welthandelsordnung erwachsen sind, in protektionistischer Manier zu beschneiden.

12. Grundsätzliche Voraussetzung für die WTO-Konformität einer auf einzelstaatlicher Ebene ergriffenen Umweltschutzmaßnahme ist die Beachtung des Prinzips der Nichtdiskriminierung. Ausländische Anbieter dürfen somit nicht stärker belastet werden als deren inländische Konkurrenten geschweige denn gar einseitig, das heißt ausschließlich von den gewählten Maßnahmen betroffen sein. Sind diese Bedingungen jedoch im Einzelfall erfüllt, gehen vom WTO-Regelwerk keinerlei nennenswerte Beschränkungen der einzelstaatlichen Souveränität auch und gerade im Bereich der nationalen Umweltpolitik aus. Dies gilt unterschiedslos sowohl für Vorschriften, die sich auf objektive Produkteigenschaften oder den Konsum von Waren im Inland beziehen, als auch für Umweltschutzmaßnahmen, die Produktionsprozesse an inländischen Fertigungsstandorten betreffen.

13. Darüber hinaus erlaubt das WTO-Regelwerk im Rahmen der sowohl im GATT als auch im GATS und im TRIPs ausdrücklich vorgesehenen Möglichkeit einer "allgemeinen Ausnahme" den Mitgliedsstaaten unter bestimmten, wegen des Ausnahmecharakters freilich sehr restriktiv gehandhabten Bedingungen, ausländischen Anbietern das Recht auf Marktzutritt zu verwehren, sollte dies "notwendig" sein, um das Leben oder die Gesundheit von Menschen Tieren und Pflanzen innerhalb ihres jeweiligen Hoheitsgebiets vor Gefahren effektiv schützen zu können. Die Voraussetzungen für die Vereinbarkeit einer derartigen Abschottung des Inlandsmarkts gegenüber Waren ausländischer Herkunft mit dem WTO-Regelwerk wurden in mehreren Schiedsgerichtsverfahren näher präzisiert. So

muß sichergestellt sein, daß die ergriffene Maßnahme den internationalen Handel so wenig wie möglich beschränkt, "in erster Linie" auf die Beseitigung der durch den Konsum der fraglichen Waren in Inland verursachten Umweltbelastung ausgerichtet ist beziehungsweise nur der sachlich gebotenen Flankierung gleichgerichteter Maßnahmen dient, mittels derer der Konsum oder die Produktion "gleichartiger Waren" inländischer Provenienz staatlicherseits zurückgedrängt werden soll. Ein praktisches Beispiel wäre die Absicherung eines für das Inland verhängten absoluten Produktionsverbots für ein Pflanzenschutzmittel, um zu verhindern, daß dieses durch Importe unterlaufen werden kann.

14. Ausdrücklich nicht erlaubt ist einem Mitgliedsstaat der WTO jedoch, Waren ausländischer Herkunft den Marktzutritt zu verweigern, deren Herstellung in ihrem jeweiligen Ursprungsland anderen beziehungsweise insbesondere vergleichsweise weniger strengen Produktionsprozeßvorschriften unterliegt, als dessen im Bestimmungsland ansässige Konkurrenzanbieter einzuhalten haben. Dieses grundsätzliche Verbot der sogenannten extraterritorialen Anwendung nationaler Rechtsnormen soll wirtschaftlich starke Länder zum einen daran hindern, ihre Wertvorstellungen ökonomisch schwächeren Handelspartnern einseitig aufzwingen zu können - eine Verhaltensweise, die, falls sie von Erfolg gekrönt wäre, letztlich die Welthandelsordnung selbst nachhaltig in ihrem Bestand bedrohen würde. Zum anderen soll so die Gefahr eines verdeckten Protektionismus unter dem Deckmantel des Umweltschutzes möglichst durchgreifend gebannt werden. Schließlich wird dadurch auch der unterschiedlichen ökonomischen Knappheit des Gutes Umwelt beziehungsweise seiner Nutzungsmöglichkeiten (Anbau, Abbau, Standort, Deponie) Rechnung getragen, die wiederum - und völlig zu Recht - als integraler Bestandteil der komparativen Kostenvor- oder -nachteile einer Region oder eines Landes angesehen werden.

15. Festzuhalten ist somit, daß das Regelwerk der Welthandelsordnung seine Mitgliedsstaaten grundsätzlich in keinster Weise daran hindert, Umweltbelastungen jedweder Art, deren Ursprung sich innerhalb der eigenen territorialen Grenzen befindet, zu bekämpfen. Freilich läßt sich aus ihm, gerade wegen der weitgehenden Wahrung einzelstaatlicher Souveränitätsrechte, auch keine positive Pflicht der Mitgliedsstaaten ableiten, aktive Umweltschutzpolitik betreiben zu müssen.

16. Dem WTO-Regelwerk entsprechend ist es einem Mitgliedsland allerdings auch nicht erlaubt, handelspolitische Maßnahmen einzusetzen, um so Nachbarländer zur Verminderung oder Beseitigung sich grenzüberschreitend auswirkender Umweltbelastungen - also etwa die Emission von Luftstoffen oder die Einleitung von Industrieabfällen in internationale Gewässer - zu veranlassen, die von dort ansässigen Unternehmen während des Produktionsprozesses verursacht werden. Ebensowenig erlaubt die Welthandelsordnung ihren Mitgliedern die gezielte Anwendung handelspolitischer Sanktionen, um auf diese Weise andere Nationen zu veranlassen, Produktionsverfahren einzustellen, die tatsächlich oder mutmaßlich eine ökologisch bedenkliche Übernutzung außerhalb nationaler Hoheitsgebiete lokalisierter Weltkollektivgüter wie der Erdatmosphäre oder der Ozonschicht nach sich ziehen (können). Das WTO-Regelwerk steht damit in einem latenten Konflikt zu einer Reihe internationaler Umweltschutzabkommen - so etwa dem

Montrealer Protokoll, der CITES und dem Basler Übereinkommen -, die eben diese Möglichkeit als Mittel zum Erreichen ihrer jeweiligen Vertragsziele ausdrücklich vorsehen. Angesichts der bereits erwähnten geringen Effizienz einer protektionistisch ausgerichteten Handelspolitik als Instrument der Umweltpolitik ist diese Tatsache gleichwohl nicht als gravierender Mangel des WTO-Regelwerks einzustufen. Im Gegenteil erscheinen auch in den beiden genannten Fällen kooperative Lösungsansätze - so der Transfer von Umweltschutztechnologien oder von Finanzmitteln zur Umrüstung der fraglichen Produktionsstätten - der Einleitung von Sanktionen ökonomisch wie ökologisch weit überlegen. Dies gilt umso mehr, als die Dringlichkeit eines Schutzes der Weltkollektivgüter von Land zu Land, unter anderem wegen ihrer unterschiedlichen Entwicklungsniveaus, Risikoeinschätzungen, Präferenzstrukturen und Zeitpräferenzraten ohnehin höchst unterschiedlich bewertet wird.

17. Die Notwendigkeit einer Reform des WTO-Regelwerks aus Gründen eines verbesserten Umweltschutzes beziehungsweise zur Verwirklichung einer nachhaltigen Entwicklung beschränkt sich somit auf nur drei Bereiche. Zum einen sollte auch den Klageparteien das Recht zugestanden werden, während eines förmlichen Streitschlichtungsverfahrens auf Antrag die Anhörung externer Sachverständiger verlangen zu dürfen; bislang liegt die Entscheidung darüber noch ausschließlich im Ermessen der Panelmitglieder. Erlaubt werden sollte den Mitgliedsstaaten unter bestimmten, klar definierten Voraussetzungen und Verfahrensregeln sowie unter Überwachung der WTO zum anderen auch der Einsatz handelspolitischer Instrumente zur Abwehr gravierender, grenzüberschreitend wirkender und auf Produktionsprozesse zurückgehender negativer Externalitäten aus dem Ausland, **wenn** zuvor alle Versuche einer kooperativen Einigung vom Verursacherstaat der fraglichen Umweltbelastung einseitig zurückgewiesen wurden. Besondere Bedeutung kommt schließlich der konsequenten Ausdehnung der Grundprinzipien des WTO-Regelwerks auf die bisher nicht erfaßten Sektoren - so den Luftverkehr - sowie vor allem der Verschärfung der Beihilferegeln zu, um so den noch immer zahlreichen WTO-konformen, aber umweltgefährdenden Praktiken der Mitgliedsstaaten etwa in der Landwirtschaft zumindest mittelfristig Einhalt gebieten zu können.

18. Im Vergleich zum Regelwerk der Welthandelsordnung findet sich im Nordamerikanische Freihandelsabkommen (NAFTA) eine schon absolut größere Anzahl umweltschutzrelevanter Bestimmungen, die sich zudem durch eine wesentlich höhere Regelungsdichte und einen deutlich höheren Komplexitätsgrad auszeichnen. Hinzu kommen die speziellen Vorgaben des wegen eines entsprechenden Wahlversprechens des derzeitigen US-Präsidenten *Clinton* nachträglich und trotz des von Mexiko und Kanada geleisteten Widerstands als Ergänzung zum NAFTA ausgehandelten trilateralen Umweltnebenabkommens, das eine Reihe von Verhaltensbindungen für die nationalen Umweltpolitiken der Unterzeichnerstaaten beinhaltet. Abgerundet wird das NAFTA-Paket schließlich durch ein bilaterales amerikanisch-mexikanisches Umweltabkommen, in dem Maßnahmen zur Verminderung der Umweltbelastungen entlang der gemeinsamen Grenze beider Staaten vereinbart wurden.

19. Erstmals in der Geschichte der internationalen Handelsdiplomatie versuchten Umweltschutzorganisationen, freilich mit Unterstützung zahlreicher Industrieverbände und der Gewerkschaften, massiv Einfluß auf den Inhalt eines Freihandelsabkommens zu nehmen. Erklärtes Ziel war es, die angestrebte weitreichende Liberalisierung des Handels und von Direktinvestitionen zwischen den drei beteiligten Nationen zu verhindern, um dadurch der angeblich befürchteten 'Zero-regulation' sowie der Verlagerung von Produktionsstätten in das als 'Pollution haven' angesehene Mexiko entgegenzuwirken. Überraschenderweise fand ein Großteil der von den Umweltschutzorganisationen vorgebrachten Forderungen in der Tat Eingang in das NAFTA; der ursprünglich nicht vorgesehene, nachträgliche Abschluß des trilateralen Umweltschutznebenabkommens geht sogar ausschließlich auf deren Drängen zurück.

20. Zumindest formaljuristisch wird dem Schutz der Umwelt im NAFTA-Hauptabkommen stets größere Dringlichkeit zugemessen als Fortschritten bei der Handelsliberalisierung. So genießen im Gegensatz zum WTO-Regelwerk zunächst die speziellen Handelsregeln von bislang fünf internationalen Umweltschutzabkommen - unter ihnen das Montrealer Protokoll, die CITES und das Basler Übereinkommen - im Konfliktfall allen bereits angeführten ökologischen wie ökonomischen Einwänden zum Trotz grundsätzlich und pauschal Vorrang vor der im NAFTA vereinbarten Öffnung der nationalen Märkte für Güter und Dienstleistungen aus den beiden anderen Vertragsparteien.

21. Angestrebt wird im NAFTA auch die Harmonisierung technischer, sanitärer und phytosanitärer Normen und Standards auf einem möglichst hohen Schutzniveau. Die Vertragsparteien werden dabei ausdrücklich aufgefordert, bestehende internationale Standards an Strenge noch zu übertreffen. Allerdings ist es ihnen untersagt, dabei nicht-tarifäre Handelsschranken zu errichten oder beizubehalten. Die Beweislast, daß eben dieser Tatbestand erfüllt ist, obliegt jedoch im Gegensatz zu den Regularien der Welthandelsordnung bedauerlicherweise der Klagepartei, also letztlich dem von der fraglichen Maßnahme unmittelbar betroffenen ausländischen Anbieter. Angesichts der wie erwähnt außerordentlich geringen durchschnittlichen Kostenmehrbelastung von Unternehmen durch Umweltschutzauflagen, des oftmals noch überaus geringen Kenntnisstands über ökologisch-naturwissenschaftliche Ursache-Wirkungs-Zusammenhänge und das tatsächliche Gefährdungspotential sowie die ökonomischen Folgekosten der meisten Arten von Umweltschäden kann dies nur als höchst bedenkliche weil dem nicht-tarifären Protektionismus überaus förderliche Vorgabe beurteilt werden. Erschwerend kommt hinzu, daß - ausschließlich! - in umweltschutzrelevanten Disputen die im NAFTA ansonsten grundsätzlich garantierte Wahlfreiheit der Klageparteien zwischen dem WTO-Streitbeilegungsmechanismus und dem NAFTA-Verfahren nahezu vollständig aufgehoben wurde; so darf auf Antrag einer der beiden Seiten der Fall nur nach den NAFTA-Regeln geschlichtet werden.

22. Nicht übersehen werden dürfen freilich auch die ökonomisch wie ökologisch begrüßenswerten Folgewirkungen der im NAFTA vereinbarten Handelsliberalisierung. Dies gilt insbesondere für die Bereiche Transportwesen, Agrarwirtschaft sowie Teile der Energiewirtschaft, wenngleich der Abbau sämtlicher

noch bestehender Handelsbeschränkungen naturgemäß nicht gelang. Der Abbau von Zöllen beziehungsweise die Abschaffung von Zollpräferenzen dürften zudem einen nicht unwesentlichen Beitrag zur Verbesserung der Umweltqualität im amerikanisch-mexikanischen Grenzgebiet leisten, da dies die betriebswirtschaftliche Attraktivität der durch diese Vorzugsbehandlung spürbar begünstigten Lohnveredelungsbetriebe (sogenannte Maquiladoras) tendenziell vermindert. Dadurch dürfte sich wiederum auch das in der Vergangenheit zu beobachtende sehr starke Bevölkerungswachstum in dieser mit Umweltschutzinfrastrukturgütern wie Kläranlagen und sonstigen sanitären Einrichtungen außerordentlich schlecht ausgestatteten Region abschwächen.

23. Das trilaterale NAFTA-Umweltnebenabkommen erlegt den drei Vertragsparteien insbesondere die Verpflichtung auf, das nationale Umweltrecht kontinuierlich fortzuentwickeln und zu verschärfen, vor allem aber das bestehende Umweltrecht auch tatsächlich anzuwenden und Verstöße strengstmöglich zu sanktionieren. Bei Nichtbeachtung droht der fraglichen Vertragspartei die Einleitung eines förmlichen Streitschlichtungsverfahrens gegen sie, das im Fall einer Verurteilung zur Verhängung einer (freilich minimalen) Geldstrafe oder sogar zur Verhängung handelspolitischer Sanktionen durch die klagende(n) Vertragspartei(en) führen kann. Zu kritisieren ist das Umweltnebenabkommen weniger aufgrund der Tatsache, daß weite Teile des nationalen Umweltrechts der NAFTA-Parteien von dessen Anwendung ausdrücklich ausgenommen wurden. Schwerer wiegt die dabei ganz generell sowie vor allem im Sanktionsfall festzustellende Ungleichbehandlung der drei Vertragsparteien, die Mexiko ebenso eindeutig und einseitig benachteiligt wie sie Kanada begünstigt.

24. Positiv zu beurteilen ist das trilaterale Umweltnebenabkommen lediglich wegen der Einführung von Privatklagerechten, die es Wirtschaftseinheiten der jeweils anderen Vertragsparteien erlaubt, vor den Gerichten eines NAFTA-Mitgliedslandes auf der Grundlage der in diesem Staat geltenden Rechtsvorschriften Klage gegen die dort ansässigen Verursacher mutmaßlich illegaler Umweltbelastungen zu erheben.

25. Das bilaterale amerikanisch-mexikanische Umweltnebenabkommen setzt die langjährige, wenngleich in der Vergangenheit nur wenig erfolgreiche Zusammenarbeit dieser beiden Nationen bei der Verbesserung der Umweltqualität in der gemeinsamen Grenzregion fort. Vereinbart wurde neben der Gründung einer regionalen Entwicklungsbank (der North American Development Bank beziehungsweise NADBANK) die Einrichtung der sogenannten Border Environment Cooperation Commission (BECC), zu deren Hauptaufgaben die Koordination der bereits mit der Wahrnehmung von Umweltschutzaufgaben betrauten staatlichen und zwischenstaatlichen Institutionen sowie die Vorabevaluierung geplanter Umweltschutzinfrastrukturprojekte zählt. Eine positive Beurteilung durch die BECC vorausgesetzt, besteht grundsätzlich die Möglichkeit einer Finanzierung eines solchen Vorhabens durch einen Kredit der NADBANK.

26. Ökonomisch zu begrüßen ist das bilaterale Nebenabkommen nicht nur wegen des im Vergleich zum NAFTA-Hauptabkommen und dem trilateralen Umweltschutznebenabkommen auffälligen Verzichts auf jegliche Form von Sanktionen. Ausge-

sprochen vorteilhaft erscheinen auch die im Verhältnis zu allen in der Vergangenheit ergriffenen Maßnahmen zur Verbesserung der Umweltgüte in der amerikanisch-mexikanischen Grenzregion wesentlich großzügigere Finanzmittelausstattung der mit dessen Umsetzung betrauten Institutionen sowie die Betonung des Verursacherprinzips.

27. Insgesamt ist das NAFTA-Paket im Vergleich zum WTO-Regelwerk als Rückschritt anzusehen, da es den Spielraum der Mitgliedsstaaten und der dort ansässigen Unternehmen nicht unwesentlich erweitert, unter dem Deckmantel des Umweltschutzes beziehungsweise getarnt als Forderung nach einer nachhaltigen Entwicklung die bekannten Protektionismusziele zu verfolgen.

Literatur

Abler, D. (1993), NAFTA, Agriculture, and the Environment, in: Tulsa Law Journal, Jg. 28, S. 659-671.

Acharya, R. (1991), Patenting of Biotechnology: GATT and the Erosion of the World's Biodiversity, in: Journal of World Trade, Jg. 25, H. 6, S. 71-87.

Agarwal, J. (1980), Determinants of Foreign Direct Investment: A Survey, in: Weltwirtschaftliches Archiv, Jg. 116, S. 739-773.

Aguilar, L. (1993), NAFTA: a review of the issues, in: Economic Perspectives, Jg. 17, H. 1, S. 12-20.

Alonzo, A., (1992), Mexico, in: Loyola of Los Angeles International and Comparative Law Journal, Jg. 15, S. 87-97.

Altmann, J. (1992), Das Problem des Umweltschutzes im internationalen Handel, in: *H. Sautter* (Hrsg.): Entwicklung und Umwelt, Schriften des Vereins für Socialpolitik, Bd. 215, Berlin, S. 207-244.

Altvater, E. (1987), Sachzwang Weltmarkt, Hamburg.

Amelung, T. (1989), Zur Rettung der tropischen Regenwälder: Eine kritische Bestandsaufnahme der wirtschaftspolitischen Lösungsvorschläge, in: Die Weltwirtschaft, H. 2, S. 152-165.

Amelung, T. (1992), Deforestation of tropical rainforests: economic causes and impact on development, Tübingen.

American Medical Association. Council on Scientific Affairs (1990), A Permanent US-Mexico Border Environmental Health Commission, in: Journal of the American Medical Association, Bd. 263, S. 3319-3321.

Anderson, K. (1992), Effects on the environment and welfare effects of liberalizing world trade: the cases of coal and food, in: *K. Anderson* und *R. Blackhurst* (Hrsg.): The Greening of World Trade Issues, New York, London, Toronto und andere, S. 145-172.

Arden-Clarke, C. (1991), The GATT, Environmental Protection and Sustainable Development, WWF Discussion Paper, Gland.

Arden-Clarke, C. (1992), International Trade, GATT, and the Environment, WWF Discussion Paper, Gland.

Arts, B. (1994), Nachhaltige Entwicklung. Eine begriffliche Abgrenzung, in: Peripherie, Jg. 14, H. 54, S. 6-27.

Audley, J. (1993), The 'Greening' of Trade Agreements: Environmental 'Window Dressing' and NAFTA, in: *K. Fatemi* (Hrsg.): North American Free Trade Agreement, New York, S. 252-268.

Baker, B. (1993), Protection, Not Protectionism: Multilateral Environmental Agreements and the GATT, in: Vanderbilt Journal of Transnational Law, Jg. 26, S. 437-468.

Baker Fox, A. (1995), Environment and Trade: The NAFTA Case, in: Political Science Quarterly, Jg. 110, S. 49-68.

Baldwin, R. (1969), The Case Against Infant-Industry Tariff Protection, in: Journal of Political Economy, Jg. 77, S. 295-305.

Barbier, E. (1987), The concept of sustainable development, in: Environmental Conservation, Jg. 14, S. 101-110.

Barthelmeß, A. (1972), Wald. Umwelt des Menschen, Freiburg und München.

Bartik, T. (1988), The Effects of Environmental Regulation on Business Location in the United States, in: Growth and Change, Jg. 19, S. 22-44.

Bartlett, A. (1994), Reflections on Sustainability, Population Growth, and the Environment, in: Population and Environment, Jg. 15, S. 5-35.

Beckermann, W. (1974): In Defence of Economic Growth, London.

Beckermann, W. (1993), The Environmental Limits to Growth: A Fresh Look, in: *H. Giersch* (Hrsg.): Economic Progress and Environmental Concern, Berlin, Heidelberg, New York und andere, S. 3-23.

Beise, M. (1994), Handel und Umwelt - eine neue Aufgabe für das GATT, schriftliche Fassung eines am 25. Juni 1994 auf der Tagung des Arbeitskreises Europäische Integration in Augsburg gehaltenen Vortrags.

Bender, D. (1994), Neuere Entwicklungen der Theorie internationaler Handelsbeziehungen - Anstöße zur Neuorientierung der Handelspolitik?, in: Jahrbuch für Sozialwissenschaft, Jg. 45, S. 1-49.

Beyers, C. (1992), The U.S./Mexico Tuna Embargo Dispute: A Case Study of the GATT and Environmental Progress, in: Maryland Journal of International Law and Trade, Jg. 16, S. 229-253.

Bhagwati, J. (1991), The World Trading System at Risk, Princeton.

Bhagwati, J. (1994a), Free Trade: Old and New Challenges, in: The Economic Journal, Jg. 104, S. 231-246.

Bhagwati, J. (1994b), Ein Plädoyer für freien Handel, in: Spektrum der Wissenschaft, H. 1, S. 34-39.

Binswanger, H. (1991), Brazilian policies that encourage deforestation in the Amazon, in: World Development, Jg. 19, S. 821-829.

Binswanger, M. (1995), Sustainable Development: Utopie in einer wachsenden Wirtschaft, in: Zeitschrift für Umweltpolitik & Umweltrecht, Jg. 18, S. 1-19.

Birdsall, N. (1988), Economic approaches to population growth, in: *H. Chenery* und *T. Srinivasan* (Hrsg.): Handbook of Development Economics, Bd. 1, Amsterdam, S. 478-542.

Bletschacher, G. und *H. Klodt* (1992), Strategische Handels- und Industriepolitik, Tübingen.

Bommer, R. (1995), Environmental Policy and Industrial Competitiveness: The Pollution-Haven Hypothesis Reconsidered, Universität Konstanz, SFB 178, Diskussionsbeitrag Nr. 262.

Bommer, R. und *G. Schulze* (1994), Economic Integration and Environmental Policy: Does NAFTA Increase Pollution?, Universität Konstanz, SFB 178, Diskussionsbeitrag Nr. 218.

Border Environment Cooperation Commission (1995): Draft Border Environment Cooperation Commission Guidelines For Project Certification And Criteria For Project Certification, Ciudad Juárez.

Boreman, S. (1992), Dolphin-Safe Tuna: What's in a Label? The Killing of Dolphins in the Eastern Tropical Pacific and the Case for an International Legal Solution, in: Natural Resources Journal, Jg. 32, S. 425-447.

Braga, C. (1992), Tropical Forests and Trade Policy: The Cases of Indonesia and Brazil, in: *P. Low* (Hrsg.): International Trade and the Environment, World Bank Discussion Papers: 159, Washington, S. 173-193.

Brenck, A. (1992), Moderne umweltpolitische Konzepte: Sustainable Development und ökologisch-soziale Marktwirtschaft, in: Zeitschrift für Umweltpolitik & Umweltrecht, Jg. 15, S. 379-413.

Brösse, U., und *D. Lohmann* (1994), Nachhaltige Entwicklung und Umweltökonomie, in: Zeitschrift für angewandte Umweltforschung, Jg. 7, S. 456-465.

Brown, G., W. Goold und *J. Cavanagh* (1992), A Social and Environmental Charter for North America, in: World Policy Journal, Jg. 9, S. 309-327.

Burgess, J. (1994), The Environmental Effects of Trade in Endangered Species, in: *OECD* (Hrsg.): The Environmental Effects of Trade, Paris, S. 123-152.

Burns, W. (1990), CITES and the Regulation of Trade in Endangered Species of Flora: A Critical Appraisal, in: Dickinson Journal of International Law, Jg. 8, S. 203-223.

Cairncross, F. (1993), International Business Community and Environmental Protection, in: Wirtschaftspolitische Blätter, Jg. 40, S. 317-326.

Cameron, J., T. Mjolo-Thamage und *J. Robinson* (1992), Relationship between Environmental Agreements and Instruments Related to Trade and Development, in: *P. Sand* (Hrsg.): The Effectiveness of International Environmental Agreements, Cambridge, S. 475-500.

Cansier, D. (1993), Umweltökonomie, Stuttgart und Jena.

Cansier, D. (1995), Nachhaltige Umweltnutzung als neues Leitbild der Umweltpolitik, in: Hamburger Jahrbuch für Wirtschafts- und Gesellschaftspolitik, Jg. 40, S. 129-149.

Cansier, D. und *W. Richter* (1995), Erweiterung der Volkswirtschaftlichen Gesamtrechnung um Indikatoren für eine nachhaltige Umweltnutzung, in: Zeitschrift für Umwelt-politik & Umweltrecht, Jg. 18, S. 231-260.

Charnovitz, S. (1991), Exploring the Environmental Exceptions in GATT Article XX, in: Journal of World Trade, Jg. 25, H. 5, S. 37-55.

Chase, B. (1993), Tropical forests and trade policy: the legality of unilateral attempts to promote sustainable development under the GATT, in: Third World Quarterly, Jg. 14, S. 749-774.

Chisholm, A., P. Hartley und *M. Porter* (1990), Slogans or Policies: A Critique of "Ecologically Sustainable Development", Tasman Institute, Occasional Paper No. 3B, Melbourne.

Chrispin, B. (1990), Employment and Manpower Development in the Maquiladora Industry: Reaching Maturity, in: *K. Fatemi* (Hrsg.): The Maquiladora Industry: Economic Solution or Problem?, New York, S. 71-90.

Clark, N. und *C. Juma* (1991), Biotechnology for Sustainable Development: Policy Options for Developing Countries, Nairobi.

Cline, W. (1994), International Economic Policy in the 1990s, Cambridge (Mass.) und London.

Daly, H. (1977), Steady-State Economics, San Francisco.

Daly, H. (1990), Toward Some Operational Principles of Sustainable Development, in: Ecological Economics, Jg. 2, S. 1-6.

Daly, H. (1994), Fostering environmentally sustainable development: four parting suggestions for the World Bank, in: Ecological Economics, Jg. 10, S. 183-187.

Daly, H. und *R. Goodland* (1994a), An Ecological-Economic Assessment of Deregulation of International Commerce Under GATT - Part II, in: Population and Environment, Jg. 15, S. 477-503.

Daly, H. und *R. Goodland* (1994b), An Ecological-Economic Assessment of Deregulation of International Commerce Under GATT - Part I, in: Population and Environment, Jg. 15, S. 395-427.

Deutscher Bundestag (1988), Erster Zwischenbericht der ENQUETE-KOMMISSION Vorsorge zum Schutz der Erdatmosphäre, BT-Drucksache 11/3246 vom 2. November 1988, Bonn.

Deutscher Bundestag (1990), Dritter Bericht der ENQUETE-KOMMISSION Vorsorge zum Schutz der Erdatmosphäre zum Thema Schutz der Erde, BT-Drucksache 11/8030 vom 25. Mai 1990, Bonn.

Deutscher Bundestag (1994), Dritter Bericht der Enquete-Kommission "Schutz der Erdatmosphäre" zum Thema Schutz der grünen Erde - Klimaschutz durch umweltgerechte Landwirtschaft -, BT-Drucksache 12/8350 vom 27. Juli 1994, Bonn.

Driscoll, A. (1992), Key Provisions of the North American Free Trade Agreement, in: Business America, Jg. 113, H. 23, S. 3-21.

Eglin, R. (1993), International Economics, International Trade, International Environmental Protection, in: Wirtschaftspolitische Blätter, Jg. 40, S. 304-317.

Ekins, P. (1993), 'Limits to growth' and 'sustainable development': grappling with ecological realities, in: Ecological Economics, Jg. 8, S. 269-288.

Ekins, P., C. Folke und *R. Costanza* (1994), Trade, environment and development: the issues in perspective, in: Ecological Economics, Jg. 9, S. 1-12.

Esty, D. (1994a), Greening the GATT, Washington.

Esty, D. (1994b), Making Trade and Environmental Policies Work Together: Lessons from NAFTA, in: Aussenwirtschaft, Jg. 49, S. 59-79.

Faber, M., F. Jöst und *R. Manstetten* (1994), Limits and Perspectives of the Concept of a Sustainable Development, Universität Heidelberg, Wirtschaftswissenschaftliche Fakultät, Diskussionspapier Nr. 204.

Feeley, M. und *E. Knier* (1992), Environmental Considerations of the Emerging United States-Mexico Free Trade Agreement, in: Duke Journal of Comparative & International Law, Jg. 2, S. 259-296.

Foss, M., F. Hernandez und *W. Johnson* (1993), The Economics of Natural Gas in Mexico - Revisited, in: The Energy Journal, Jg. 14, S. 17-50.

Fromm, O. und *B. Hansjürgens* (1994), Umweltpolitik mit handelbaren Emissionszertifikaten - eine ökonomische Analyse des RECLAIM-Programms in Südkalifornien, in: Zeitschrift für angewandte Umweltforschung, Jg. 7, S. 211-223.

Gallagher, A. (1992), The "New" Montreal Protocol and the Future of International Law for Protection of the Global Environment, in: Houston Journal of International Law, Jg. 14, 267-364.

Garvey, J. (1995), Trade Law and Quality of Life - Dispute Resolution Under the NAFTA Side Accords on Labor and the Environment, in: The American Journal of International Law, Jg. 89, S. 439-453.

GATT (1980), Agreement on Technical Barriers on Trade, in: Basic Instruments and Selected Documents, Twenty-sixth Supplement, Genf, S. 8-32.

GATT (1983), United States - Prohibition of Imports of Tuna and Tuna Products from Canada, in: Basic Instruments and Selected Documents, Twenty-ninth Supplement, Genf S. 91-109.

GATT (1988), United States - Taxes on Petroleum and Certain Imported Substances, in: Basic Instruments and Selected Documents, Thirty-fourth Supplement, Genf, S. 136-166.

GATT (1989), Canada - Measures Affecting Exports of Unprocessed Herring and Salmon, in: Basic Instruments and Selected Documents, Thirty-fifth Supplement, Genf, S. 98-115.

GATT (1990), GATT Activities 1989, Genf.

GATT (1991), Thailand - Restrictions on Importation of and Internal Taxes on Cigarettes, in: Basic Instruments and Selected Documents, Supplement No. 37, Genf, S. 200-228.

GATT (1992a), International Trade 90-91, Volume I, Genf.

GATT (1992b), GATT Activities 1991, Genf.

GATT (1993), United States - Restrictions on Imports of Tuna, Report of the Panel (DS21/R), in: Basic Instruments and Documents, Supplement No. 39, Genf, S. 155-205.

GATT (1994), News of the Uruguay Round of Multilateral Trade Negotiations, diverse Ausgaben, Genf.

Gemperle, R., *W. Zeller* und *R. Wartenweiler* (1994), Die Ergebnisse der Uruguay-Runde: Vom GATT zur WTO, Zürich.

Gilbreath, J. (1992), Financing Environmental and Infrastructure Needs on the Texas-Mexico Border: Will the Mexican-U.S. Integrated Border Plan Help?, in: Journal of Environment & Development, Jg. 1, S. 151-175.

Gilbreath, J. und *J. Tonra* (1994), The Environment: Unwelcome guest at the Free Trade Party, in: *M. Baer* und *S. Weintraub* (Hrsg.): The NAFTA Debate: Grappling with Unconventional Trade Issues, Boulder und London, S. 53-93.

Globermann, S. (1993), Trade Liberalization and the Environment, in: *S. Globerman*, und *M. Walker* (Hrsg.): Assessing NAFTA: A Trinational Analysis, Vancouver, S. 293-314.

Golden, T. (1994), Mexico Opts for Sanctions It Bitterly Opposed, in: The New York Times vom 14. August 1994, S. L45.

Gonzalez-Baz, A. (1992), A Mexican Perspective on the North American Free Trade Agreement and the Environment, in: Canada-United States Law Journal, Jg. 18, S. 235-240.

Government of Canada (1993), NAFTA. What's it all about, Ottawa.

Greenpeace International (1988), International Trade in Toxic Wastes: Policy and Data Analysis by Greenpeace International, 2. Aufl. Washington.

Gregory, M. (1992), Environment, Sustainable Development, Public Participation and the NAFTA: A Retrospective, in: Journal of Environmental Law and Litigation, Jg. 7, S. 99-173.

Gröner, H. (1963), Zölle und Terms of Trade, Bonn.

Gröner, H. (1981), Umweltschutzbedingte Produktnormen als nichttarifäres Handelshemmnis, in: *H. Gutzler* (Hrsg.): Umweltpolitik und Wettbewerb, Baden-Baden, S. 143-162.

Grossman, G. und *A. Krueger* (1991), Environmental Impacts of a North American Free Trade Agreement, NBER Working Paper No. 3914, Cambridge (Mass.).

Grossman, G. und *A. Krueger* (1995), Economic Growth and the Environment, in: The Quarterly Journal of Economics, Jg. 110, S. 353-377.

Hagen, D., *S. Henson* und *D. Merrifield* (1994), Impact of NAFTA on Energy Markets, in: *A. Rugman* (Hrsg.): Foreign Investment and NAFTA, Columbia, S. 227-249.

Hahn, R. (1993), Toward a New Environmental Paradigm, in: The Yale Law Journal, Jg. 102, S. 1719-1761.

Harborth, H.-J. (1992), Die Diskussion um dauerhafte Entwicklung (Sustainable Development): Basis für eine umweltorientierte Weltentwicklungspolitik?, in: *W. Hein* (Hrsg.): Umweltorientierte Entwicklungspolitik, 2. Aufl. Hamburg, S. 37-62.

Harborth, H.-J. (1994), Sustainable Development - ein neues Paradigma globaler Entwicklungspolitik?, in: *Studenteninitiative Wirtschaft und Umwelt e.V.* (Hrsg.): Im Namen der Zukunft - Politische Wege zur Nachhaltigkeit, Münster, S. 41-56.

Harrington, J. und *B. Warf* (1995), Industrial Location, London und New York.

Hauser, H. und *K.-U. Schanz* (1995), Das neue GATT, München und Wien.

Heister, J. und *F. Schneider* (1993), Ecological Concerns in a Market Economy: On Ethics, Accounting and Sustainability, in: *H. Giersch* (Hrsg.): Economic Progress and Environmental Concern, Berlin, Heidelberg, New York und andere, S. 25-47.

Helfert, M. (1995) "Nachhaltige, zukunftsfähige Entwicklung", in: WSI-Mitteilungen, Jg. 48, S. 217-219.

Henderson, H. (1994), Paths to Sustainable Development, in: Futures, Jg. 26, S. 125-137.

Hilz, C. und *J. Ehrenfeld* (1991), Transboundary Movements of Hazardous Wastes - A Comparative Analysis of Policy Options to Control the International Waste Trade, in: International Environmental Affairs, Jg. 3, S. 26-63.

Holbein, J. (1992), Cases For and Against Free Trade, in: Loyola of Los Angeles International and Comparative Law Journal, Jg. 15, H. 1, S. 19-32.

Housman, R. und *D. Zaelke* (1992), Trade, Environment, and Sustainable Development: A Primer, in: Hastings International and Comparative Law Review, Jg. 15, S. 535-612.

Hualde, A. (1995), Die mexikanischen Maquiladores - Wegweiser des Integrationsprozesses, in: *R. Hoffmann* und *M. Wannöffel* (Hrsg.): Soziale und ökologische Sackgassen ökonomischer Globalisierung. Das Beispiel NAFTA, Münster, S. 122-150.

Hudson, S. und *R. Prudencio* (1993), The North American Commission on the Environment and Other Supplemental Agreement: Part Two of the NAFTA Package (zugleich Stellungnahme der National Wildlife Federation), Washington.

Hufbauer, G. und *J. Schott* (1992), North American Free Trade: Issues and Recommendations, Washington.

Ikegawa, J. (1993), NAFTA: How will it Affect U.S. Environmental Regulations?, in: The Transnational Lawyer, Jg. 6, S. 225-253.

Ingram, H. und *D. White* (1993): International Boundary and Water Commission: An Institutional Mismatch for Resolving Transboundary Water Problems, in: Natural Resources Journal, Jg. 33, S. 169-172.

Jaffe, A., *S. Peterson*, *P. Portney* und *R. Stavins* (1995), Environmental Regulation and the Competitiveness of U.S. Manufacturing: What does the Evidence Tell Us?, in: Journal of Economic Literature, Jg. 33, S. 132-163.

Jenkins, A. (1993), NAFTA: Is the Environmental Cost of Free Trade Too High?, in: North Carolina Journal of International Law and Commercial Regulation, Jg. 19, S. 143-174.

Kaempfer, W. und *S. Marks* (1993), The Expected Effects of Trade Liberalisation: Evidence from Congressional Action on Fast-Track Authority, in: World Economy, Jg. 16, S. 725-740.

Kantor, M. (1993), Testimony of Ambassador Mickey Kantor, United States Trade Representative, Before The Subcommittee On International Trade, Committee On Ways and Means, United States House Of Representatives vom 11. März 1993, abgedruckt in: San Diego Justice Journal, Jg. 1, S. 273-277.

Karshenas, M. (1994), Environment, Technology and Employment: Towards a New Definition of Sustainable Development, in: Development and Change, Jg. 25, S. 723-756.

Kaufer, E. (1989), The economics of the patent system, Chur und andere.

Kaufman, R., *P. Pauly* und *J. Schweitzer* (1993), The Effects of NAFTA on the Environment, in: The Energy Journal, Jg. 14, S. 217-240.

Kehoe, T. (1993), North American Free Trade, in: Journal of Economic Integration, Jg. 8, S. 119-151.

Kelly, M. (1993), NAFTA's Environmental Side Agreement: A Review and Analysis, Diskussionspapier des Texas Center for Policy Studies, Austin.

Kelly, M. und *D. Kemp* (1991), Mexico-U.S. Free Trade Negotiations and the Environment: Exploring the Issues, Diskussionspapier des Texas Center for Policy Studies, Austin.

Kelly, M., *D. Kemp*, *M. Gregory* und *J. Rich* (1991), U.S.-Mexico Free Trade Negotiations and the Environment, in: The Columbia Journal of World Business, Jg. 26, H. 2, S. 42-58.

Kessel, G. und *C.-S. Kim* (1993), The Mexican Petrochemical Sector in the NAFTA Negotiations, in: The Energy Journal, Jg. 14, H. 3, S. 201-215.

Knödgen, G. (1979), Environment and Industrial Siting: Preliminary Results of an Empirical Survey of Investment by West German Industry in Developing Countries, in: Zeitschrift für Umweltpolitik & Umweltrecht, Jg. 2, S. 407-434.

Knorr, A. (1993),Monopol oder Wettbewerb bei den Postdiensten?, Fuchsstadt.

Knorr, A. (1995), Welthandelsordnung und Umweltschutz, in: ORDO, Bd. 46, S. 203-254.

Körber, A. (1995), Raising Rivals' Costs with Environmental Regulation, Universität Konstanz, SFB 178, Diskussionsbeitrag Nr. 263.

Kösters, W. (1992), Freihandel versus Industriepolitik, in: Wirtschaftsdienst, Jg. 72, S. 49-56.

Komoroski, K. (1988), The Failure of Governments to Regulate Industry: A Subsidy Under the GATT?, in: Houston Journal of International Law, Jg. 10, S. 189-209.

Kopinak, K. (1993), The Maquiladorization of the Mexican Economy, in: *R. Grinspun* und *M. Cameron* (Hrsg.): The Political Economy of North American Free Trade, New York, S. 141-161.

Kresbach, G. (1994), Patentschutz in der Gentechnologie, Wien und New York.

Krieger-Boden, C. (1995), Die räumliche Dimension der Wirtschaftstheorie, Kiel.

Krüsselberg, H.-G. (1992), Jung-Stillings Lehre der Politischen Ökonomie, in: *H.-G. Krüsselberg* und *W. Lück* (Hrsg.): Jung-Stillings Welt - Das Lebenswerk eines Universalgelehrten in interdisziplinären Perspektiven, Krefeld, S. 72-109.

Krugman, P. (1993), The Uncomfortable Truth about NAFTA, in: Foreign Affairs, Jg. 72, H. 5, S. 13-19.

Krugman, P. und *M. Obstfeld* (1991), International Economics, 2. Aufl. New York.

Kublicki, N. (1994), The Greening of Free Trade: NAFTA, Mexican Environmental Law, and Debt Exchanges for Mexican Environmental Infrastructure Development, in: Columbia Journal of Environmental Law, Jg. 19, S. 59-140.

Kulessa, M. (1992), Freihandel und Umweltschutz - ist das GATT reformbedürftig?, in: Wirtschaftsdienst, Jg. 72, S. 299-307.

Kurz, R. (1995), Nachhaltige Entwicklung und Nord-Süd-Problematik, in: WSI-Mitteilungen, Jg. 48, S. 272-277.

Kwong, J. (1994), Environment and Free Trade, in: The Freeman, Jg. 44, S. 61-65.

Lang, W. (1993), International Environmental Agreements and the GATT: The Case of the Montreal Protocol, in: Wirtschaftspolitische Blätter, Jg. 40, S. 364-372.

Langhammer, R. (1992), The NAFTA: Another Futile Trade Area (AFTA) or a Serious Approach Towards Regionalism, Kieler Diskussionsbeiträge Nr. 195, Kiel.

Lawrence, P. (1990), International Legal Regulation and Protection of the Ozone Layer: Some Problems of Implementation, in: Journal of Environmental Law, Jg. 2, S. 17-52.

Lélé, S. (1991), Sustainable Development: A Critical Review, in: World Development, Jg. 19, S. 607-621.

Leonard, H.J. (1988), Pollution and the Struggle for the World Product, Cambridge, New York, New Rochelle und andere.

Lerch, A. (1994), Property Rights und biologische Vielfalt, in: Zeitschrift für Umweltrecht & Umweltrecht, Jg. 17, S. 289-303.

Lerner, S. (1993), The Maquiladoras and Hazardous Waste: The Effects under NAFTA, in: The Transnational Lawyer, Jg. 6, S. 255-270.

Low, P. und *A. Yeats* (1992), Do "Dirty" Industries Migrate?, in: *P. Low* (Hrsg.): International Trade and Environment, World Bank Discussion Papers: 159, Washington, S. 89-103.

Lucas, R., *D. Wheeler* und *H. Hettige* (1992), Economic Development, Environmental Regulation and the International Migration of Toxic Industrial Pollution, in: *P. Low* (Hrsg.): International Trade and the Environment, World Bank Discussion Papers: 159, Washington, S. 67-86.

Ludwiszewski, R. (1993), "Green" Language in the NAFTA: Reconciling Free Trade and Environmental Protection, in: The International Lawyer, Jg. 27), S. 691-706.

Madeley, J. (1992), Trade and the Poor: The Impact of International Trade on Developing Countries, London.

Mähler, K.-G. (1990), International Environmental Problems, in: Oxford Review of Economic Policy, Jg. 6, S. 80-108.

Maggs, J. und *L. Ryan* (1994), Nafta Talks Stall On Side Deals, Negotiators Say, in: Journal of Commerce and Commercial vom 24. Mai 1994, S. 1A und S. 10A.

Magraw, D. (1994), NAFTA's Repercussions: Is Green Trade Possible?, in: Environment, Jg. 36, H. 2, S. 14-20 sowie S. 39-45.

Majer, H. (1995), Nachhaltige Entwicklung. Vom globalen Konzept zur regionalen Werkstatt, in: WSI-Mitteilungen, Jg. 48, S. 220-230.

Mathis, J. und *M. Escobedo* (1993), Mexico's Open Door To Cogeneration and Independent Power, in: Energy Law Journal, Jg. 14, S. 285-301.

Mayer, D. und *D. Hoch* (1993), International Environmental Protection and the GATT: The Tuna/Dolphin Controversy, in: American Business Law Journal, Jg. 31, S. 187-244.

McDonald, J. (1993), Greening the GATT: Harmonizing Free Trade and the Environment in the New World Order, in: Environmental Law, Jg. 23, S. 397-474.

McDorman, T. (1992), The 1991 U.S.-Mexiko Panel Report on Tuna and Dolphin: Implications for Trade and Environment Conflicts, in: The North Carolina Journal of International Law and Commercial Regulation, Jg. 17, S. 461-488.

Meadows, D. (Hrsg.) (1972), Die Grenzen des Wachstums, Stuttgart.

Mikesell, R. (1992), Economic Development and the Environment, London und New York.

Ministry of Agriculture and Fisheries (New Zealand) (1993), Impacts on the Environment of Reduced Agricultural Subsidies: A Case Study of New Zealand, MAF Policy Technical Paper 93/12, Wellington.

Moggeridge, D. (Hrsg.) (1981), The Collected Writings of John Maynard Keynes, Bd. XXI, Cambridge.

Montez, A. (1993), The Run Past the Border: Consequences of Treating the Environment Under NAFTA as a Border Issue, in: Georgetown International Environmental Law Review, Jg. 5, S. 417-439.

Morris, D. (1990), Free Trade: The Great Destroyer, in: The Ecologist, Jg. 20, S. 190-195.

Mumme, S. (1993), Environmentalists, NAFTA, and North American Environmental Management, in: Journal of Environment & Development, Jg. 2, S. 205-219.

Mumme, S. (1994), Enforcing International Environmental Agreements: Lessons from the U.S.-Mexico Border, in: Journal of Environment & Development, Jg. 3, S. 71-89.

Munasinghe, M. (1993), Environmental Economics and Sustainable Development, World Bank Environment Paper No. 3, Washington.

Murphy, S. (1994), Prospective Liability Regimes for the Transboundary Movement of Hazardous Wastes, in: American Journal of International Law, Jg. 88, 24-75.

National Wildlife Federation and Pollution Probe (1992), Binational Statement on Environmental Safeguards that Should be Included in the North American Free Trade Agreement (NAFTA), Washington.

Natural Ressources Defence Council (1992), Environmental Safeguards for the North American Free Trade Agreement, New York.

North American Commission For Environmental Cooperation (1995a), 1995 Annual Program and Budget, Montreal.

North American Commission For Environmental Cooperation (1995b), NACEC Overview, Montreal.

Nutzinger, H. und *V. Radtke* (1995), Das Konzept der nachhaltigen Wirtschaftsweise: Historische, theoretische und politische Aspekte, in: *H. Nutzinger* (Hrsg.): Nachhaltige Wirtschaftsweise und Energieversorgung, Marburg, S. 13-49.

Oberender, P. (1973), Industrielle Forschung und Entwicklung, Bern und Stuttgart.

Oberender, P. (1988), Marktdynamik und internationaler Handel, Tübingen.

Obey, C. (1992), Trade Incentives and Environmental Reform: The Search for a Suitable Incentive, in: Georgetown International Environmental Law Review, Jg. 4, S. 421-446.

O'Connor, B. (1992), GATT and the Environment, in: Review of European Community & International Environmental Law, Jg. 1, H. 1, S. 6-13.

OECD (1991), Environmental Indicators, Paris.

OECD (1994), Agricultural Policies, Markets and Trade. Monitoring and Outlook 1994, Paris.

Office of the President (United States) (1991), Response of the Administration to Issues Raised in Connection with the Negotiation of a North American Free Trade Agreement vom 1. Mai 1991, Washington.

Office of the President (United States), Report of the Administration on The North American Free Trade Agreement and Actions Taken In Fulfillment of the May 1, 1991 Commitments vom 18. September 1992, Washington.

o.V. (1988), The vanishing jungle. Ecologists make friends with economists, in: The Economist, Bd. 309, H. 7572 vom 15. Oktober 1988, S. 25-28.

o.V. (1992a), Amerikanische Umweltschützer wollen GATT-Verträge blockieren, in: Frankfurter Allgemeine Zeitung, Nr. 35 vom 11. Februar 1992, S. 17.

o.V. (1992b), The freedom to be dirtier than the rest, in: The Economist, Bd. 323, H. 7761 vom 30. Mai 1992, S. 7-10 der Sonderbeilage zum Thema 'The Environment: Sharing'.

o.V. (1993a), Under siege (im Inhaltsverzeichnis geführt als: Hawaii's unwelcome visitors), in: The Economist, Bd. 327, H. 7806 vom 10. April 1993, S. 81-82.

o.V. (1993b), Die Nafta-Parallelabkommen endlich unter Dach, in: Neue Zürcher Zeitung, FA-Nr. 187 vom 15./16. August 1993, S. 11.

o.V. (1993c), The Flying Arkansan (im Inhaltsverzeichnis geführt als: After the battle), in: The Economist, Bd. 329, H. 7838 vom 20. November 1993, S. 49-50.

o.V. (1993d), Mexican butterflies (im Inhaltsverzeichnis geführt als: NAFTA, the environment and Mexico), in: The Economist, Bd. 328, H. 7819 vom 10. Juli 1993, S. 47-48.

o.V. (1994a), Umweltschutz und GATT, in: Umwelt, Nr. 7-8, 1994, S. 264-266.

o.V. (1994b), Council: Swift action on tobacco dispute. Panel to examine new US standards on gasoline, in: GATT Focus, Nr. 111, Genf, S. 3-5.

o.V. (1994c), Council: Vietnam granted observer status. Second tuna panel rules against US embargo, in: GATT Focus, Nr. 110, Genf, S. 5-7.

o.V. (1995a), Weltweiter Raubbau an den Fischbeständen, in: Neue Zürcher Zeitung, Internationale Ausgabe Nr. 59 vom 11.-12. März 1995, S. 13.

o.V. (1995b), DSB establishes panel on Japan's taxes on alcoholic beverages, in: WTO-Focus, Nr. 5, Genf 1995, S. 1-4.

o.V. (1995c), Right size, wrong contents (im Inhaltsverzeichnis geführt als: America's federal budget), in: The Economist, Bd. 337, H. 7940 vom 11. November 1995, S. 16.

o.V. (1996), USA gehen auf Distanz, in: Wirtschaftswoche, Jg. 50, H. 1/2 vom 04. Januar 1996, S. 12.

Olson, M. (1993), Dictatorship, Democracy, and Development, in: American Political Science Review, Jg. 87, S. 567-576.

Opschoor, H. (1992), GNP and sustainable income measures: some problems and a way out, in: O. Kuik und H. Verbruggen (Hrsg.): In Search of Indicators of Sustainable Development, 2. Aufl. Dordrecht, Boston und London, S. 39-44.

Opschoor, H. und L. Reijnders (1992), Toward sustainable development indicators, in: O. Kuik und H. Verbruggen (Hrsg.): In Search of Indicators of Sustainable Development, 2. Aufl. Dordrecht, Boston und London, S. 7-27.

Organ, L. und J. Williams (1994), NAFTA And The Environment: The "Greening" Of Mexico, in: Duke Environmental Law & Policy Forum, Jg. 4, S. 62-84.

Ortiz, E. (1994), NAFTA and Foreign Investment in Mexico, in: A. Rugman (Hrsg.): Foreign Investment and NAFTA, Columbia, S. 155-179.

Pasek, J. (1993), Philosophical Aspects of Intergenerational Justice, in: H. Giersch (Hrsg.): Economic Progress and Environmental Concern, Berlin, Heidelberg, New York und andere, S. 49-63.

Passmore, J. (1974), Man's Responsibility for Nature, London.

Petersmann, E.-U. (1991): Trade Policy, Environmental Policy and the GATT, in: Aussenwirtschaft, Jg. 46, S. 197-221.

Petersmann, E.-U. (1993), International Trade Law and International Environment Law - Prevention and Settlement of International Disputes in GATT, in: Journal of World Trade, Jg. 27, H. 1, S. 43-81.

Pearce, D. (1988), Economics, equity and sustainable development, in: Futures, Jg. 20, S. 598-605.

Pearce, D., E. Barbier und A. Markandya (1990), Sustainable Development: Economics and Environment in the Third World, Worcester.

Pearce, D. und R.K. Turner (1990), Economics of Natural Resources and the Environment, New York, London, Toronto und andere.

Pearson, C. und R. Repetto (1993), Reconciling Trade and Environment: The Next Steps, in: Environmental Protection Agency (Hrsg.): The Greening of World Trade, Washington, S. 83-104.

Plourde, A. (1993), Natural Gas Trade in North America: Building up to the NAFTA, in: The Energy Journal, Jg. 14, H. 3, S. 67. S. 51-73.

Porter, M. (1992), Wettbewerbsstrategie, 7. Aufl. Frankfurt am Main.

Radetzki, M. (1992), Economic Growth and Environment, in: P. Low (Hrsg.): International Trade and the Environment, World Bank Diskussion Papers: 159, Washington, S. 121-134.

Reath, V. (1993), Administration Struggles to Save NAFTA, in: Environment Week, Jg. 6, H. 17, S. 1 und S. 4.

Rege, V. (1994), GATT Law and Environment-Related Issues Affecting the Trade of Developing Countries, in: Journal of World Trade, Jg. 28, H. 3, S. 95-169.

Reichow, H.-P. (1992), Luftverkehr und Klima, in: *Studenteninitiative Wirtschaft & Umwelt e.V.* (Hrsg.): Earth Summit '92 - Perspektiven für eine neue Weltordnung, Münster, S. 193-206.

Reilly, W. (1993), The Greening of NAFTA: Implications for Continental Environmental Cooperation in North America, in: Journal of Environment & Development, Jg. 2, S. 181-191.

Reisman, M. und *M. Wiedman* (1995), Contextual Imperatives of Dispute Resolution Mechanisms - Some Hypotheses and their Application to the Uruguay Round and NAFTA, in: Journal of World Trade, Jg. 29, H. 3, S. 5-38.

Reiterer, M. (1993), Das multilaterale Handelssystem und internationaler Umweltschutz, in: Wirtschaftspolitische Blätter, Jg. 40, S. 291-303.

Reiterer, M. (1994), GATT/WTO: Internationaler Handel und Umwelt, in: Aussenwirtschaft, Jg. 49, S. 477-494.

Rentz, H. (1994), Sustainable Development, in: Wirtschaftswissenschaftliches Studium, Jg. 23, S. 407-409.

Rich, J. (1991), Bordering on Trouble, in: The Environmental Forum, Jg. 8, H. 3, S. 26-33.

Robinson, H.D. (1988), Industrial pollution abatement: the impact on balance of trade, in: Canadian Journal of Economics, Jg. 21, 187-199.

Rodarte, H. (1992), Environmental Protection in Mexico, in: Loyola of Los Angeles International and Comparative Law Journal, Jg. 15, S. 79-97.

Royte, E. (1995), Hawaii's Vanishing Species, in: National Geographic, Jg. 188, H. 3, S. 2-37.

Rubin, S. (1982), A Predominantly Commercial Policy Perspective, in: *S. Rubin* und *T. Graham* (Hrsg.): Environment and Trade, Totowa, S. 3-21.

Rublack, S. (1993), Völkerrecht und Umweltrisikenexport, in: Archiv des Völkerrechts, Jg. 32, S. 54-98.

Runge, C. (1993), Trade Liberalization and Environmental Quality in Agriculture, in: International Environmental Affairs, Jg. 5, S. 95-128.

Runge, C. (1994), Free Trade, Protected Environment: Balancing Trade Liberalization and Environmental Interests, New York.

Safina, C. (1996), Die Überfischung der Meere, in: Spektrum der Wissenschaft, H. 1, S. 58-65.

Sánchez, R. (1994), NAFTA and the Environment, in: *V. Bulmer-Thomas, N. Craske* und *M. Serrano* (Hrsg.): Mexico and the North American Free Trade Agreement, Houndmills, Basinstoke und London, S. 95-117.

Schewe, G. (1993), Kein Schutz vor Imitation. Eine empirische Untersuchung zum Paradigma des Markteintrittsbarrieren-Konzepts unter besonderer Beachtung des Patentschutzes, in: Schmalenbachs Zeitschrift für betriebswirtschaftliche Forschung, Jg. 45, S. 344-360.

Schneider, K. (1993), Environmentalists Fight Each Other Over Trade Accord, in: The New York Times vom 16. September 1993, S. A1 und S. A10.

Schoenbaum, T. (1992), Free International Trade and Protection of the Environment: Irreconcilable Conflict?, in: American Journal of International Law, Jg. 86, S. 700-727.

SEMARNAP (Mexico) and Environmental Protection Agency (USA) (1995), Joint Report of the U.S.-Mexico National Coordinators Meeting, Mexico City.

Senti, R. (1994), GATT-WTO: Die neue Welthandelsordnung nach der Uruguay-Runde, Zürich.

Shafik, N. (1994), Economic Development and Environmental Quality: An Econometric Analysis, in: Oxford Economic Papers, Jg. 46, S. 757-773.

Simon, J. und *H. Kahn* (Hrsg.) (1984), The Resourceful Earth, Oxford.

Smeets, H.-D. (1987), Importschutz und GATT, Bern und Stuttgart.

Sorsa, P. (1992a), The Environment: A New Challenge to GATT?, World Bank Policy Research Working Paper Series, WPS 980, Washington.

Sorsa, P. (1992b), GATT and Environment, in: The World Economy, Jg. 15, S. 115-133.

Sprenger, R.-U., J. Körner, E. Paskuy und *J. Wackerbauer* (1994), Das deutsche Steuer- und Abgabensystem aus umweltpolitischer Sicht, ifo Studien zur Umweltökonomie 18, München.

Stafford, H. (1985), Environmental Protection and Industrial Location, in: Annals of the Association of American Geographers, Jg. 75, S. 227-240.

Stahl, K. (1992), 'Sustainable Development' als öko-soziale Entwicklungsalternative?, in: W. Hein (Hrsg.): Umweltorientierte Entwicklungspolitik, 2. Aufl. Hamburg, S. 467-494.

Statistisches Bundesamt (Hrsg.) (1994), Statistisches Jahrbuch 1994 für die Bundesrepublik Deutschland, Wiesbaden.

Stengel, H. (1995), Grenzen und Spielräume nachhaltiger Entwicklung in der Dritten Welt, Berlin.

Stevens, C. (1993), The Environmental Effects of Trade, in: The World Economy, Jg. 16, S. 439-451.

Stewart, R. (1993), Environmental Regulation and International Competitiveness, in: The Yale Law Journal, Jg. 102, S. 2039-2106.

Stoll, P.-T. (1994), Die WTO: Neue Welthandelsorganisation, neue Welthandelsordnung, in: Zeitschrift für ausländisches öffentliches Recht und Völkerrecht, Jg. 54, S. 241-339.

Straubhaar, T. und *M. Wyss* (1994), Ökologisch bedingte Standortarbitrage?, in: Zeitschrift für Umweltpolitik & Umweltrecht, Jg. 17, S. 98-121.

Tamayo, J. und *Tamayo L.* (1995), Die Maquiladoras - Umweltdumping als Entwicklungsmodell?, in: *R. Hoffmann* und *M. Wannöffel* (Hrsg.): Soziale und ökologische Sackgassen ökonomischer Globalisierung: Das Beispiel NAFTA, Münster, S. 151-169.

Taylor, J. (1994),The Challenge of Sustainable Development, in: Regulation, Jg. 17, S. 35-50.

Texas Center for Policy Studies (1992), NAFTA and the U.S./Mexico Border Environment: Options for Congressional Action, Austin.

Texas Center for Policy Studies (1994), Fulfilling Promises: Implementation of the Border Environment Commission (BECC) and the North American Development Bank (NADBANK), Austin.

Thomas, C. und *G. Tereposky* (1993), The NAFTA and the Side Agreement on Environmental Co-operation - Addressing Environmental Concerns in a North American Free Trade Regime, in: Journal of World Trade, Jg. 27, H. 6, S. 5-34.

Tobey, J. (1990): The Effects of Domestic Environmental Policies on Patterns of World Trade: An Empirical Test, in: Kyklos, Bd. 43, H. 2, S. 191-209.

Todaro, M. (1994), Economic Development, 5. Aufl. New York und London.

Truell, P. (1991), U.S., Canada and Mexico to Negotiate a North American Free-Trade Pact, in: The Wall Street Journal vom 6. Februar 1991, S. A7.

Turner, R.K., D. Pearce und *I. Bateman* (1994), Environmental Economics, New York, London, Toronto und andere.

UNCTAD. Division on Transnational Corporations and Investment (1994) World Investment Report, New York und Genf.

UNCTAD. Trade and Development Board (1994), Sustainable Development: The effect of the internalization of external costs on sustainable development, (TD/B/40(2)/6), Genf.

United States Congress. Office of Technology Assessment (1992a), Trade and Environment: Conflicts and Opportunities, Washington.

United States Congress. Office of Technology Assessment (1992b) U.S.-Mexico Trade: Pulling Together or Pulling Apart?, Washington.

United States Council on Environmental Quality (Study Director: *G. Barney*) (1980), The Global 2000 Report to the President of the U.S., Washington.

United States Environmental Protection Agency. Office of Wastewater Management (1995), BECC And The NADBANK - Financing Environmental Infrastructure On The U.S.-Mexico Border, Washington.

United States Environmental Protection Agency and SEDUE (Mexico) (1992), Integrated Environmental Plan for the Mexican-U.S. Border Area (First Stage, 1992-1994), Washington und Mexiko City.

United States Trade Representative's Office (1992), Review of U.S.-Mexico Environmental Issues, Washington.

United States Trade Representative's Office (1993), The NAFTA: Report on Environmental Issues, Washington.

Van Long, N. und *H. Siebert* (1991), Institutional Competition Versus ex-ante Harmonization: The Case of Environmental Policy, in: Journal of Institutional and Theoretical Economics, Jg. 147, S. 296-311.

van Suntum, U. (1994), Kritische Würdigung des umweltökonomischen Instrumentenansatzes, in: *K. Mackscheidt, D. Ewringmann* und *E. Gawel* (Hrsg.): Umweltpolitik mit hoheitlichen Zwangsabgaben?, Berlin, S. 15-31.

Varangis, P., C. Braga und *K. Takeuchi* (1993), Tropical Timber Trade Policies, in: Wirtschaftspolitische Blätter, Jg. 40, S. 338-351.

Vernon, R. (1986), International Investment and International Trade in the Product Cycle, in: The Quarterly Journal of Economics, Jg. 80, S. 190-207.

von Weizsäcker, E.-U., A. Lovins und *L.H. Lovins* (1995), Faktor vier - Doppelter Wohlstand, halbierter Naturverbrauch: Der neue Bericht an den Club of Rome, München.

von Weizsäcker, E.-U. (1989), Erdpolitik: Ökologische Realpolitik an der Schwelle zum Jahrhundert der Umwelt, Darmstadt.

Vornholz, G. (1994), The Sustainable Development Approach, in: Intereconomics, Jg. 29, S. 194-198.

Vornholz, G. (1995), Die ökologischen Ziele im Sustainable Development-Konzept, in: *H. Nutzinger* (Hrsg.): Nachhaltige Wirtschaftsweise und Energieversorgung, Marburg, S. 81-115.

Voss, G. (1994), Umweltschutzausgaben im internationalen Vergleich, in: iw trends, Jg. 21, H. 2, S. 49-56.

Walter, I. (1982), Environmentally Induced Relocation to Developing Countries, in: *S. Rubin* und *T. Graham* (Hrsg.): Environment and Trade, Totowa, S. 71ff.

Ward, J. (1993), Environmental Strategies for Agricultural Trade, in: *D. Zaelke, P. Orbuch* und *R. Housman* (Hrsg.): Trade and Environment, Washington und Covelo, S. 247-256.

Weber, P. (1995), Fischerei: Schutz von Fischgründen und Arbeitsplätzen, in: *Worldwatch Institute* (Hrsg.): Zur Lage der Welt - 1995, Frankfurt am Main, S. 42-71.

Weck-Hannemann, H. (1990), Politische Ökonomie des Protektionismus: Ein institutioneller Ansatz, Universität Konstanz, SFB 178, Diskussionsbeitrag Nr. 109.

Weintraub, S. (1991), Free Trade in North America: Has its Time Come?, in: World Economy, Jg. 14, S. 57-66.

Weißenburger, U. (1993), Grundlegende Daten zur Umweltsituation in den Nachfolgestaaten der Sowjetunion, in: DIW Vierteljahreshefte zur Wirtschaftsforschung, H. 1/2, S. 43-57.

Welfens, M. (1992), Systemtransformation und die Umweltproblematik in Ost- und Mitteleuropa, in: Osteuropa-Wirtschaft, Jg. 37, S. 148-173.

Weltbank (1992), Weltentwicklungsbericht 1992 - Entwicklung und Umwelt, Washington.

Wicke, L. (1993), Umweltökonomie, 4. Aufl. München 1993.

Wicke, L., L. de Maizère und *T. de Maizère* (1990), Öko-soziale Marktwirtschaft für Ost und West, München.

Wilkinson, D. (1994), NAFTA and the Environment: Some Lessons for the Next Round of GATT Negotiations, in: World Economy, Jg. 17, S. 395-412.

Windfuhr, M. (1993), Handel - Umwelt - Entwicklung, in: *B. Engels* (Hrsg.): Perspektiven einer neuen internationalen Handelspolitik, Hamburg, S. 79-88.

Winham, G. (1994), Enforcement of Environmental Measures: Negotiating the NAFTA Environmental Side Agreement, in: The Journal of Environment & Development, Jg. 3, S. 29-41.

Wonnacott, R. (1991), Canada's Role in the US-Mexican Free Trade Negotiations, in: World Economy, Jg. 14, S. 79-96.

Wood, A. (1993), The Multilateral Fund for the Implementation of the Montreal Protocol, in: International Environmental Affairs, Jg. 5, S. 335-354.

World Commission on Environment and Development (1987), Our Common Future, Oxford, New York, Toronto und andere.

Wynne, B. (1994), The Impact of NAFTA on the U.S./Mexico Border Environment, in: The Urban Lawyer, Jg. 26, S. 11-30.

Zaelke, D., R. Housman und *G. Stanley* (1993), Frictions Between International Trade Agreements and Environmental Protection, in: *Environmental Protection Agency* (Hrsg.): The Greening of World Trade, Washington, S. 44-77.

Zagaris, B. (1992), The Transformation and Environmental Enforcement Cooperation Between Mexico and the United States in the Wake of NAFTA, in: North Carolina Journal of International Law and Commercial Regulation, Jg. 18, S. 35-84.

Die Vertragsbestimmungen des WTO-Regelwerks und des NAFTA einschließlich der beiden für die vorliegende Arbeit relevanten Nebenabkommen wurden den folgenden Quellen entnommen:

1. WTO-Regelwerk

BT 12/7655 (neu), Deutscher Bundestag, 12. Wahlperiode, Bonn, 24. Mai 1994.

BT 12/7968, Deutscher Bundestag, 12. Wahlperiode, Bonn, 16. Juni 1994.

2. NAFTA

North American Free Trade Agreement Between The Government Of The United States Of America, The Government Of Canada And The Government Of The United Mexican States, in: International Legal Materials (1993), Jg. 32, S. 289-456 und S. 605-799.

North American Agreement On Environmental Cooperation Between The Government Of The United States Of America, The Government Of Canada And The Government Of The United Mexican States, in: International Legal Materials (1993), Jg. 32, S. 1480-1498.

Mexico-United States: Agreement Concerning The Establishment Of A Border Environment Cooperation Commission And A North American Development Bank, in: International Legal Materials (1993), Jg. 32, S. 1545-1571.

Schriften zu Ordnungsfragen der Wirtschaft

Herausgegeben von
Gernot Gutmann, Hannelore Hamel, Klemens Pleyer, Alfred Schüller,
H. Jörg Thieme
(bis Band 52: "Schriften zum Vergleich von Wirtschaftsordnungen")

Die politischen Ereignisse der letzten Jahre wie auch die Weiterentwicklungen der Ordnungstheorie haben zu einer thematischen Akzentverschiebung der im Jahre 1954 von K. Paul Hensel gegründeten Reihe "Schriften zum Vergleich von Wirtschaftsordnungen" geführt. Der Vergleich von Wirtschaftsordnungen ist nicht mehr allein auf Ost-West-Probleme bezogen. Alte grundlegende Ordnungsfragen erfordern neue Antworten: Welche Einflüsse haben politische Entscheidungsträger und bürokratische Verwaltungen sowie unterschiedliche Wertvorstellungen in den Regionen der Welt auf die Beschaffenheit von Wirtschaftsordnungen und deren Entwicklung in der Zeit? Wie wird menschliches Verhalten dadurch verändert, und welche Wirkungen entstehen daraus für das Geflecht von Teilordnungen in einer Gesellschaft?

Solche und andere Fragen werden heute in verschiedenen Ansätzen der Ordnungstheorie untersucht: in der Institutionen- und Verfassungsökonomik, der Ökonomischen Theorie der Politik und des Rechts, der Entwicklungs- und Evolutionsökonomik. Um diese Problem- und Methodenvielfalt in der Schriftenreihe zum Ausdruck bringen zu können, haben sich die Herausgeber entschlossen, die Reihe mit Band 52 unter dem Titel *Schriften zu Ordnungsfragen der Wirtschaft* fortzuführen.

Soeben erschienen:

Band 52: v. Delhaes/Fehl (Hrsg.), **Dimensionen des Wettbewerbs**
1997. 562 S., kt. DM 84,- (ISBN 3-8282-0033-8)

In Vorbereitung für 1997:

Band 53: Paraskewopoulos (Hrsg.),**Wirtschaftsordnung und wirtschaftliche Entwicklung**
1997. ca. 430 S., kt. ca. DM 76,- (ISBN 3-8282-0034-6)

Gerokstr. 51 · 70184 Stuttgart
Tel. 0711/24 20 60
Fax 0711/24 20 88

Zuletzt erschienene Bände:

Band 52 · v. Delhaes/Fehl	**Dimensionen des Wettbewerbs** 1997 kt. DM 84,-	
Band 51 · Keilhofer	**Wirtschaftliche Transformation in der Tschechischen Republik und in der Slowakischen Republik** 1995 kt. DM 89,-	
Band 50 · Wentzel	**Die Geldordnung in der Transformation** 1995 kt. DM 49,-	
Band 49 · Müller	**Spontane Ordnungen in der Kreditwirtschaft Rußlands** 1995 kt. DM 44,-	
Band 48 · Sitter	**Perestroika und Innovation** 1995 kt. DM 64,-	
Band 47 · Hamacher	**Glaubwürdigkeitsprobleme in der Geldpolitik** 1995 kt. DM 58,-	
Band 46 · Weber	**Außenwirtschaft und Systemtransformation** 1995 kt. DM 69,-	
Band 45 · Gutmann/Wagner	**Ökonomische Erfolge und Mißerfolge der deutschen Vereinigung** 1994 kt. DM 74,-	
Band 44 · Vollmer	**Arbeitslosigkeit in sozialistischen Planwirtschaften** 1994 kt. DM 68,-	
Band 43 · Gröner/Schüller	**Europäische Integration als ordnungspolitische Aufgabe** 1993 kt. DM 84,-	

Gerokstr. 51 · 70184 Stuttgart
Tel. 0711/24 20 60
Fax 0711/24 20 88

Bei Fragen zur Produktsicherheit wenden Sie sich bitte an:
If you have any questions regarding product safety,
please contact:

Walter de Gruyter GmbH
Genthiner Straße 13
10785 Berlin
productsafety@degruyterbrill.com